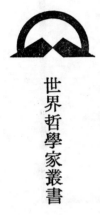

世界哲學家叢書

彭　加　勒

李　醒　民　著

1994

東 大 圖 書 公 司 印 行

國立中央圖書館出版品預行編目資料

彭加勒／李醒民著.--初版.--臺北市
：東大發行：三民總經銷，民82
　　面；　　公分.--（世界哲學
家叢書）
參考書目：面
含索引
ISBN 957-19-1561-0 （精裝）
ISBN 957-19-1567-X （平裝）

1.彭加勒(Poincare, Joles Henri,
1854-1912)-學術思想-哲學

146.69　　　　　　　　　　82009493

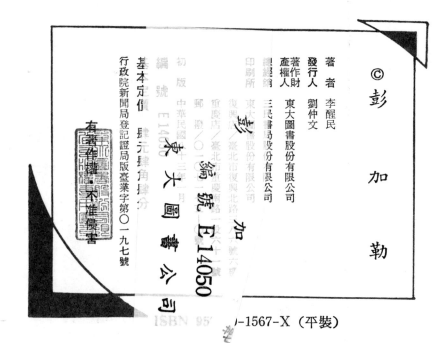

© 彭 加 勒

著　　者　李醒民
發 行 人　劉仲文
著作財
產權人　東大圖書股份有限公司
總經銷　三民書局股份有限公司
印刷所　東大圖書股份有限公司
　　　　復興店／臺北市復興北路三八六號
　　　　重慶店／臺北市重慶南路一段六十一號
　　　郵撥／〇一〇七一七五──〇號

初版　中華民國八十三年一月
編號　E 14050

基本定價　肆元肆角肆分

行政院新聞局登記證局版臺業字第〇一九七號

有著作權‧不准侵害

ISBN 957-19-1567-X （平裝）

「世界哲學家叢書」總序

　　本叢書的出版計畫原先出於三民書局董事長劉振強先生多年來的構想，曾先向政通提出，並希望我們兩人共同負責主編工作。一九八四年二月底，偉勳應邀訪問香港中文大學哲學系，三月中旬順道來臺，即與政通拜訪劉先生，在三民書局二樓辦公室商談有關叢書出版的初步計畫。我們十分贊同劉先生的構想，認為此套叢書（預計百冊以上）如能順利完成，當是學術文化出版事業的一大創舉與突破，也就當場答應劉先生的誠懇邀請，共同擔任叢書主編。兩人私下也為叢書的計畫討論多次，擬定了「撰稿細則」，以求各書可循的統一規格，尤其在內容上特別要求各書必須包括 (1) 原哲學思想家的生平；(2) 時代背景與社會環境；(3) 思想傳承與改造；(4) 思想特徵及其獨創性；(5) 歷史地位；(6) 對後世的影響（包括歷代對他的評價），以及 (7) 思想的現代意義。

　　作為叢書主編，我們都了解到，以目前極有限的財源、人力與時間，要去完成多達三、四百冊的大規模而齊全的叢書，根本是不可能的事。光就人力一點來說，少數教授學者由於個人的某些困難（如筆債太多之類），不克參加；因此我們曾對較有餘力的簽約作者，暗示過繼續邀請他們多撰一兩本書的可能性。遺憾

的是，此刻在政治上整個中國仍然處於「一分為二」的艱苦狀
態，加上馬列教條的種種限制，我們不可能邀請大陸學者參與撰
寫工作。不過到目前為止，我們已經獲得八十位以上海內外的學
者精英全力支持，包括臺灣、香港、新加坡、澳洲、美國、西德
與加拿大七個地區；難得的是，更包括了日本與大韓民國好多位
名流學者加入叢書作者的陣容，增加不少叢書的國際光彩。韓國
的國際退溪學會也在定期月刊《退溪學界消息》鄭重推薦叢書兩
次，我們藉此機會表示謝意。

　　原則上，本叢書應該包括古今中外所有著名的哲學思想家，
但是除了財源問題之外也有人才不足的實際困難。就西方哲學來
說，一大半作者的專長與興趣都集中在現代哲學部門，反映着我
們在近代哲學的專門人才不太充足。再就東方哲學而言，印度哲
學部門很難找到適當的專家與作者；至於貫穿整個亞洲思想文化
的佛教部門，在中、韓兩國的佛教思想家方面雖有十位左右的作
者參加，日本佛教與印度佛教方面卻仍近乎空白。人才與作者最
多的是在儒家思想這個部門，包括中、韓、日三國的儒學發展在
內，最能令人滿意。總之，我們尋找叢書作者所遭遇到的這些困
難，對於我們有一學術研究的重要啟示（或不如說是警號）：
我們在印度思想、日本佛教以及西方哲學方面至今仍無高度的研
究成果，我們必須早日設法彌補這些方面的人才缺失，以便提高
我們的學術水平。相比之下，鄰邦日本一百多年來已造就了東西
方哲學幾乎每一部門的專家學者，足資借鏡，有待我們迎頭趕
上。

　　以儒、道、佛三家為主的中國哲學，可以說是傳統中國思
想與文化的本有根基，有待我們經過一番批判的繼承與創造的發

展，重新提高它在世界哲學應有的地位。為了解決此一時代課題，我們實有必要重新比較中國哲學與（包括西方與日、韓、印等東方國家在內的）外國哲學的優劣長短，從中設法開闢一條合乎未來中國所需求的哲學理路。我們衷心盼望，本叢書將有助於讀者對此時代課題的深切關注與反思，且有助於中外哲學之間更進一步的交流與會通。

　　最後，我們應該強調，中國目前雖仍處於「一分為二」的政治局面，但是海峽兩岸的每一知識分子都應具有「文化中國」的共識共認，為了祖國傳統思想與文化的繼往開來承擔一份責任，這也是我們主編「世界哲學家叢書」的一大旨趣。

傅偉勳　韋政通

一九八六年五月四日

自　序

塞北梅花羌笛吹，

淮南桂樹小山詞。

請君莫奏前朝曲，

聽唱新翻楊柳枝。

—— 楊柳枝詞（其一）

唐・劉禹錫

　　19世紀末、20世紀初，是經典科學向現代科學轉變的偉大時代，這個偉大的時代造就了偉大的科學巨人和哲學巨人，朱爾・昂利・彭加勒 (Jules Henri Poincaré, 1854-1912) 就是這個偉大時代的最偉大的科學和哲學巨人之一。

　　彭加勒是一位卓越的數學家，是世紀之交的數學領袖；他幾乎在數學中的各個領域都作了開創性的貢獻，是對數學及其應用具有雄觀全局能力的最後一個人；他開拓的研究方向和課題有些至今仍是數學家關注的熱點。彭加勒是一位著名的天文學家，他充分發揮了他的數學才能，設計出天體力學研究的新方法，開闢了理論天文學的新紀元。彭加勒是一位第一流的物理學大師，他對經典物理學作出了重大貢獻，對物理學基礎有深刻而敏銳的洞

察，是首屈一指的相對論的先驅。彭加勒也是一位頗有造詣的科學哲學家，他行動在當代許多科學哲學問題之先，率先表達了現代科學的哲學意向；他的經驗約定論 (empirio-conventionalism) 富有獨創和新意，既在「科學破產」的聲浪中為科學的客觀性、合理性、進步性謀求了地盤，又充當了現代科學誕生的助產士；他的綜合科學實在論 (synthetic scientific realism) 厚積薄發，集思廣益，又溶入自己的理性的沉思，顯得豐厚而圓融；他關於科學美和數學發明心理機制的論述妙語連珠、博大精深；他在哲學史上佔有不可磨滅的地位：他是邏輯經驗論的始祖之一，是經典科學哲學向現代科學哲學過渡的橋梁。

　　彭加勒就這樣以其出眾的才華、淵博的學識、廣泛的研究、傑出的貢獻和深刻的思想而遐邇聞名，贏得了上輩人、同代人和後來人的欽佩和讚譽。人們紛紛稱頌彭加勒這位「本世紀初唯一留下的全才」。英國數學家西爾威斯特 (J. J. Sylvester, 1814-1897) 在 1885 年談到他對彭加勒的印象時說：「當我最近訪問彭加勒時，……在他的不可遏止的非凡智力面前，我的舌頭一開始就不聽使喚了，直到過了些時間（可能是兩三分鐘），當我全神貫注地注視著他那充滿青春活力的儀容時，我才找到了說話的機會。」法國政治家、哲學家、航空學家和數學家保羅・潘勒韋 (Paul Painlevé, 1863-1933) 稱彭加勒是「理性科學的活躍智囊」❶。美國著名科學史家、《伊西斯》(*Isis*) 雜誌創辦人薩頓 (G. Sarton, 1884-1956) 在 1910 年的日記中表明，他試圖在大學找到職位之前，有意「成為昂利・彭加勒的學生，因為他

---

❶　E. T. Bell, *Men of Mathematics*, Dover Publications, New York, 1937, p. 554.

是我們這個時代最有智慧的人物」❷。進化論創立者達爾文的兒子、英國數學家和天文學家喬治・達爾文爵士（Sir George Darwin, 1845-1912）在提到彭加勒對他的影響時說：「他必須被看作是起統帥作用的天才人物——或者也許可以說，他是我的守護神？」❸

彭加勒在世時恐怕作夢也不會想到，他的命運會有一段令人啼笑皆非的「挿曲」。由於革命家、政治家、法學家列寧（В. N. И.Ленин，1870-1924）這樣一位具有決定性影響的重要歷史人物，在其《唯物主義和經驗批判主義》（以下簡稱《唯批》）❹一書中給彭加勒扣上了一項「渺小的哲學家」❺的帽子，並對他進行了毀滅性的批判，所以他在前蘇聯和中國大陸的命運是夠倒霉的了。多年來，他時不時被當作「革命大批判」的「活靶子」（確切地講，應該是「死」靶子），動不動被視為「十字軍東征」的對象。說實在的，大陸有一定文化程度的外行人至多只是從「學馬列」和「大批判」中才了解到有彭加勒這麼一個人的，僅僅知道他是位胡說八道的「反動的哲學教授」、「神學家手下的

---

❷　A. 撒克里、R. K. 默頓：「薩頓」，《科學與哲學》（北京），1981年第1、2期合刊，頁37。

❸　G. B. Halsted, Henri Poincaré, cf. H. Poincaré, *The Foundations of Science*, Authorized Translation by G. B. Halsted, The Science Press, New York and Garrison, N. Y., 1913, p. ix.

❹　該書於 1908 年 10 月寫成，於 1909 年 5月由莫斯科環節出版社出版。十月革命後，該書於1920年首次在俄國再版。中國於20世紀30年代初出版了它的第一個中文譯本，以後又相繼出版了多種中文譯本和版本，它還被收入中文版《列寧選集》和《列寧全集》，從而得以廣爲傳播。

❺　《列寧選集》第二卷，人民出版社（北京），1972 年第 2 版，頁166。

有學問的幫辦」❻、破壞物理學革命的罪魁禍首。而在學術界，長期唯經典著作的個別字句是從，不敢越雷池一步。相當一批學人旣不屑於鑽研彭加勒的原著，又不肯下苦功夫考察世紀之交的科學背景，就知道鸚鵡學舌，郢書燕說，海濶天空地妄發議論，自欺欺人，誤人子弟。這種狀況至今並未從根本上改變。

這眞是對彭加勒天大的誤解和曲解。在本書中，我立足於彭加勒的原著，參閱了國內外較多的文獻，並通過自己獨立的思考，力圖勾勒出作為科學家和思想家的彭加勒，以及作為一個普通人的彭加勒的比較完整的形象，並盡可能地揭示他的內心世界和精神氣質，提出了一系列不同於傳統觀點的估價和看法。我相信，每一位了解到起碼的事實的讀者，都會運用自己健全的理智，作出自己認為公正的判斷。

我希望本書能進一步激發讀者和學術界同仁的探索興趣和熱情，啟發樂於追根求源的人在此基礎上進一步深思：像唐·吉訶德和風車搏鬥的鬧劇為什麼動輒在前蘇聯和中國大陸學術界一再重演？其思想根源、政治根源和社會根源何在？今後如何杜絕此類事件或運動的發生？在這裏，我只想指出一點，在前蘇聯和中國大陸屢屢掀起的對科學和科學家的「革命大批判」，其理論根據和思想武器恐怕大都出自《唯批》。我不想就此多加評說，我願把這個問題以及其他疑問留給有心人去思考，去求索。

在撰寫本書時，我還有一個奢望，就是想以此喚起讀者和世人對「哲人科學家現象」❼的關注。所謂「哲人科學家」，也可

---

❻　同前注❺，頁 349, 350。

❼　參見李醒民：〈論作為科學家的哲學家〉，《求索》（長沙），1990 年第 5 期，頁 51-57。

稱為「作為科學家的哲學家」或「科學思想家」。他們在科學發展史和人類思想發展史上是一身二任式的人物：他們主要是具有開創性科學貢獻的第一流的科學家，同時也是對人類思想和文化具有深刻影響的哲學家或思想家，即集偉大的科學家和哲學家於一身。

　　與一般科學家和傳統哲學家相比，哲人科學家有許多鮮明的特徵。他們往往從小就對科學和哲學懷有濃厚的興趣，一生喜歡沉思一些帶有根本性的科學和哲學問題。他們不過分拘泥於一種認識論體系，善於在對立的兩極保持必要的張力。他們面對科學中的現實提出問題和尋求答案，而不是不切實際地提出問題和背著沉重的哲學偏見尋求答案。他們很少自詡為哲學家，不企圖構造龐大的哲學體系，但他們對問題的理解卻迸發出閃光的思想火花，可以當之無愧地列入人類的思想寶庫。他們都是科學的人文主義者，具有自覺的人文主義思想、精神和實踐。哲人科學家的歷史作用不容低估：他們是人類思想史上路標的設置者，是溝通科學和哲學的橋梁，是科學家和哲學家聯盟的紐帶，是科學文化和人文文化的承載者和締造者。從超級哲人科學家彭加勒身上，我們不難看到這一切。

　　當前，我們正處在 20 世紀和 21 世紀之交。新的世紀之交，已經是並將繼續是權力社會分崩離析、財力社會風起雲湧的時代。在這個雙重奏的主旋律中，也日益明顯地呈露出向智力社會過渡的跡象。未來的 21 世紀，必將是一個財力社會向智力社會全面轉變、智力社會逐漸勃興的嶄新時代。在真正的智力社會中，自然將人化，人將自然化，從而達到名副其實的「天人合一」的理想境界。同時，科學文化也將人文化，人文文化也將科

學化，從而一舉消除二者之間現存的藩籬和鴻溝。人將不再是被異化的單純勞動力或眼光狹小的專門家，而是自由的、全面發展的智慧人。因此，在古老的中華大地上，從現在起就注意培養、造就並最終湧現出自己的哲人科學家，既是科技、經濟和社會發展的迫切需要，也是提高民族精神素質和文化水準的長遠要求，更是為了向未來的智力社會過渡和轉變積蓄足夠的力量。這確實是我寫作本書的一個初衷。

正是基於上述立意和旨趣，我無意把本書寫成為彭加勒「平反昭雪」和「落實政策」的「翻案材料」。本書的著眼點在於，試圖對彭加勒整個智力生涯中的理性的沉思再作一番理性的沉思，力圖發掘出這位「理性科學的活躍智囊」的思想精髓，並把那些真正的精神財富置於人類思想遺產的寶庫之中，作為人類文化發展的一個有機組成部分。

時下，科學的擴張在廣度和深度上都大大加強了，每一門科學的分支都變得非常眾多、非常狹窄、非常專門、非常深奧。對於僅有有限能力的科學家來說，要對科學的全貌（更不必說對人類的整個文化了）作大略的了解也是相當困難的，而沒有這樣的了解，不僅真正的科學精神會受到損害，而且也會使科學家本人喪失廣闊的視野，淪為一個匠人的水平。因此，從教育上和社會導向上重視造就哲人科學家，是具有重大的現實意義和深遠的歷史意義的。否則，人類將會像《聖經》中的巴貝爾通天塔故事所象徵的那樣，被放逐到互相隔絕的、不斷縮小的知識圈子內。

彭加勒　目次

第一章 理性科學的活躍智囊

—— 彭加勒的生平和業績

> 廈玉蕭蕭伊水頭，
>
> 風宜清夜露宜秋。
>
> 更教仙驥旁邊立，
>
> 盡是人間第一流。
>
> —— 對竹思鶴
>
> 宋‧錢惟演

（一）

1854 年 4 月 29 日，昂利‧彭加勒出生在法國南錫。他的祖父曾在拿破崙軍隊中供職，隸屬於聖康坦部隊醫院。1817年，祖父在魯昂定居，並結婚成家，後有兩個兒子。大兒子萊昂‧彭加勒 (Léon Poincaré) 生於 1828 年，他是一位第一流的生理學家兼醫生、南錫醫科大學教授，他因精湛的醫術和高尚的醫德博得了人們的尊敬和愛戴。二兒子安托萬‧彭加勒 (Antoine Poincaré)，曾升遷為國家道路橋梁部的檢查官。

萊昂的妻子是一個善良、機敏、聰明的女性，她生有一子一

女，兒子就是後來成爲偉大科學家的昂利・彭加勒。安托萬有兩個兒子，一個是昂利的堂弟雷蒙・彭加勒 (Raymond Poincaré, 1860-1934)，他曾於 1912 年、1922 年和 1926 年幾度組閣，出任總理兼外交部長，1913 年 1 月至 1920 年初，榮任法蘭西第三共和國第九屆總統。安托萬的另一個兒子呂西安・彭加勒 (Lucien Poincaré) 是中等教育局局長，並在大學擔任高級行政職務。昂利就是這個顯赫的彭加勒家族中的成員。

據說，昂利不喜歡 Poincaré 這個姓，因爲在法語中，point 是「點」的意思，而 carré 是意爲「正方形」或「平方」的名詞、形容詞。在這位著名的數學家看來，Poincaré 意味著「點的平方」，這顯然是毫無意義的。可是，有人認爲，carè 是 quarré 的後綴，法國古詩中有「揮起正方形的拳頭 (poing quarré)……」這樣的句子，Poincaré 這個姓也許由此而來。

從彭加勒家族成員的顯赫名單中，人們也許會想，昂利・彭加勒可能會顯示出某些行政管理才能。可是出乎預料的是，他除在童年時代和妹妹以及其他小朋友作政治遊戲時做過高官外，從未表現出這方面的能耐。在這些政治遊戲中，他總是秉公辦事、合理待人，他的每一個伙伴都能從他的「衙門」獲取應得的報償。俗話說，從小看大，三歲看老。昂利・彭加勒後來沒有像雷蒙那樣成爲一個顯赫一時的政治家，但卻是一位誠實、正直、嚴肅的科學家。

昂利・彭加勒的童年是不幸的。在幼兒時，他的運動神經共濟官能就缺乏協調。他的兩手後來雖說都能寫字畫圖，但他的字、畫都不好看。乍看起來，他也沒有什麼超人的天才，這可由一件趣聞佐證。當他後來被公認是他所處時代的第一流數學家

時，他接受了比內 (A. Binet, 1857-1911，法國心理學家) 試驗，結果他被斷定是一個笨人。由於在他的孩提時代，母親把全部心血傾注到子女的教育上，所以他的智力發展較快，很早就學會了講話。不過開始也不大順利，他思考得很快，而遲遲找不到要說的恰當詞語。

5 歲時，白喉病把他折磨了整整 9 個月，從此留下了喉頭麻痺症。這次疾病使得他長時期身體虛弱、缺乏自信。他無法和小伙伴們作粗野的遊戲了，只好另找娛樂。

他的主要娛樂是讀書，在這個廣闊的天地裡，他的天資通過鍛鍊逐漸顯露出來。當他 6、7 歲時，他們家的一位好朋友，初級檢查員安澤蘭 (M. Hinzelin) 經常給他介紹有關基礎知識方面的書，也每每提問題讓他思考，從而激發了他的強烈的求知慾。大約從 7、8 歲時起，他對博物學發生了興趣，《大洪水前的地球》一書給他留下了深刻的印象。他讀書速度之快令人難以置信，而且過目不忘，往往能說出哪頁哪行講了些什麼。他在自己的一生中都保持著這種視覺記憶（空間記憶）能力。他的時間記憶——以不可思議的準確性回憶往事——能力也非常強。大多數的數學家通常都通過眼睛來看記憶公式和定理，彭加勒視力極差，他上課時看不到老師在黑板上寫的東西，也不好記筆記，全憑耳朵聽，這大大增進了他的聽覺記憶能力。到後來，他在頭腦中能夠完成複雜的數學運算，他能夠迅速地寫出一篇論文而無需大改。人們對此覺得不可理解，在他看來，這卻是自然而然的。這種「內在的眼睛」大大有益於他的工作，因為抽象的數學研究正需要豐富的想像和敏銳的直覺。

幼年的殘疾弄得他手指不大聽使喚，從而妨礙了實驗技巧的

訓練。儘管他後來教過實驗物理課程，也掌握了一些實驗技能，但總的說來仍比較遜色，這也是他後來主要從事理論研究的原因。有人說，假使他在實驗科學方面和在理論科學方面的興趣一樣強烈的話，他也許會成爲與牛頓相媲美的人。

彭加勒十分喜愛動物。他初次玩來福槍時，無意中射死了一隻小鳥。他爲此深感內疚，此後再也不願摸槍支了（除在戰爭期間強制進行的軍事訓練而外）。9歲時，他寫了一篇出色的作文，法文老師認爲，彭加勒的作文在形式和內容方面都有獨創性，它是一篇「小傑作」。這篇作文第一次表明彭加勒將來會成爲一個有出息、有成就的人。

彭加勒在初等學校的學業成績是優秀的。但是他並沒有一天到晚趴在桌子上死啃書本，像其他孩子一樣，他也樂於遊戲和玩耍，他喜歡跳舞，還自編自演過一齣詩劇。功課對他來說就像呼吸一樣容易，他把許多時間用來娛樂和幫母親幹活。從小時候起，彭加勒就具有「心不在焉」的性格：他每每忘記吃飯，幾乎從未記清他是否吃過早餐。這種性格直到成年也未改，比如離開旅館時，他有時便稀里糊塗地把房間的臺布、床單之類的小物件捲進自己的行李中。

在 15 歲前後，奇妙的數學緊緊地扣住了彭加勒的心弦。一開始，他就顯示出終生的怪癖：當他不停地來回踱步時，那正是在聚精會神地思考數學問題，只有徹底想好了，他才把結果記在紙上。他工作時，各種外界干擾對他來說毫無影響。有一次，一位芬蘭數學家長途跋涉到巴黎與彭加勒商討問題，當女僕告訴彭加勒有客來訪時，他似乎沒有聽到，還在繼續來回踱步，整整踱了 3 個鐘頭。其實，彭加勒這種工作專注的特點是從小就養成

的。勒邦（G. Le Bon, 1841-1931, 法國社會心理學家）談到
這一點時說：「彭加勒對數學有高度的直覺，在南錫大學附校，
他的同學就為此感到震驚。……從在附校第一年起，彭加勒就有
他的工作方法，他強使自己坐在學習桌旁，無論是嘈雜聲還是談
話都不會擾亂他的思考。要使思想集中於一個問題，他不需要其
他幫助，只要邏輯思維充滿他的頭腦就行了。」❶

　　1870 年，普法戰爭爆發了，當時彭加勒才 16 歲。他年幼體
弱，沒有服兵役，可是也經受了風險。德國侵略者佔領了他的家
鄉南錫，他在戰地巡迴醫院協助父親工作。後來，他和妹妹隨母
親到阿蘭瑟的外婆家去，他童年時代最幸福的日子就是在那裏度
過的。他還清楚地記得，在阿蘭瑟的公園裏，他曾和妹妹跟年齡
相仿的表兄弟、表姐妹一塊兒玩耍，同他們一起跳舞、遊戲、猜
字謎，他總是扮演活躍的喜劇角色，逗得他們笑得前仰後合。可
是現在的阿蘭瑟卻距聖普里瓦戰場不遠，母子三人忍飢挨餓，在
滴水成冰的天氣裏越過一個個淪為焦土的村鎮。到達目的地，映
入他們眼簾的只是一片殘垣頹壁，侵略者的鐵蹄蹂躪了美好的家
園。敵人的獸行促使彭加勒終生成為一位熱情的愛國主義者。但
是，他從來也沒有把敵國的數學和敵國軍隊的野蠻行徑混同起來。
正像他的老師埃爾米特（C. Hermite, 1822-1901, 法國數學家）
沒有反對高斯（C. F. Gauss, 1777-1855, 德國數學家）一樣，
彭加勒也從未敵視過庫默（E. Kummer, 1810-1893, 德國數學
家）。可是，彭加勒的堂弟雷蒙卻迥然不同，每當他提起德國人
時，總是伴隨著憎恨的尖叫聲。在戰爭期間，彭加勒為了聽懂德

❶ R.C. Archiband, Jules Henri Poincaré, *Bull. Am. Math.
Soc.*, **22** (1915), 125-136.

國兵的交談和閱讀德文報紙，他通過自學掌握了德語。

按照法國通常的習慣，彭加勒在 17 歲（1871 年）進入專業訓練之前接受了首次學位（文學和理學學士）考試。在考數學時，他由於遲到而心神不安，連證明收斂幾何級數求和公式的簡單試題都作錯了。由於平時成績優秀，他還是在數學不及格的情況下通過了學位考試。主考人說：「彭加勒是一個例外，若是其他任何學生，無論如何也不會被錄取。」

他進入福雷斯學校學習，在沒有記一頁課堂筆記的情況下贏得了一次數學獎金，這使他的同學驚訝不已。他們以爲彭加勒是個吊兒郎當的人，便鬧了個惡作劇，哄騙他代表四年級學生參加數學競賽，解一個十分難對付的數學題。彭加勒似乎沒有怎麽思考就直接寫出了答案，然後揚長而去，那些垂頭喪氣的戲弄者還在納悶：「他究竟是怎樣作出來的？」在彭加勒的整個一生中，其他人經常詢問同樣的問題。的確，當一個數學難題擺在他面前時，他的答案就像剛剛離弦的箭一樣飛來。

1871 年底，彭加勒進入巴黎綜合工科學校深造。據說，在入學考試時，一位主考人得知彭加勒是「數學巨怪」，故意把考試推遲了 3 刻鐘，想用一個經過精心推敲的試題難倒他。結果，彭加勒回答得很出色，得到了最高分數。他儘管在數學上名列前茅，但體育成績很不好，繪畫得了零分。按當時的規定，零分意味著淘汰。主考人熟知他的情況，還是破例錄取了他。

彭加勒1875年從巴黎綜合工科學校畢業，其時21歲。他接著到礦業學校學習，打算做一名工程師。他滿懷信心地攻讀工程技術課程，一有閑空，就勁頭十足地鑽研數學，並在微分方程一般解的問題上初露鋒芒。1878年，他向巴黎科學院提交了這個課題的「異

乎尋常」的論文，爲此於第二年 8 月 1 日得到了數學博士學位。

　　彭加勒並非命中註定要成爲一個礦業工程師，但是在見習期間，他卻表現出一個眞正的工程師的勇氣。在一次礦井爆炸時，他奮不顧身地衝進去營救十六個遇難的同事，爲此深得礦工們的信賴。然而，這個職業與他的志趣不相投，他又想作一個職業數學家。得到博士學位後不久（12月1日），他應聘到卡昂大學作數學分析教師。兩年後，他升遷到巴黎大學作教授，講授力學和實驗物理學等課程。除了在歐洲參加科學會議和 1904 年應邀到美國聖路易斯博覽會講演外，他一生的其餘時間都是在巴黎作爲法國數學界乃至世界數學界的領袖而度過的。

（二）

　　1789年的法國大革命推翻了成爲社會發展桎梏的封建制度和專制政體，促進了科學的發展，使法國在 18 世紀末和 19 世紀初取代英國，一躍而成爲世界科學的中心。在這裏，只需提一下拉格朗日（J. Lagrange, 1736-1813）、蒙日（G. Monge, 1746-1818）、拉普拉斯（P. S. Laplace, 1749-1827）、傅里葉（J. B. J. Fourier, 1768-1830）、柯西（A. L. Cauchy, 1789-1857）等著名數學家的名字就可想而知法國科學的盛況了。可是，由於啟蒙主義在德國的活躍和以普魯士爲中心的各諸侯國的統一，德國在世界舞臺上嶄露頭角，後來居上，在 19 世紀後半期奪得了科學的主導權。儘管如此，由於彭加勒等人的繼往開來，仍使法國有能力自立於世界科學之林。彭加勒被認爲是 19 世紀最後四分之一和本世紀初期的數學主宰，並且是對數學和它的應用具有

全面知識的、雄觀全局的最後一位大師。要知道，當時的許多數學分支都變成了封閉的體系，它們各有其特殊的術語和專門的研究方法，要同時跨越幾個領域實在不易，要作個通才，更是難上加難。可是，彭加勒就是這樣的通才，人們公認他是堪與高斯相媲美的大數學家。

在彭加勒出生後的第二年，高斯就去世了。高斯是德國著名的數學家，被譽爲「數學家之王」。他的研究遍及所有數學部門，也是非歐幾何學的創始人之一。可以說，19世紀數學的發展一開始就在數學巨人高斯身影的覆蓋之下，而後來卻在同樣一位數學大師彭加勒的支配之中。他們兩人是最高意義上的廣博的數學家，並且都在物理學和天文學上作出了重要貢獻。事實上，彭加勒在數學的四個主要部門——算術、代數、幾何、分析——中的成就都是開創性的。洛夫（Love）在評價彭加勒時說過：

> 他的權威現在已被公認，他能夠進入所有時代最偉大的數學家行列之中，未來的幾代人將不可能修改這一論斷。❷

彭加勒的首次成功是在微分方程理論方面。這項工作完成於 1876 年 11 月（論文題目是〈關於微分方程所定義的函數的性質〉），其時他只有 22 歲。1878 年，他又完成了同一課題的又一篇論文〈自變量爲任意個數的偏導數方程的積分〉，它涉及到更加困難、更加普遍的問題。這篇博士論文又一次顯示了彭加勒卓越的數學才能。論文評審人認爲，論文是異乎尋常的，它包

---

❷ H. Poincaré, *The Foundations of Science*, The Science Press, New York and Garrison, N.Y., 1913, p. xi.

含著足以向幾篇好論文提供材料的結果，完全值得接受。對於常微分方程的研究促使彭加勒從事超越函數新類系——自守函數——的探討，自守函數是橢圓函數的推廣。彭加勒把自己發現的一類自守函數命名為富克斯函數。克萊因 (F. Klein, 1849-1925) 倒是考慮了富克斯函數，但富克斯 (L. Fuchs, 1833-1902) 卻沒有考慮過，為此克萊因就優先權問題向彭加勒提出了抗議。彭加勒的回答是把自己緊接著發現的一類自守函數命名為克萊因函數，因為這類函數正像有人所幽默地注視到的，克萊因從來也未想到過。

1884年，彭加勒在《數學學報》前五卷發表了關於自守函數的五篇重要論文，這一劃時代的發現使不到30歲的彭加勒聞名於世。從此，他一生事業的魔杖被抓住了，阿拉丁的神燈❸ 被擦亮了。可是，當這組論文的第一篇發表時，克羅內克 (L. Krone-cker, 1823-1891, 德國數學家) 卻警告編輯說，這篇不成熟的和隱晦的論文會把期刊扼殺掉。

自守函數的研究和微分方程定性理論的研究一樣，促使彭加勒重視拓樸學。1887 年，33 歲的彭加勒被選入巴黎科學院，像這樣年輕的新人進入科學院實屬罕見。大多數數學家在簽署意見時認為，彭加勒的工作成就超過了通常的讚揚，這必然使我們想起雅科畢 (C. G. J. Jacobi, 1804-1851)描述阿貝爾 (N. Abel, 1802-1829) 的情況——他解決了在他之前未曾設想過的問題。事實上必須承認，由於橢圓函數的成功，我們正在目睹數學領域

---

❸ Aladdin's lamp, 阿拉丁是阿拉伯神話《天方夜譚》中尋獲神燈與魔指環的青年，阿拉丁的神燈卽如意神燈，此燈可使持有者百事如意。

裏的一次革命，這次革命在每一個方面都可以和半個世紀前出現的革命相比較。

彭加勒說過，數學家具有兩種截然相反的傾向。有的人具有不斷擴張版圖的興趣，在攻克某個難題後，便拋開這個問題，急著出發進行新的遠征。另外的人則專心致志地圍繞著這個問題，從中引出所有能夠引出的結果。前者像一個乘汽車的旅行家，後者則像一個徒步遊客。彭加勒本人就是這樣一個在數學新版圖上乘車馳騁的旅行家。法國數學家、彭加勒的傳記作家達布（G. Darboux, 1842-1917）談到彭加勒這一特點時說：「他一旦達到絕頂，便不走回頭路。他樂於迎擊困難，而把沿著既定的寬闊大道前進、肯定更容易到達終點的工作留給他人。」❹彭加勒屬於庫恩（T. Kuhn, 1922-）所說的發散式思維的科學家，對於一個科學開拓者來說，這的確是不可或缺的素質。

就這樣，彭加勒接二連三地出擊，雄心勃勃地進行新的征服。他在函數論、組合拓樸學（代數拓樸學）、代數學、微分方程和積分方程理論、代數幾何學、發散級數理論、數論、概率論、位勢論、數學基礎等方面都作出了開創性的貢獻，成為後繼者拓展和深究的課題，有些至今仍具有誘人的魅力❺。在數學研究的眾多領域中，彭加勒永遠走在前面。新問題等待著他，他沒有時間仔細琢磨已被攻克的舊問題，他不願把精力花在那些細枝末

❹ E. T. Bell, *Men of Mathematics*, Dover Publications, New York, 1937, p. 537.

❺ 關於這方面的內容相當艱深，一般人實在難以領悟，我們不擬在此贅述。有興趣的讀者可參閱 Jean Dieudonné, Henri Poincaré, C. C. Gillispie ed., *Dictionary of Scientific Biography*, Vol. XI, pp. 51-61.

節的小問題上，修正、拓廣他作過的東西不是他的職責。維托·沃爾泰拉 (Vito Volterra) 在評價彭加勒這一工作作風時說：對彭加勒而言，「整體即是一切，無所謂細節」❻。在這方面，彭加勒與高斯迥然不同。高斯的研究成果發表的相對地少，因爲他不管作什麼工作，都要琢磨修飾，既要求完美，又要求他的證明達到最大限度的簡明而不失嚴密性。關於非歐幾何，他沒有發表過權威性的著作。而彭加勒卻是一位性急而多產的科學家，他甚至說過，他從未發表過一篇既不後悔它的內容、也不後悔它的形式的論文(這當然也有嚴於律己的意思)。不過，他們二人有一點則是共同的：他們都沒有幾個學生，而且都喜歡獨自一人工作。

在數學哲學和數學創造的心理學方面，彭加勒也進行了有意義的探索，發表了富有啟發性的看法。彭加勒巨大的權威性，他的文體的優美，以及他打破傳統的思想，使他的著作超出範圍有限的數學界。有的傳記作家估計他的作品有五十萬讀者，創造了數學界的空前紀錄。

(三)

自牛頓以來，天文學向數學家提出了許多問題。直到 19 世紀之前，天文學家在處理天文學問題時所用的武器實際上是牛頓 (I. Newton, 1642-1727)、歐拉 (L. Euler, 1707-1783)、拉格朗日和拉普拉斯所發明的武器的改良。但是，從19世紀開始，柯西發展了復變函數論，他本人和其他人對無窮級數收斂問題進

---

❻　Vito Volterra, Henri Poincaré, *Rice Institute Pamphlet*, **1** (1915), 133-162.

行了研究，天文學的武庫通過數學家的努力正在擴充起來。對於
彭加勒來說，他很自然地想到自己的解析學，他把這種從未運用
過的數學新武器用來進攻天文學。他所發動的戰役在當時是如此
地現代化，以致在 40 多年後，還沒有幾個人能够掌握他的銳利
武器。

在 19 世紀，法國在理論物理學和其他學科方面失去了覇主
地位，但在理論天文學方面仍然領先一步。彭加勒是這一光榮
傳統的繼承人，他站在他的同胞克萊勞 (A. Clairaut, 1713-
1765)、拉普拉斯、勒維烈 (U. Le Verrier, 1811-1877) 這些
天文學巨人的肩上，當然會看得更遠一些。他的主要工作有三個
方面：旋轉流體的平衡形狀 (1885年)；太陽系的穩定性，即 n
體問題 (1899年)；太陽系的起源 (1911年)❼。

彭加勒對第一個問題的興趣是被威廉‧湯姆遜 (William
Thomson, 即開耳芬勛爵〔Lord Kelvin〕, 1824-1907) 和泰特
(P. G. Tait, 1831-1901) 的《論自然哲學》一書中的一節激
起的。此外，他在講授流體力學時也對標準教材中關於旋轉流體
的處理感到不滿。

彭加勒在 1885 年發表的長篇論文中討論了由雅科畢橢球體
派生出來的、角動量漸增的新體系的平衡形狀，這種形狀後來稱
爲梨形。彭加勒定性地描述說：

> 讓我們設想一個因冷卻而收縮的旋轉流體，但是它慢到足
> 以保持均匀，並且在旋轉時，它的所有部分都是相同的。

---

❼ S.G. 布拉什：〈彭加勒和宇宙演化〉，《科學與哲學》（北京），
1982 年第 2 輯，頁 52-72。

起初，它們是十分近似的球形，逐漸變成旋轉橢球，旋轉橢球會越來越扁。接著在某一瞬間，它將變為三個軸不等的橢球。後來，圖形將不再是橢球，而變成梨形，直到最後圖形腰部越來越凹進，分裂成兩個獨立的、不等的物體。

彭加勒認為，這種體系演化的下一個階段可能是一大一小彼此繞著旋轉的兩個天體的平衡狀態，該假設肯定不能用於太陽系，某些雙星必然會呈現出這樣的過渡形式。後來，俄國數學家李亞普諾夫（A. M. Lyapunov, 1859-1924）和英國天文學家金斯（J. Jeans, 1877-1946）分別在 1905 年和 1915年證明：梨形是不穩定的。當然，現在有些人不再相信，彭加勒的梨形能在宇宙演化中起任何作用。但是，至今仍然有人研究，流質經過旋轉不穩定後發生的分裂可能導致形成雙星體系，甚至有人認為地球也是梨形，因而彭加勒處理問題的一般方法也許可能再度得勢。

彭加勒在天文學上的最大成功表現在對「n體問題」的處理上，這是瑞典國王奧斯卡二世（Oscar II, 1872-1907）在 1887 年提出的懸賞問題。設 n 個質點以任意方式分布在空間中，所有質點的質量、初始運動和相互距離在給定的時刻假定都是已知的。如果它們之間按照牛頓萬有引力定律相吸引，那麼在任何時刻，它們的位置和運動（速度）怎樣呢？對於數學天文學來說，一羣星系中的每個恒星都可以視為這樣的質點，於是 n 體問題就相當於今後天空的情況將是什麼樣子，假使我們有足夠的觀察資料描述目前天空的普遍結構的話。顯然，這個天文學問題不僅具有數學特色，而且具有物理學特色。

關於「兩體問題」（n＝2），已被牛頓圓滿地解決了。著名的「三體問題」（n＝3）後來受到人們的注意，因為地球、月亮和太陽就是三體問題的典型例子。自歐拉以來，人們把它視為整個數學領域最困難的問題之一。從數學上講，該問題歸結為解九個聯立微分方程組（每個都是線性二階的）。拉格朗日成功地把這個問題加以簡化，可是其解即使存在，也不能用有限個項來表示，而是一個無窮級數。如果級數在形式上滿足方程組，並且對於變數的某些值收斂，那麼解將存在。彭加勒在他 1889 年的論文中提出了一種新的強有力的技巧，其中包括漸近展開和積分不變性，並且對微分方程在接近奇點附近的積分曲線行為作出了根本性的發現。

儘管彭加勒沒有解決 n 體問題，但在三體問題上卻獲得了明顯的突破，因此評審團還是把奧斯卡獎──2500 瑞典克朗和金質獎章──授予他。法國政府不顧瑞典國王的阻攔，也授予彭加勒「憲兵團榮譽騎士」的稱號。彭加勒在寫給奧斯卡獎評審團的信中說：「你們可以告訴你們的君主，這項工作不能看作是對所提出的問題提供了完美的答案，然而它具有這樣的意義：它的公布將在天體力學上開創一個新時代，因此，陛下所期望的公開競賽的結果可以認為是達到了。」

彭加勒在數學天文學方面的早期工作匯集在他的專題巨著《天體力學的新方法》（三卷本，1892、1893、1899年)中。接著該書的是 1905-1910 年出版的另外三卷著作《天體力學教程》，它具有更為實用的性質。稍後又有講演集《流體質量平衡的計算》和一本歷史──批判著作《論宇宙假設》。

彭加勒的傳記作者達布斷言（他的觀點受到許多人的支持）：

這些著作中的頭一部事實上開闢了天體力學的新紀元，它可與拉普拉斯的《天體力學》和達朗貝爾（D′ Alembert，1717-1783）關於二分點歲差的工作相媲美。喬治・達爾文爵士在評論《天體力學的新方法》時說：「很可能，在即將來臨的半個世紀內，一般研究人員將會從這座礦山發掘他們的寶藏。」❽ 達布在評價彭加勒的這些工作時寫道：

> 在 50 年間，我們生活在著名德國數學家的定理上，我們從各個角度應用並研究它們，但是沒有添加任何基本的東西。正是彭加勒，第一個粉碎了這個似乎是包容一切的僵硬的理論框架，設計出展望外部世界的新窗戶。❾

彭加勒的《論宇宙假設》普遍地被這個領域的研究者看作是經典的，書中對建立在拉普拉斯星雲說上的模型的性質作了全面的分析和認真的嘗試。這本書作為回顧太陽系起源的各種理論，即使在今天也值得一讀，但是由於忽略了 20 世紀初其他天文學家提出的一些理論，因而有某些不足之處。彭加勒關於宇宙演化的觀點在 19 世紀末是有代表性的：真實世界的進程是漸變的、不可逆的，不連續的變化也明顯地發生，但只是在確實需要時才發生，而且不是以大變動的形式。這種觀點顯然與今天流行的大爆炸宇宙學格格不入。

像一個直覺主義者所作的那樣，彭加勒在天文學研究中的不少工作與其說是定量的，還不如說是定性的，這種特點導致他研

---

❽ 同前註❷，p. x.
❾ 同前註❹，p. 544.

究拓樸學。在這方面，他發表了六篇著名的論文，使該課題起了革命性的變革。拓樸學方面的工作又轉而順利地應用到天文學的數學之中。

通過研究天文學，彭加勒深深體會到：天文學是有用的，因爲它能使我們超然自立於我們自身之上；它是有用的，因爲它是宏偉的；這就是我要說的。天文學向我們表明，人的軀體是何等渺小，而人的精神又是何等偉大，因爲人們的理性能够包容星辰燦爛、茫無際涯的宇宙，並且享受到它的無聲的和諧，在它那裏，人的軀體只不過是滄海之一粟而已。於是我們意識到我們的能力，這是一種花費越多收效越大的事業，由於這種意識能使我們更加堅強有力。

（四）

彭加勒講授物理學達 20 年以上，他以特有的求全性和充沛的精力完成這項任務，結果使得他成爲理論物理學所有分支的專家，發表了不同論題的文章和書籍達七十種以上，其中涉及到毛細管引力、彈性學、流體力學、熱的傳播、勢論、光學、電學、磁學、電子動力學，以及混沌（chaos）等，他對每個課題都有深刻的洞察，並揭示其本質。他也能敏銳地集中於一個問題，細致地考察它，善於從各個方面對它進行定性研究。他特別偏好光和電磁理論。彭加勒關於電磁理論的教科書，成爲麥克斯韋（J. C. Maxwell, 1831-1879）理論在歐洲大陸得以廣泛傳播的範本。

說實在的，在物理學方面，彭加勒的運氣並不怎麼好。爲了使他的才能得到體現，他應該晚生 30 年或多活 20 年。恰恰在

經典物理學發展到它的頂峯時，他卻處於精力充沛的時期，當物理學重新煥發青春——以普朗克 1900 年量子論的提出和愛因斯坦 1905 年狹義相對論論文〈論動體的電動力學〉的發表爲標誌——之時，他的頭腦卻被19世紀的經典理論所充塞，以致於在他逝世前，他幾乎沒有多少時間消化那些令人驚奇的新事物。儘管如此，他還是在物理學革命的三個前沿領域作出了傑出的貢獻。

1. 在物質結構研究方面的貢獻

1895 年 12 月 28 日，倫琴（W. K. Röntgen, 1845-1923）發現了X射線，彭加勒對此感到十分振奮，他在 1896 年 1 月20日科學院的週會上展示了倫琴寄給他的 X射線照片。當貝克勒爾（A. H. Becquerel, 1852-1908）問他射線從管子的哪一部分發出時，彭加勒回答說，射線似乎是從管子中與陰極相對的區域發出的，在這個區域內玻璃管變得發螢光了。彭加勒還在 1 月30日發表了一篇關於X射線的論文，他在論文中提出：「是否所有螢光足够強的物體，不管它們的螢光的起因如何，都旣發射可見光又發射X射線呢？」儘管彭加勒的預想並不完全正確，但是它畢竟是導致貝克勒爾發現放射性的直接動因❿。

對於世紀之交分子實在性的爭論，彭加勒基本持中立態度，因爲還沒有確鑿的實驗事實證明分子是眞實的。不過，他早就意識到用實驗來驗證分子運動論的可能性。他在 1900 年提醒大家注意古伊（L. G. Gouy, 1854-1926）關於布朗（R. Brown, 1773-1858）運動的有獨創性的觀念。他指出：「那些無規則運動

---

❿　E. 賽格雷：《從X射線到夸克》，夏孝勇等譯，上海科技文獻出版社（上海），1984 年第 1 版，頁 31。

的粒子比緻密的網孔還要小；因此，它們可能適用於解開那團亂
麻，從而使世界逆行。我們幾乎能夠看到麥克斯韋妖作怪呢。」
⑪1904年，他在提到運動和熱在布朗運動中相互轉化而毫無損失
時說：「如果情況如此，為了觀察世界逆行，我們不再需要麥
克斯韋妖的無限敏銳的眼睛；我們的顯微鏡就足夠了。」⑫ 後
來，愛因斯坦（A. Einstein, 1879-1955）和斯莫盧霍夫斯基
（M. von Smoluchowski, 1872-1917）分別於1905年和1906年
給出了布朗運動的理論，導出了計算分子大小的公式。1908年，
佩蘭（J. B. Perrin, 1870-1942）和他的合作者通過用顯微鏡觀
察藤黃樹脂微粒的布朗運動，證實了分子的實在性。彭加勒面對
這一事實，坦率地承認：「長期存在的原子假設已具有充分的
可靠性」，「化學家的原子現在已經是一種實在了。」⑬

2. 相對論的先驅

早在 1900 年之前，彭加勒就掌握了建立狹義相對論的一切
必要材料，並在 1904 至 1905 年間找到了它的數學表示。作為
相對論的先驅，他比馬赫（E. Mach, 1838-1916 ）和洛倫茲
（H. A. Lorentz, 1853-1928）更前進了一步。

在1895年，彭加勒就對當時以太漂移實驗的解釋表示不滿，
他批評洛倫茲過多地引入特設假設。他相信，用任何實驗手段

⑪ H. Poincaré, *La Science et l'Hypothèse*, Paris: Ernest
Flammarion, 1920, p. 209. 彭加勒的這本 《科學與假設》初
版於1902年，我們在本書中要經常引用它，約定以 *S. H.* 代之。
⑫ H. Poincaré, *La Valeur de la Science*, Paris: Ernest Flam-
marion, 1905, p. 184. 我們在本書中要經常引用彭加勒的這本
《科學的價值》，約定以 *V. S.* 代之。
⑬ Mary Jo Nye, *Molecular Reality*, London, 1972, p. 157.

——力學的、光學的、電學的——都不可能檢測到地球的絕對運動。他已經意識到，探取這種立場相當於在理論上提出一個普遍的物理定律：「不可能測出有重物質的絕對運動，或者更明確地說，不可能測出有重物質相對於以太的運動。人們所能提供的一切就是有重物質相對於有重物質的運動。」⑭1900年，他把這個定律稱爲**相對運動原理**。1899年，彭加勒在索邦所作的關於電和光的講演中又提到這一普遍定律。第二年在巴黎的國際物理學會議上，他把相對運動原理表述爲：

> 任何系統的運動必須服從同樣的定律，不管它是相對於固定軸而言還是相對於作勻速直線運動的可動軸而言。(*S. H.*, p. 135)

在 1902 年出版的《科學與假設》中，首次出現了**相對性原理**的說法 (*S. H.*, p. 281)。不過，相對性原理的標準表述是彭加勒 1904 年 9 月在聖路易斯講演中作出的。他把它作爲物理學六大基本原理之一提了出來：

> 相對性原理，根據這個原理，物理現象的定律應該是相同的，不管觀察者處於靜止還是處於勻速直線運動。於是，我們沒有、也不可能有任何手段來辨別我們是否作這樣一種運動。

也就是在這次講演中，他驚人地預見了新力學的大致圖景：慣性

---

⑭ C. Scribner, Henri Poincaré and the Principle of Relativity, *Am. Jour. Phys.*, **32** (1964), 672-687.

隨速度而增加，光速會變爲不可逾越的極限。原來的比較簡單的力學依然保持爲一級近似，因爲它對不太大的速度還是正確的，以致在新力學中還能够發現舊力學 (*V. S.*, pp. 176-177)。

在 1898 年的〈時間的測量〉一文中，彭加勒不僅批判了絕對時間、絕對空間和絕對同時性的概念，而且還提出了建設性的建議：承認光速不變是一個公設，並用愛因斯坦後來使用的術語討論了遠距離的同時性的確定問題。他說：「光具有不變的速度，尤其是它的速度在一切方向上都是相同的，這是一個公設，沒有這個公設，就無法測量光速。」[15]彭加勒利用兩個觀察者（愛因斯坦的討論只用一個觀察者）、光訊號和時鐘，討論了時鐘同步和同時性的定義問題，得出了與愛因斯坦 1905 年的結論相同的結果。

1904 年後期到 1905 年中期，彭加勒給洛倫茲寫了三封信，這三封信的基本思想在〈論電子動力學〉一文中得到發展。這篇論文的縮寫本於 1905 年 6 月 5 日發表，全文則發表於1906年。他在文中第一個提出了精確的洛倫茲變換，指出該變換的羣的性質。「洛倫茲變換」、「洛倫茲羣」、「洛倫茲不變量」等術語，都是他首先使用的。他還得到了正確的電荷和電流密度的變換（洛倫茲得出的變換式是錯的），證明了速度變換，考慮了體積元的變換，得到了電荷密度和電流的變換。這樣一來，麥克斯韋—洛倫茲方程首次在洛倫茲變換下嚴格地變成不變量。彭加勒還導出了電磁標量勢和矢量勢、單位體積的力、單位電荷的力的

[15] S. Goldberg, Henri Poincaré and Einstein's Theory of Relativity, *Am. Jour. Phys.*, **35** (1967), 934-944. 或參見 *V.S.*, p. 54。

變換，這些公式甚至在 60 年代前後的文獻中也難以找到。尤其是，彭加勒爲了利用在具有確定的正度規 $x^2+y^2+z^2+\tau^2$ 的四維空間中的不變量理論，還引入了四維矢量，使用了虛時間坐標 ($\tau=ict$)。他還揭示出洛倫茲變換恰恰是四維空間繞原點的轉動。彭加勒的這一工作，對閔可夫斯基 (H. Minkowski, 1864-1909) 後來的四維時空表示法有直接影響。彭加勒也是第一個在他的電子動力學中研究牛頓引力定律的人，他甚至使用了「引力波」這個詞。

3. 量子論的積極倡導者和熱心研究者

1911 年的索爾維 (E. Solvay, 1838-1922) 物理學會議，使量子論越出了德語國家的國界。彭加勒應邀參加了這次最高級會議，首次了解到量子論。他在很短時間內就成爲量子論的積極倡導者和熱心研究者⑯。

1911 年 12 月 4 日，即索爾維會議一個月之後，彭加勒向科學院提交了一篇論述量子論的長篇論文的縮寫本，全文於翌年 1 月發表。他在論文中指出，量子論的出現「無疑是自牛頓以來自然哲學所經歷的最偉大、最深遠的革命」。他堅持認爲，舊理論不只是在能量能够連續變化的假定上是錯誤的，而且物理定律本性的概念也要經受根本的變革。他在論文的最後指出，人們必須尋求差分方程，對於不連續的機率函數的情况，它將起哈密頓微分方程的作用。後來，他還就量子論發表了幾篇文章和講演。他甚至猜想，任何孤立系統乃至宇宙也像粒子一樣，「會突然地從

---

⑯ R. McCormmach, Henri Poincaré and Quantum Theory, *ISIS*, **58** (1967), 37-55.

一個狀態躍遷到另一個狀態；　但是在間歇期間，　它依然是不動的。　宇宙保持同一狀態的各個瞬時不再能够相互區分開來。　因此，這將導致時間的不連續變化，即時間原子。」❼彭加勒的工作大大推動了非德語國家的物理學家接受和研究量子論。

（五）

　　彭加勒對科學和數學的哲學意義一直興味盎然，他在早年發表的許多專業論文中，經常涉及到科學哲學問題。在本世紀初，他認眞總結了在科學前沿多年探索的經驗，對科學的基礎進行了系統的哲學反思，提出了許多有價值的、有啟發意義的思想和見解。這集中體現在他於 1902、1905、1908 年出版的《科學與假設》、《科學的價值》、《科學與方法》❽三本書中，它們既是暢銷一時、至今仍富有吸引力的科學哲學著作，也是內容豐富、

---

❼　H. Poincaré, *Mathematics and Science: Last Essay*, translated by J. W. Bolduc, New York: Dover, 1963, p. 86. 這是彭加勒的第四本科學哲學著作《最後的沉思》(*Dernières Pensées*)，法文版初版於 1913年。我們在本書中經常要引用這本著作，約定以 *L.S.* 代之。

❽　彭加勒的前兩本書在前注 ❶、❿中已列出，第三本書是 H. Poincaré, *Science et Mèthode*, Paris: Ernest Flammarion, 1908. 我們在本書中引用的是 1922 年版的法文本，並約定以 *S. M.* 代之。這三本書的英譯合集本爲前注 ❷。商務印書館於 1930年、1928年、1934年分別出了這三本書的中譯本，譯者分別是葉蘊理、文元模（似據日譯本轉譯）、鄭太樸。我在 80 年代初依據注 ❷的英譯本重新翻譯了彭加勒的著作，按英譯本定名爲《科學的基礎》，並依據法文本作了校對。本來，《科學的基礎》的書名是很名副其實的，但《現代文化叢書》編委會或出版社爲追求經濟「價值」，非要把書名改爲《科學的價值》不可。該新中譯本於1988年由光明日報出版社（北京）出版。

語言優美的科普讀物。在那些年代，經常可以看到工人和店員們
在巴黎的公園和咖啡館貪婪地閱讀彭加勒的通俗著作，儘管這些
書籍印刷低劣、封面破舊。在法國的圖書館或閱覽室，彭加勒的
書都被手指翻髒了，顯然有許多人借閱過。這些書被譯成英、
德、俄、西班牙、匈牙利、瑞典、日、中等文字，幾乎傳遍了整
個文明世界。

由於他的文字才華，彭加勒得到了一個法國作家所能得到的
最高榮譽。人們稱他為「法國的散文大師」，文學研究院接納他
為會員。一些妒忌心強的小說家心懷不滿地散布說，彭加勒作為
科學家能夠獲得這種獨一無二的榮譽，是因為文學研究院經常要
編輯權威性的法語字典，興趣廣泛的彭加勒顯然能在工作中幫助
文學研究院的詩人和語法學家，告訴他們自守函數是什麼。但是
眾人卻公正地認為，彭加勒已經得到的榮譽並不比他應該得到的
多。勒邦在談到彭加勒的文字才華時這樣寫道：

> 數學家、哲學家、詩人、藝術家的昂利・彭加勒也是一位
> 作家。他的唯一目的是用他的全部誠意表述他的思想，並
> 把他的激情和崇高的熱忱傳達給他的讀者。他以銳利的筆
> 鋒寫作，因為他的見解是這樣精密，他的思維是如此活
> 躍，以致他幾乎總能找到它們的完美表示。
>
> 極其流暢和變化多端的風格現在是專家的風格，當時是文
> 豪和詩人的風格，這也是真正的法國作家蒙田（M.
> de Montaigne, 1533-1592）、莫里哀（Molière, 1622-
> 1673）、帕斯卡（B. Pascal, 1623-1662）的風格。雅致、
> 簡單、清晰、極大的簡明，這種風格充滿了有趣的妙語

（引人發笑的俏皮話），充滿了在特殊場合中的尖刻的反語。但是這些妙語對準的是荒謬的事物，而從未對準個人。彭加勒常常巧妙地使日常語言恢復活力，或者通過把它所包含的比喻延伸到結論，或者使所用的修辭手段充滿獨創性、新穎性和感染力。⑲

彭加勒在科學哲學上繼承了馬赫和赫茲 (H. Hertz, 1857-1894) 的傳統，並汲取和改造了康德 (I. Kant, 1724-1804) 的一些思想，他的哲學思想顯然受到數學研究的影響。約定論是彭加勒的一大哲學創造，它後來和馬赫的經驗論一起成爲邏輯實證論興起的哲學基礎，因此彭加勒被理所當然地認爲是邏輯實證論的始祖之一。儘管如此，彭加勒從未自詡爲哲學家，也沒有爲寫哲學著作而寫哲學著作。他的四本哲學著作中的大部分章節，都是他的科學著作的序言、結論，或是會議講演和學術報告，都是他的科學研究的「副產品」。由於它們是在不同時間爲不同的目的而寫的，因而相互之間僅有鬆散的聯繫，有時似乎還有些矛盾。但是不容置辯的是，它們透露出現代科學的哲學意向和時代的新鮮氣息。

《科學與假設》分爲四編十三章（後又增補一章，即〈物質的終極〉）。它們是，第一編：〈數與量〉（數學推理的本性，數學量和經驗）；第二編：〈空間〉（非歐幾何學，空間和幾何學，經驗和幾何學）；第三編：〈力〉（經典力學，相對運動和絕對運動，能和熱力學）；第四編：〈自然界〉（物理學中的假

---

⑲ 同前注❶。

設，現代物理學的理論，概率計算，光學和電學，電動力學）。

在《科學與假設》中，彭加勒堅持實驗是眞理的唯一源泉。從這種立場出發，他批判了經典力學的一些基本概念和原理。他強調假設在科學中不僅是必要的，而且是合理的，他把假設分爲三類進行論述，並指出假設要經常經受檢驗和不可濫用假設。彭加勒對科學的統一性和簡單性也很感興趣。在該書中，彭加勒通過對非歐幾何學和物理學中一些基本原理的分析，提出了約定論哲學。另外，彭加勒還對世紀之交物理學理論的狀況進行了較全面的分析。值得注意的是，愛因斯坦在「奧林比亞科學院」時期讀過《科學與假設》，該書給他以極強烈的印象。

《科學的價值》分爲三編十一章。它們是，第一編：〈數學科學〉（數學中的直覺和邏輯，時間的量度，空間的概念，空間及其三維性）；第二編：〈物理科學〉（解析和物理學，天文學，數學物理學的歷史，數學物理學現在的危機，數學物理學的未來）；第三編：〈科學的客觀價值〉（科學是人爲的嗎？科學和實在）。

《科學的價值》引人注目的有三點。其一是關於物理學危機的論述。彭加勒通過對物理學歷史和現狀的考察指出，物理學已處於危機之中，這種危機是好事而不是壞事，它能加速物理學的改造，是物理學革命的前兆。其二是比較系統地闡述了他的科學觀。他認爲科學是一種分類方法和關係體系，科學的發展是非直線的、無止境的，科學走向統一和簡單的道路，科學的基本原理具有極高的價值，並倡導「爲科學而科學」。其三是明確地表白了他對某些哲學問題的看法，這些看法往往被許多人統統視爲唯心主義的胡說。此外，他還就直覺在科學研究中的作用以及時空的本性等問題發表了一系列見解。

至於《科學與方法》，它由四編十四章、外加一〈總論〉組成。它們是，第一編：〈科學和科學家〉（事實的選擇，數學的未來，數學創造，偶然性）；第二編：〈數學推理〉（空間的相對性，數學定義和數學，數學和邏輯，新邏輯，邏輯學家的最新著作）；第三編：〈新力學〉（力學和鐳，力學和光學，新力學和天文學）；第四編：〈天文科學〉（銀河與氣體理論，法國的大地測量學）。本書最精彩之處是關於科學美和創造心理學的論述。

在彭加勒逝世後的第二年，還出版了《最後的沉思》❷（1913年），這是彭加勒所希望的第四本科學哲學著作。該書是勒邦集其遺著編輯而成的，它由九個短篇組成。這些關於科學及其哲學的文章和講演包含著彭加勒一些值得注意的見解：〈規律的進化〉一文是關於自然規律的哲學思考；〈空間和時間〉討論了相對性問題；〈空間爲什麼有三維？〉對這個問題作出了新穎的解釋；對數學中的〈無限的邏輯〉的分析討論了羅素（Bertrand Russell, 1872-1970）的類型理論；〈數學和邏輯〉一文分析、批判了實用主義和康托爾（Georg Cantor, 1845-1918）主義對邏輯在數學中的作用的見解，提出了作者自己的看法；〈量子論〉是作者臨終前不久寫的一篇評述性文章，論述了量子論和它的現代應用，闡述了作者的獨到見解；〈物質和以太的關係〉討論了世紀之交物理學家普遍關心的問題；最後的〈倫理學和科學〉以及〈道德聯盟〉二文論述了科學和倫理學的關係，說明了科學在道德教育中的重大作用，這在其他三本科學哲學著作中還沒有涉及過。

---

❷　見前注⑰，該書已由我於 1985 年譯出，將由商務印書館（北京）出版。

　　由於彭加勒長期在科學前沿從事創造性的探索和開拓性的奠基工作，因此他不得不經常對科學的哲學基礎進行批判性的審查，對已取得的科學成果進行恰當的哲學解釋。而且，他所研究的問題的廣度和深度使得他的思考不可能限制在狹窄的專業領域，他必須去考察一個更加困難得多的問題，即分析思維的本性問題，否則他就不會前進一步。彭加勒既有「近水樓臺先得月」的有利條件，又勇於求索、勤於思考、善於提煉，因此他在談到自然觀、科學觀、認識論和方法論等問題時，往往鞭辟入裡、深中肯綮，難怪愛因斯坦稱彭加勒這位具有廣闊哲學視野的科學家是「敏銳的、深刻的思想家」[21]。

（六）

　　彭加勒認為，熱愛眞理是偉大的事情，追求眞理應該是我們活動的唯一目標和唯一的價値。彭加勒言行一致，爲追求眞理，他一直奮鬥到生命的最後一息。勒邦指出，在科學問題上，彭加勒唯一專注的事情就是探求眞理。他不關心榮譽，不喜歡用自己的名字命名他的任何發明，直接面對面地深思眞理是唯一的報償，這在他看來是最值得努力的。他也受到強烈的正義感的支配。

　　彭加勒富有創造力的時期是從 1878 年的博士論文開始的，在短暫的34年科學生涯中，他卻寫出了將近五百篇論文和卅本科學專著[22]，這些論著囊括了數學、物理學和天文學的許多分支。

[21]　《愛因斯坦文集》第一卷，許良英等編譯，商務印書館（北京），1976年第 1 版，頁 139。
[22]　從 1916 年到 1954 年，在法國巴黎陸續出齊了彭加勒的十一卷全集（*Oeuvres de Henri Poincaré*）。其中包括彭加勒的重要科學論文，他對自己工作的部分敍述、達布寫的傳記（第二卷）以及關於他的生平和工作的誕辰 100 週年紀念講演集（第十一卷）。

當我們考慮到那些開創性工作的重重困難時，不能不欽佩他高度的創造性和堅靱不拔的毅力。由於他的傑出貢獻，他贏得了法國政府所能給予的一切榮譽，也受到英國、俄國、瑞典、匈牙利等國政府的獎賞。

進入 20 世紀，彭加勒的聲望急劇地增長。1906 年，他當選爲巴黎科學院主席；1908 年，他被選爲法蘭西學院院士，這是一個法國科學家所能達到的最高地位。他是科學院唯一的一位因其研究而能參加所有學科小組的成員。當時，他蜚聲國際學術界，受到同行們的稱頌，一些有志幹一番事業的年輕人都想拜他爲師。特別是在法國，他被視爲大智者，他越來越多地被邀請對範圍更大的聽眾作各種主題的講演（1910年甚至有人要求他就彗星對氣候的影響加以評論）。他對這些「雜事」似乎並沒有表現出不樂意，也許他覺得這是向公眾普及科學知識的好機會。他在各種問題──從科學到哲學，從政治到倫理──上的見解總是直率的、明快的，被公眾當作決定性的意見而接受。

在最後的四年中，除了惱人的疾病期外，彭加勒的生活總地來說是安定的、幸福的。他有一個美滿的小家庭：溫厚的賢妻、一個兒子和三個女兒。他喜歡他的子女，特別是當他們還是小孩子的時候。他也愛好交響樂。

可是，彭加勒既沒有沉湎於小家庭的脈脈溫情，更沒有躺在榮譽和地位上高枕而臥。作爲一個永不滿足、永遠進擊的學者，他忘我地向新的未知版圖挺進。在生命的最後征途上，他依然留下了堅實的足跡。

在 1908 年的羅馬國際數學會議上，彭加勒因病未能宣讀激動人心的講演：〈數學物理學的未來〉。他的病是前列腺腫大，

意大利的外科醫生爲他作了手術，這似乎可以看作是痊癒了。回到巴黎後，他像以往那樣不知疲倦地工作著。但是到 1911 年，他覺得自己身體不適，精力減退，他說他在世上的日子不會長了。可是，他不願放下手頭的工作去休息，他頭腦蘊育的新思想太多了，他不願讓它們和自己一塊葬入墳墓。他也許認爲，向人類傳播他的思想，而不是把它們隱藏起來，是他的天賦的職責。

1911 年 10 月 30 日至 11 月 3 日，彭加勒應邀參加了在布魯塞爾召開的第一屆索爾維會議，會議的中心議題是「輻射理論和量子」。在這之前不久，彭加勒對量子論是完全陌生的，通過參加會議，他變成新理論的倡導者和發展者，從而在量子論的歷史上留下了光輝的一頁。洛倫茲後來回憶說，彭加勒在討論中表現出「他的思想的全部活力和洞察力，人們佩服他精力充沛地進入那些對他來說是全新的物理學問題的才幹。」㉓

從布魯塞爾返回巴黎後，奇異的量子使彭加勒難以安靜下來。在生命的最後時刻裏，他完全沉浸在這個奇妙的世界裏，他以難以置信的毅力和速度從事這項困難的研究。彭加勒向科學院提交的論文在物理學界引起很大反響。

與此同時，彭加勒還在思考一個新的數學定理，這就是把狹義三體問題的週期解的存在問題歸結爲平面的連續變換在某些條件下不動點的存在問題，這可能是分析中根據代數拓撲學所作出的存在性證明的第一個例子。他悲痛地預感到，自己沒有時間和精力來證明這個定理了，於是在 1911 年 12 月 9 日一反通常的習慣，寫信給《數學雜誌》的編輯，詢問是否能接受一篇未經深

㉓　同前注⑯。

究和修改的專題論文。他在信中寫道:

> ……在我有生之日, 我無法解決他們了。不過, 它們的最
> 後結果能夠把研究引向新的、未曾料到的路線上, 在我看
> 來, 它們似乎具有十分充分的發展前途。不管它們使我遭
> 到什麼矇騙, 我仍將順從地把它們奉獻出來。……❷

在彭加勒的這一「未完成的交響樂」發表後不久, 所需要的證明
由美國年輕的數學家伯克霍夫 (G. D. Birkhoff, 1884-1944)
在幾個月之後給出了。 在彭加勒的整個學術生涯中, 他總是慷
慨地把自己的新發現作爲一種公共財富給予那些具有巨大才智的
人, 使他們能夠從容地利用它們。他總是毫不遲疑地敞開他的新
思想, 而不介意它們是否完全成熟。對科學的發展來說, 這無疑
是幸事。

　　1912 年春, 彭加勒再次患病, 可是他還是頑強地奮鬥著。
同年 4 月, 在法國物理學會的一次講演中, 他又談到量子論問
題, 他要求人們不要爲推翻根深蒂固的舊見解而煩惱。就在當月
公開發表的一篇評述性文章中, 他再次強調: 把不連續性引入自
然定律, 這樣一個非同尋常的觀點能夠成立。他說, 儘管量子假
設面臨著一些困難, 我們也必須拯救它, 否則我們就不會有可供
建築的基礎了。他對普朗克的「倒退」感到困惑, 認爲堅持最初
的觀點是比較合適的。彭加勒猜想, 宇宙萬物像電子一樣, 都應
當經歷量子躍遷, 由於在普遍的躍遷之間的不運動狀態內具有無

---

❷　同前注❶。

法區分的瞬時，因此必然存在著「時間原子」。這就是逝世前三個月，彭加勒在頭腦中醞釀的大膽思想。5月4日，彭加勒又在倫敦大學作了題爲〈空間和時間〉的講演。在這次講演中，他論述了一個可檢驗的物理學相對性原理，之所以可檢驗，是因爲這個原理參照近似孤立體系的經典力學。他還論證了他的引力理論，指出它與水星近日點的進動觀測值不一致。他還就當前理論物理學的發展作了評價。

臨終前三週，即 1912 年 6 月 26 日，彭加勒抱病在法國道德教育聯盟成立大會上發表了最後一次公開講演。他說，「人生就是持續的鬥爭」，「如果我們偶爾享受到相對的寧靜，那正是因爲我們的先輩頑強鬥爭的結果。假使我們的精力、我們的警惕鬆懈片刻，我們就將失去先輩們爲我們贏得的鬥爭成果。」(*L. E.*, p. 114) 他還指出：「強求一律就是死亡，因爲它對一切進步都是一扇緊閉著的大門；而且所有的強制都是毫無成果的和令人憎惡的。」(*L. E.*, p. 116) 彭加勒本人的一生就是自由思考、持續鬥爭的一生。維托·沃爾泰拉中肯地評論道：「我們確信，在他的一生中，他沒有片刻的休息。彭加勒永遠是一個朝氣蓬勃的、健全的戰士，直至他的逝世。」㉕

7月9日，醫生爲彭加勒施行了第二次前列腺手術，手術是成功的。7月17日，他在穿衣時因栓子（堵塞血管使血管發生栓塞的物質）而十分突然地去世了。緊張的工作過早地把他虛弱多病的身體推向了危險點，超額的負荷過早地把他引向死亡的大門，這一切似乎又是他心甘情願的。不過，令人遺憾的是，他僅

㉕　同前註❻。

僅活了 58 歲，這正是他的能力的高峰時期。

在茫茫的夜空中，一顆「智多星」殞落了! 這顆「智多星」發出了他所能發出的熠熠光亮，給人類帶來了一線光明，卽使在墜入大地時，也要把最後一道餘光毫無保留地奉獻出來。彭加勒的所作所爲，得到了能够鑒賞他的成就的人的讚譽。據說有這樣一件軼事。在第一次世界大戰期間，一些英國軍官問他們國家的大數學家和大哲學家羅素：「誰是當代法國最偉大的人?」羅素不假思索的回答：「彭加勒! 」「噢，是那個人! 」這些對科學一竅不通的軍官以爲羅素指的是法國總統雷蒙・彭加勒，一個個興奮得呼叫起來。當羅素得知他們呼叫的緣由時，便解釋道：「我指的不是雷蒙・彭加勒，而是他的堂兄昂利・彭加勒。」

可是，彭加勒也曾被一些人所誤解，蒙受了不白之寃。長期以來，在前蘇聯、東歐、日本和中國大陸出版的許多書刊中，他竟被描繪成在科學史上「興風作浪」的反面人物。當我們用事實拭去抹在他臉上的油彩和塵埃時，面對這樣一位在科學前沿奮不顧身戰鬥的偉大戰士，難道不應當作一點歷史的沉思嗎?

第二章 「危機」是「革命的前夜」
—— 評彭加勒的物理學危機觀*

爆竹聲中舊歲除，
春風送暖入屠蘇。
千門萬戶瞳瞳日，
總把新桃換舊符。

—— 元日
宋·王安石

　　19 世紀末 20 世紀初，在物理學領域內，一系列新的實驗事實與經典理論發生了不可調和的矛盾，暴露了經典概念之間的裂痕，從而嚴重地動搖了整個物理學的基礎，導致了物理學危機。彭加勒在本世紀伊始第一個明確指出了物理學危機，並對它進行了全面的分析和論述。即使在今天看來，彭加勒的看法也基本上是符合當時的歷史事實和物理學發展規律的。可是，長期以來，他的基本觀點卻受到普遍的誤解和曲解。尤其是在前蘇聯和中國大陸出版的《唯批》學習輔導材料以及有關的哲學和自然辯證法

---

*　本章是在我 1981 年完成的碩士論文〈彭加勒與物理學危機〉的基礎上改寫的。論文的指導教師是許良英教授，在此順致謝忱之意。

論著中，彭加勒竟被描繪成一個信口開河、胡言亂語、無中生有的反派角色，背上了破壞物理學革命的罪魁禍首的惡名。這個問題實有澄清之必要。

（一）

1687年，牛頓出版了他的名著《自然哲學的數學原理》。牛頓在他的這部巨著中，把伽利略（G. Galilei, 1564-1642）所揭示的「地上的」物體運動規律與開普勒（J. Kepler, 1571-1630）所揭示的「天上的」星球運動規律統一起來，建立了牛頓力學。牛頓力學以其理論體系之完美和實用威力之強大，在人類認識自然界的歷史上開創了一個新的時期。正如愛因斯坦所說：「在牛頓以前，並沒有一個關於物理因果性的完整體系，能夠表示經驗世界的任何深刻特徵。」❶

牛頓力學的巨大成就，對後來物理學家的思想和研究方向產生了決定性的影響。牛頓力學被順利地由質點推廣到剛體和流體，並逐漸發展成為嚴密的解析形式，而且，光學、熱學、電磁學也於 19 世紀先後在牛頓力學的理論框架的基礎上確立起來。現實情況使得物理學家們深信，宇宙中所發生的一切自然現象都能夠用力學來描述，只要給出系統的初始條件，就可以毫無遺漏地把握過去，預見未來。這樣，牛頓力學被視為科學解釋的最高權威和最後標準。而且早在 18 世紀，就流行著想把一切都歸結為力學運動的狂熱。甚至直到 19 世紀末，力學自然觀在物理學

---

❶ 《愛因斯坦文集》第一卷，許良英等譯，商務印書館（北京），1976年第 1 版，頁 222。

家中間還處於支配的地位。例如開耳芬在 1884 年宣稱：「在我沒有給一種事物建立起一個力學模型之前，我是永遠也不會滿足的。如果我能够成功地建立起一個模型，我就能理解它，否則我就不能理解。」❷ J. J. 湯姆遜 (J. J. Thomson, 1856-1940) 的言論代表了一代物理學家的思想，他在 1888 年說：「一切物理現象都能够從力學的角度來說明，這是一條公理，整個物理學就建造在這條公理之上。」❸ 1894 年，赫茲甚至在批評牛頓力學有關基本概念的著作中還堅持認爲：「把一切自然現象還原爲簡單的力學定律是物理學的課題，在這一點上，所有的物理學家都是一致的。」❹

的確，自 1687 年以來，物理學 200 年間基本上是在牛頓所提出的理論框架內發展起來的，到 19 世紀後期，已經形成了經典物理學的嚴整理論體系，幾乎能說明所有已知的物理現象。當時，許多物理學家躊躇滿志，他們以爲宇宙秘局，無不盡闢，後人只要繼守先人之遺業，稍加雕飾就可以了。80年代初，當普朗克 (M. Planck, 1858-1947) 表示決心獻身理論物理學時，他的老師、著名的德國實驗物理學家約利 (P. von Jolly, 1809-1884) 規勸他說：「年輕人，你爲什麼要斷送自己的前途呢？要知道，理論物理學已經終結，微分方程已經確立，它的解法已經制定，可供計算的只是個別特殊的情況。可是，把自己的一生獻

---

❷ P. Duhem, *The Aim and Structure of Physical Theory*, Princeton University Press, 1954, pp. 71-72.

❸ 杉山滋郎：〈19世紀末の原子論論爭と力學自然観〉，《科學史研究》，**16** (1977)，199-206。

❹ H. Hertz：《ヘルツ・力学原理》，上川友好訳，東海大学出版会，1974，p. 15。

給這一事業，值得嗎？」❺ 1894年，另一位未來的著名物理學家密立根 (R. A. Millikan, 1868-1953) 也受到了類似的忠告。當時與他同宿舍的從事社會學和政治學研究的同學告訴他，物理學「已經僵死了」、「沒有搞頭了」，希望他能轉到社會科學這一「新穎的」、「活生生的」領域❻。邁克耳遜 (A. A. Michelson, 1852-1931) 在 1894 年的演說中甚至公開宣稱：「未來的物理學眞理將不得不在小數點後第六位中去尋找。」據說，這句話大概是開耳芬早先講過的❼。

正當物理學家怡然自得之時，一些實驗事實卻在他們心頭暗暗地投下了陰影。1887 年，邁克耳遜和莫雷 (E. M. Morley, 1836-1923) 通過精密的實驗，發現在地球和以太之間並沒有顯著的相對運動，從而否定了較爲流行的菲涅耳 (A. J. Fresnel, 1788-1827) 的靜止以太說❽。但是，靜止以太說不僅爲電磁理論所要求，而且也受到早先的光行差現象和菲索 (A. Fizeau, 1819-1896) 實驗的支持。這樣，作爲光現象和電磁現象傳播媒質的以太這一力學模型在性質上就難以自圓其說，光學和電磁學的力學基礎於是面臨著動搖的危險。爲了擺脫困境，斐茲傑惹 (G. F. Fitzgerald, 1851-1901) 和洛倫茲分別於 1889 年和

❺　А.Ф.Йоффе,*Встречи с физиками*,Москва , 1960, сс. 77-78.

❻　R. A. Millikan, *Autobiography of Robert A. Millikan*, New York, Prentice-Hall, 1950, pp. 269-270.

❼　L. Badash, The Completeness of Nineteenth-Century Science, *ISIS*, **63** (1972), 48-58.

❽　A. A. Michelson and E. M. Morley, On the Relative Motion of the Earth and the Luminiferous Ether, *Am. Jour. Sci.*, **34** (1887), 333-345.

1892年提出了收縮假設。根據這一假設，物體在運動方向的縮短恰恰抵消了地球相對以太運動時所引起的干涉條紋的位移。洛倫茲認為，這種收縮是一種真實的動力學效應。因此，物體在運動時，它的密度就會因方向而異，透明體理應顯示出雙折射現象。可是，瑞利勛爵 (Lord Rayleigh, 1842-1919) 1902 年做了實驗，並未發現預期的結果。

經典理論所無法解釋的新的實驗事實，即所謂的「反常現象」接踵而至，氣體比熱的實驗結果也與能量均分定理發生了尖銳的衝突。19世紀中葉，玻耳茲曼(L. Boltzmann, 1844-1906) 和麥克斯韋提出的能量均分定理能够解釋許多現象，對於常溫下的一般固體和單原子氣體的比熱，也能給出比較滿意的答案。但是對於雙原子和多原子氣體，實測的定壓熱容量與定容熱容量之比顯著地大於理論計算值。連吉布斯(J. W. Gibbs, 1839-1903)也不得不承認:「眾所周知，理論要求雙原子氣體每個分子有六個自由度，在我們的比熱實驗中，我們發現不能多於五個。的確，人們正在一個不牢靠的基礎上進行建設。」 [9] 在19世紀最後10年，開耳芬、瑞利、彭加勒等人都對這個課題進行過細致的分析。

但是，總的說來，當時的物理學家並沒有充分認識到這些實驗事實的巨大意義。就連邁克耳遜本人對自己的實驗結果也大失所望，他稱自己的實驗是一次「失敗」，以致放棄了原訂的計畫，不願再進行長期觀察了。他覺得自己的實驗之所以在歷史上有意義，是因為設計了一個精密的干涉儀 [10]。其他人對這個實驗

[9] R. J. Blin-Stoyle ed., *Turning Points in Physics*, North-Holland Publishing Company, Amsterdan, 1959, p. 35.

[10] G. Holton, Einstein and Crucial Experiment, *Am. Jour. Phys.*, **37** (1969), 968-982.

也感到迷惑不解和鬱鬱不樂。洛倫茲 1892 年在寫給瑞利的信中說：「我現在簡直不知道怎樣才能擺脫這個矛盾。不過我仍然相信，如果我們不得不拋棄菲涅耳的理論，……我們就根本不會有一個合適的理論了。」洛倫茲疑慮重重地問道：「在邁克耳遜先生的實驗中，會存在一些迄今仍被看漏的地方嗎？」❶ 在相當長一段時間內，人們對氣體比熱的反常現象也茫然無措。瑞利這位經典理論的堅定信奉者在 1900 年雖然認為，人們所面臨的基本困難「不僅僅與氣體運動論有關，而且確切地講，涉及一般動力學」，它破壞了根據能量均分定理進行「計算的簡單性」。然而，瑞利卻堅持認為：「似乎所希望的東西就是避免破壞關於能量均分這一普遍結論的簡單性。」❷ 開耳芬 1900 年 4 月 27 日在英國皇家學會的講演中，曾稱上述兩個疑難為「在熱和光的動力理論上空的 19 世紀的烏雲」❸ 。

　　開耳芬畢竟把物理學的天空看得過於晴朗了。其實，當時物理學的天空並非只有「兩朵烏雲」，早在他講演之前，就已經是「黑雲壓城城欲摧」，「山雨欲來風滿樓」了！事實上，在19世紀末，光電效應、黑體輻射、原子光譜等實驗事實也接二連三地和經典物理學理論發生了嚴重的對立，實際情況比我們所述的還要廣泛，還要深刻。

　　物理學危機可以說是從 1895 年之後真正開始的。特別是由

❶ R. S. Shankland, Michelson-Morley Experiment, *Am. Jour. Phys.*, **32** (1964), 16-35.

❷ Lord Rayleigh, The Law of Partition of Kinetic Energy, *Phi. Mag.*, **32** (1900), 98-102.

❸ Lord Kelvin, Nineteenth Century Clouds Over the Dynamical Theory of Heat and Light, *Phi. Mag.*, **2** (1901), 1-40.

於放射性的發現和研究，有力地衝擊了原子不可分、質量不可變的傳統物質觀念，搖撼了經典物理學的基礎。就連那些頑固堅持舊觀點的人，也無法反對大量確鑿的實驗證據，至多只能抱一種走著瞧的態度。

1895 年 11 月 8 日到 12 月 28 日，倫琴在德國維爾茨堡大學實驗室研究陰極射線時發現了X射線。這種射線具有驚人的穿透能力。倫琴斷定：「X射線和陰極射線不是一種東西，X射線是由陰極射線引起的，是在放電裝置的玻璃管壁上發生的。」[14]由於這種實驗裝置當時在歐美各國百餘處都是現成的，加之X射線又具有奇異的性質和醫療上的價值，因此倫琴的發現不僅引起了驚訝，而且產生了轟動。美國報紙報導了這一發現的急電後，在短短的 48 小時內，至少就有六個X射線裝置在各處實驗室安置起來。在倫琴公布其發現的頭一年內（1896年），在世界上至少製造了三十二種不同型號的倫琴管，西方國家還接納了一整批專利。而且，以X射線爲內容的小冊子不下五十種，論文超過一千篇[15]。一種新發現能夠引起如此迅速而強烈的反響，在科學史上實屬罕見。

X射線的發現，打開了一個奇妙的新世界。隨後，一系列衝擊經典物理學理論基礎的新發現紛至沓來。貝克勒爾在彭加勒的建議下，著手研究這個課題。他於1896年 3 月 1 日意外地發現，放在鈾鹽下的沒有曝光的照像底片異乎尋常地發黑。起先，他以

---

[14] W. C. Röntgen: 〈新しい型の放射線について〉，物理学史研究刊行会編：《物理学古典論文叢書・放射能》，東海大学出版会，1970年。

[15] G. Sarton, The Discovery of X-Rays, *ISIS*, **26** (1937), 349-369.

爲這是在磷光現象中產生不可見射線的壽命要比物質發出磷光壽命長的緣故，直到 5 月，他才弄清楚，鈾的存在是產生這種射線的主要因素[16]。

緊接著在 1897 年，英國的 J. J. 湯姆遜和荷蘭的塞曼 (P. Zeeman, 1865-1943) 各自證實了電子的存在。這年 4 月 30 日，湯姆遜在英國皇家學會宣布: 陰極射線是由比原子小的帶電粒子組成的。他用兩種方法 (量熱法和電磁偏轉法) 測定了陰極射線的質荷比，其值遠比離子的質荷比小。湯姆遜根據陰極射線的平均自由程斷定，這只可能是由於陰極射線粒子的質量比普通分子的質量小得多的緣故。他明確指出: 「在陰極射線中，物質以某種新的狀態存在著」，「處於這種狀態的粒子就是構成一切化學元素的材料。」[17] 塞曼在洛倫茲的指導下，根據他 1896 年發現的塞曼效應，也於 1897 年報告了他的測量和計算值[18]。後來，湯姆遜採納了斯托尼 (G. J. Stoney, 1826-1911) 1874 年提出的建議，把這種帶負電的粒子命名爲「電子」。

自貝克勒爾 1896 年的發現之後，放射性的研究進展不大。貝克勒爾本人也認爲，對鈾射線的了解已比 X 射線還要透徹，因而沒有必要開展進一步的研究[19]。1898 年初，居里夫人 (Marie

---

[16] L. Badash, Chance Favors the Prepared Mind: Henri Becquerel and the Discovery of Radioactivity, *Archives Internationales D'histoire des Sciences*, 18 (1965), 55-66.

[17] J. J. Thomson, Cathode Rays, *Phi. Mag.*, 44 (1897), 293-316.

[18] P. Zeeman, On the Influence of Magnetism on the Nature of the Light Emitted by a Substance, *Phi. Mag.*, 43 (1897), 226-239.

[19] L. Badash, Radioactivity before the Curies, *Am. Jour. Phys.*, 33 (1965), 128-135. 這裏有一個數字很能說明問題: 貝克勒爾 1896 年發表了七篇關於鈾放射性的論文，1897年只發表了兩篇，而 1898 年連一篇也未發表。

S. Curie, 1867-1934) 以敏銳的眼力穿透迷霧，開闢了一個新的領域。她猜想，鈾射線就是鈾原子本身發射出來的；是否還有像鈾一樣的其他放射性元素呢？她與居里 (Piérre Curie, 1859-1906) 合作，發現釷也具有放射性，接著又發現了放射性更強的新元素釙和鐳。1879年他們還注意到，如果把釙或鐳的化合物與磷光物質疊在一起，磷光物質便能持續發出微光，可是外界並沒有給它提供能量。不幸，由於居里夫婦受到當時在法國流行的實證論和唯能論思潮的影響，他們不僅過於謹慎，而且事先就傾向於一種毫無結果的熱力學模型。他們錯誤地認為，放射性物質的射氣不是普通的物質，而是一種能量[20]。這就使他們在放射性本質的研究中未能取得突破。

相反，當時在加拿大工作的盧瑟福 (E. Rutherford, 1871-1937) 從 1899 年開始研究放射性時就認為，射氣是物質的和粒子性的。他通過實驗發現，鈾射線是由 α 射線和 β 射線組成的。他和索迪 (F. Soddy, 1877-1956) 在研究放射性物質的射氣和澱質時，還發現了放射性變化的指數規律。從 1902 年 9 月起，他們兩人先後發表了四篇論文，提出了元素嬗變理論。1903 年 3 月，居里等人發現了鐳的熱效應。盧瑟福等人也在 1904 年 2 月測定了溴化鐳和純鐳的熱值。

元素嬗變理論 的提出和鐳 的熱效應的 發現又一次引起了轟動。從貝克勒爾發現放射性起到 1902 年 10 月 31 日止的 7 年時間，在英國《自然》雜誌的索引中，論述放射性的文章總共才有

---

[20] M. Malley, The Discovery of Atomic Transmutation: Scientific Styles and Philosophies in France and Britain, *ISIS,* **70** (1979), 213-223.

六十篇左右，在隨後的兩年內，同類的文章猛增到二百六十篇。
盧瑟福 1904 年出版的《放射性》一書，除列舉了五位知名人士
外，還提到了大約六十五個人的名字。當時，各種報紙和普及雜誌
也充滿了報導放射性新發現的大字標題。彭加勒曾把鐳譽為「當
代偉大的革命家」（*V.S.*, p. 180)。密立根於1904年初寫道：

> 古代煉金術家的夢想成為現實了。對於放射性元素來說，
> 全部都緩慢而自發地嬗變為別的元素。㉑

這一系列紛至沓來的新發現不僅動搖了整個物理學大廈的基
礎，而且也震撼了在自然科學領域佔統治地位的力學自然觀，於
是出現了所謂的物理學危機。當時在科學界和哲學界，有人盲目
樂觀，看不清物理學面臨的大變革形勢。有人千方百計地「拯救
現象」，妄圖把新事實強行納入舊理論框架之內。也有人悲觀失
望，認為作為真理源泉、作為知識實在形式的科學破產了，與理
智和理性方法極不相同的其他方法，如神秘的感覺，是合理的。

（二）

在世紀之交，物理學家對危機是如何作出反應的呢？

當時的大多數物理學家都沒有覺察到物理學危機，至少是沒
有意識到危機的嚴重性。他們依然堅信經典力學的理論框架「是

㉑ R.H. Kargon, The Conservative Mode: Robert A. Millikan
and Twentieth-Century Revolution in Physics, *ISIS*, **68**
(1977), 509-526.

整個理論物理學大廈賴以建立的基礎，是所有其他科學分枝賴以產生的根源。」[22] 誰也沒有想過，整個物理學的基礎可能需要從根本上加以改造。在德國柏林，物理學家甚至認爲，把每一種物理現象化歸到經典力學的基礎上才是現代化的方法[23]。這些物理學家把經典的基本概念珍藏在「『絕對的東西』或『先驗的東西』的珠寶箱」內，宣稱它們是「根本不可改變的」。當具有革新精神的物理學家企圖變革它們時，這些人「就會發出嚴厲的抗議，並且抱怨說，這是對最神聖遺產的革命的威脅」[24]。

英國科學界元老開耳芬沒有覺察到物理學危機。他只是認爲，物理學的發展不過是遇到了幾個較爲嚴重的困難而已，這些困難能够通過適當的方法逐一加以解決，而無須觸動整個物理學的基礎。因此，他對於動搖這個基礎的新實驗和新理論往往持懷疑態度，甚至公開站出來反對。對於X射線的發現，他竟宣稱這是一場「精心策劃的騙局」[25]。對於鐳的熱效應的發現，他甚至不顧自己早年爲之作過巨大貢獻的熱力學第二定律，硬說熱能是從周圍得到的。他竭力反對元素嬗變理論，理由是該理論與原子的詞源（原子在希臘語中意味著不可分）相矛盾[26]。1906 年 8

[22] L. Boltzmann, *Theoretical Physics and Philosophical Problems*, D. Reiclel Publishing Company, Dordrecht-Holland, Boston, U.S.A., 1974, p. 146.

[23] Tetu Hirosige, The Ether Problem, the Mechanistic World-View, and the Origins of the Theory of Relativity, *Historical Studies in the Physical Science*, Annual Volume 7, Edited by R. McCormmach, 1975, pp. 3-82.

[24] 同前注[1]，頁85-86。

[25] T.S. Kuhn, *The Structure of Scientific Revolutions*, The University of Chicago Press, 2nd ed., 1970, p. 59.

[26] Lord Rayleigh, Some Reminiscences of Scientific Workers of the Past Generation and Their Surroundings, *The Proceedings of the Physical Society*, **48** (1936), 217-246.

月，開耳芬幾乎是單槍匹馬地在《時代》雜誌上向元素嬗變理論挑戰。他斷言，嬗變理論是爲了解釋鐳的性質而巧妙捏造出來的，鐳產生氦並不能證明原子嬗變，因爲鐳原子中本來就含有氦。開耳芬不承認太陽的能源來自元素轉化，他把能源歸因於萬有引力⑳。開耳芬始終迷戀以太的力學模型，他在逝世前的最後一次公開露面時，還宣讀了一篇論述以太的文章，表示贊同「空間中每立方毫米的宇宙以太其質量爲一千噸」的觀點。

引起所謂「紫外災難」的黑體輻射問題本來大大加劇了經典物理學的危機。可是，就連當時深深捲入這個問題的維恩 (W. Wien, 1864-1928)、瑞利、洛倫茲等人都沒有意識到這種危機。他們力圖在經典 理論的框 架內解決難題，因而始終找不到正確的出路。甚至連量子論的創始人普朗克當時也沒有認識到這種危機。因此，他的開創性的工作不是自覺的，而是被迫的。爲了從理論上推導出輻射的經驗公式，他不得不引入熵與機率的關係式和量子假設。用他自己的話來說，這不過是「孤注一擲的行動」，「實際上並沒有對它想得太多」。當時，他恐怕根本不可能理解到自己的發現是「牛頓以來最偉大的發現之一」⑳。就這樣，普朗克在邁出了關鍵性的一步後便開始猶豫徬徨，他懷疑自己的推導可能有某種缺陷，竭力設法把量子論與經典理論調和起來。1911 年，他撤回了 1900 年的部分觀點，認爲振子只在發射電磁輻射時才是量子過程，而吸收則是連續的。到 1914 年，

---

⑳ F. Cajori, *A History of Physics*, Revised Edition, The Macmillan Company, 1928, pp. 300-301.

⑳ A. 赫爾曼：《量子論初期史》，周昌忠譯，商務印書館(北京)，1980 年第 1 版，頁 25-29。

他完全收回了自己 1900 年的觀點，認爲不僅吸收，而且連發射也是連續的了。普朗克後來回憶起這件事時說：

> 我企圖設法無論如何也要把作用量子納入經典理論的範疇裡，結果總是枉費心血。我的這種徒勞無功的嘗試持續了好多年。我的許多同事都認爲這近乎是一齣悲劇。㉙

普朗克造成悲劇的一個重要原因就在於，他沒有明確認識到經典物理學的危機。至於維恩、瑞利，直到 1905 年都不同意量子概念，洛倫茲在 1908 年的羅馬講演中也表示難以接受普朗克的理論。

在玻耳茲曼看來，實際上存在著一種危機，但它只是哲學危機，而物理學本身不存在危機。玻耳茲曼 1904 年在美國聖路易斯國際會議的講話中表示，問題在於哲學錯誤而不在於科學研究的不可矯正的缺點。物理學的迅猛發展清楚地表明，錯誤在於把研究某些普遍特徵的問題，如因果性的本質、物質和力的概念等任務托付給哲學了，而「哲學在闡明這些問題時顯然是無能爲力的」㉚。玻耳茲曼認爲，反對哲學的鬥爭是使物理學獲得解放的首要條件，因而他十分激烈地進行了這一鬥爭。玻耳茲曼是一位堅定的機械唯物論者，他所反對的當然是一些與之相對立的哲學流派。當時，也有一些科學家提出了另外的觀點和解決方案，例

㉙ M. Planck, *Scientific Autobiography and Other Papers*, London, 1950, pp. 44-45.

㉚ E. Bellon, *A World of Paper, Studies on the Second Scientific Revolution*, The MIT Press, 1980, pp. 104-105.

如奧斯特瓦爾德（W. Ostwald, 1853-1932）宣稱，物理學的發展已經面臨著危機，要消除這種危機，只能借助於物質消失的哲學見解，把實體的屬性讓位給能量。皮爾遜（K. Pearson, 1857-1936）也聲稱，「當前的危機實際在於」，「人們把物質看做是物理學的基本概念」，「現在似乎很顯然，電必定比物質更爲根本。」皮爾遜由此得出結論：「渴求給每一個概念都賦予客觀性，是完全沒有必要的。」㉞玻耳茲曼堅決反對唯能論和唯心論，但是他的作法沒有、也不可能取得過大成效，因爲作爲他的戰鬥武器的機械唯物論也正處於深刻的危機之中。而且，他又斷然否認物理學本身存在危機，這就使他無法對症下藥。因此，玻耳茲曼雖然早先爲經典物理學的發展做出了傑出的貢獻，但是在世紀之交物理學大變革時期，他卻看不到變革經典理論及其基礎的必要性和緊迫性，未能對已經出現的物理學革命的形勢提出有預見性的見解。

1905年之前，愛因斯坦還是一個默默無聞的年輕人，他不可能有多少言論和文章公諸於世。但是，從他後來的追憶，以及別人所寫的有關材料中，我們可以清楚地看到，愛因斯坦在世紀之交對物理學危機具有深邃的洞察和獨到的見解。在前人的實驗和研究工作的基礎上，愛因斯坦看到物理學危機表現在兩個基本方面。其一是力學和電動力學兩種理論體系之間嚴重不協調。在這方面，他認爲消除危機的出路是：擺脫居統治地位的教條式的頑固，摒棄絕對空間和絕對時間觀念，就能爲整個物理學找到一個可靠的新基礎。其二是由於普朗克對熱輻射的研究而突然使人意

㉛ K. Pearson, *The Grammar of Science*, Third Edition, London, 1911, pp. 356-357.

識到危機的嚴重性。「這就好像地基從下面給挖掉了，無論在什麼地方也看不到能够進行建築的堅實基礎了。」[32] 值得注意的是，愛因斯坦透過一些實驗事實與舊理論的矛盾，進一步察覺到經典物理學理論基礎，卽其基本概念和基本關係的危機。因此，他漸漸對那種「根據已知事實用構造性的努力去發現眞實定律的可能性感到絕望了」，他確信「只有發現一個普遍的形式原理，才能使我們得到可靠的結果」[33]。由於愛因斯坦對物理學危機和擺脫危機的出路具有眞知灼見，因此他能够以破竹之勢，於1905年一舉在上述兩方面取得劃時代的突破，全面打開了物理學革命的新局面，使物理學有可能消除危機。

(三)

與幾乎所有老一輩的物理學家不同，彭加勒在物理學新實驗與舊理論尖銳衝突的時期，敏銳地覺察到物理學危機。他在20世紀頭些年出版的幾本科學哲學著作中，都或多或少地涉及到這個問題。尤其是1904年9月24日，他在美國聖路易斯國際技藝和科學會議上，作了題爲〈數學物理學的現狀和未來〉的講演，更爲明確、更爲系統、更爲深刻地論述了物理學危機。這篇講演後來收入《科學的價值》中，成爲該書的第七、八、九章 (*V. S.*, pp. 170-211)。

彭加勒在《科學的價值》中這樣寫道：數學物理學

---

[32] P. A. Schilpp, *Albert Einstein: Philosopher-Scientist*, Tuder Company, New York, 1949, p. 45.

[33] 同前注[1]，頁 23。

存在著嚴重危機的跡象。 (*V.S.*, p. 171)

不僅能量守恒定律成問題，而且所有其他的原理也同樣遭到危險，正如在它們相繼受到審查時我們將要看的那樣。(*V.S.*, p. 180)

在〈數學物理學當前的危機〉一章 (*V.S.*, pp. 180-199) 中，彭加勒列舉並分析了新的實驗事實與經典物理學五個基本原理的矛盾。他指出，卡諾 (S. Carnot, 1796-1832) 原理，或能的退降原理告訴我們，運動能因摩擦而轉化爲熱，熱卻不能全部轉化爲運動。但是，古伊通過深入研究布朗運動發現，微粒愈小，運動愈活潑，並且該運動不依賴於外部能源而能永無休止地進行下去。在布朗運動中，運動因摩擦而轉化爲熱，反之，熱也能毫無損失地轉化爲運動。「這與卡諾原理相反」，該原理「已眼看著處於危險之中」。相對性原理雖然受到電磁理論的衝擊，但它「已爲日常經驗所證實」，並且「以一種不可抗拒的方式印進人們健全的感覺中，而現在卻受到了非難。」因爲邁克耳遜實驗雖然支持相對性原理，但是洛倫茲爲了調和該原理與電動力學的矛盾，提出的當地時間和長度收縮等輔助假設也難以解釋其他實驗事實。按照電子論，兩個電子之間的作用只能以有限的速率傳播，不可能同時進行，因此牛頓原理，或作用與反作用原理也遇到了「同樣的困難」。由於亞伯拉罕 (M. Abraham, 1875-1922) 的計算和考夫曼 (W. Kaufmann, 1871-1947) 的實驗，拉瓦錫 (A. L. Lavoisier, 1743-1794) 原理，或質量守恒原理也「失去其正確性」。考夫曼的實驗結果「如果確定，就會產生

全新的力學」。邁爾（J. R. von Mayer, 1814-1878）原理，或能量守恒原理也與鐳源源不斷地放出能量這一事實相違背。拉姆塞（W. Ramsay, 1852-1916）力求證明，鐳雖然儲藏有大量的能，卻也不是無窮無盡的。由於鐳嬗變的耗盡期需 1250 年，因此，儘管邁爾原理「似乎更爲牢固」，但在「等待此日到來之時，我們的疑慮依然存在。」

彭加勒的上述分析大體反映了當時物理學所面臨的嚴峻形勢，說明物理學的基本原理需要重新受到實驗的審查和裁決。固然，用今天的科學觀點來衡量，他的分析不見得完全妥當，而且遣詞用語也並非都是十分確切的。但是，彭加勒的論述並不像有人說的那樣，「完全是別有用心的歪曲」[34]，「把自然科學革命污蔑爲『危機』」[35]。其原因主要在於，當時的物理學界對這些問題還沒有合理的答案。例如，對於鐳持續放出熱量而質量並未覺察出有什麼變化的現象，許多物理學家都迷惑不解，這似乎與能量守恒原理不相容。彭加勒對質量守恒原理的懷疑也出自實驗事實。考夫曼在1901年測定鐳射氣的荷質比時發現，由於射氣的速度接近光速，其表觀質量比眞實質量顯著變大。1902年，考夫曼採納了亞伯拉罕剛性球電子假設，他用實驗證明：電子的質量完全是電磁質量，其機械質量爲零。更爲重要的是，考夫曼得到了電子的質量依賴於速度的證據（考夫曼的計算有錯誤，1908年有人指出了這一點）。愛因斯坦在1905年寫的一篇論文中提出了質

---

[34] 柳樹滋、邢潤川：《現代物理學的革命和兩條哲學路線的鬥爭》，人民出版社（北京），1977 年第 1 版，頁 28。

[35] 編寫組：《「唯物主義和經驗批判主義」提要和注釋》，人民出版社（北京），1978 年第 1 版，頁 127。

能關係式，並且指出物體的質量是它所含能量的量度。但是，彭加勒當時還不可能知道這些論斷，而且這些論斷也未立即得到實驗證實。這樣，彭加勒從已知的事實出發，對這兩個原理提出質疑，本身是十分自然的，根本談不上「別有用心」和「汚蔑」。

正由於彭加勒看到了舊原理的危機，因此他迫切地感到，物理學「有必要重新建設」(*V.S.*, p. 209)。但是他告誡人們：「沒有必要因此而得出結論說，科學編織的是珀涅羅珀之網❸，它只能以短命的結構出現，這種結構不久便不得不被科學自身之手徹底加以拆毀。」 (*V.S.*, p. 209) 彭加勒反覆強調下述觀點：科學是有繼承性的，新原理的出現並未全盤否定舊原理，舊原理不僅有其歷史價值，而且在有效適用範圍內還有其實用價值。彭加勒寫道：

> 科學的進步似乎使得過去牢固建立起來的、甚至被視為基本的原理處於危險之中。可是，沒有什麼證據表明它們是不可挽救的。即使它們不能原封不動地存在，但也能夠經過修正而繼續有效。

由於科學日新月異地發展，其面目已經大為改觀，「以致於一般人已無法辨認了，但是在行家看來，總是能夠追尋到數世紀之前

❸ a Penelope's web. 在希臘神話中，珀涅羅珀是奧德修斯 (Odysseus) 忠貞的妻子。奧德修斯外出20年未歸，珀涅羅珀相信他一定會回來。在這一期間，為了謝絕求婚者，她推辭說要給奧德修斯的父親織壽服（珀涅羅珀之網），待織成之後，才能作出改嫁的決定。為了拖延時間，她白天忙著織網，晚上又把白天織成的東西拆掉。

工作的踪跡。」彭加勒斷言：「舊原理為新原理之祖，舊原理的發現者並非勞而無功。」(*V. S.*,　p.　8)「在今日的科學之中，我們還能夠看到父輩們所描繪出的梗概的一般特性。」(*V. S.*, p. 179) 正因為舊原理「還是有用的」，所以彭加勒指出：「應該有必要為它們保留一席之地。假若要完全排除它們，就會使我們失去寶貴的武器。」(*V. S.*,　p.　210) 因此，說彭加勒「否認、懷疑物理學舊原理的客觀價值」，㊲ 顯然是沒有根據的。

　　長期以來，學術界流行著這樣一種看法：彭加勒提出物理學危機，就意味著他斷言「科學本身崩潰了，科學原理崩潰了」，「自然科學家堅信不移的全部真理也毀滅了」㊳。實際情況正好相反，彭加勒曾針鋒相對地批判了上述錯誤觀點。彭加勒這樣寫道：

　　　　外行人看到科學理論並非一貫正確而驚恐萬狀，在經過一些年代的繁榮興旺之後，他們看到這些理論一個接一個地被拋棄了，他們看到殘垣頹壁，層層廢墟。他們預見，今天風靡一時的理論不久將不得不走向它們的反面，因此他們斷言，這些理論是絕對無用的。這一切就是他們所謂的科學破產。

彭加勒接著一針見血地指出：「他們的這種懷疑論是膚淺的，他們全然沒有考慮到科學理論的目的和作用。要不然他們就會明白，

㊲　人大注釋組編：《「唯物主義和經驗批判主義」簡釋》，中國人民大學出版社（北京），1962 年第 1 版，頁 121。

㊳　Б.М. 凱德洛夫：〈列寧「唯物主義和經驗批判主義」一書和現代科學〉，《自然辯證法研究通訊》（北京），1960年第 1 期。

這些廢墟也許還有某些用處。」(*S. H.*, p. 189) 在 1903年,
彭加勒在巴黎理工學校校友會發表講演時更是一針見血地指出:
「科學並沒有破產, 破產的是我們自己。」「在我們周圍經常反
覆出現的絕望的哀嘆聲是極其靠不住的, 儘管如此, 它還是一種
災難。」❸❾

　　彭加勒也不像有人所想像的那樣, 在「哀嘆」物理學危機的
到來❹。事實上, 彭加勒認爲, 物理學危機並非凶兆, 而是吉
兆, 它表明物理學變革的時機已經成熟。這種看法在當時實在是
十分難能可貴的。爲了消除人們不必要的憂慮, 彭加勒指出, 物
理學危機預示著「一種行將到來的變革」。他勸告大家, 儘管危
機是嚴重的, 「然而不必太擔心。病人❹不會因此而死亡, 我們
甚至可以期望, 這場危機將會有益於健康, 因爲過去的歷史似乎
向我們保證了這一點。 事實上, 這場危機不是第一次。」(*V.
S.*, p. 171) 彭加勒接著在〈數學物理學的歷史〉一章中回顧
了物理學所走過的歷程。他認爲, 中心力物理學是數學物理學發
展的第一階段。但是, 中心力的概念後來不足以說明新的事實而
引起了危機, 於是我們不得不捨去舊的見解。這樣, 物理學便逐
步發展到第二階段, 即原理物理學階段。但是, 這樣一來, 「我
們能說第一階段已經毫無用處了嗎? 我們能說科學在 50 年間誤
入歧途了嗎? 我們能說往昔的千辛萬苦偶因一念之差, 終成千里
之謬, 於是可以付之東流嗎?」彭加勒斷言:「世界上決沒有這

---

❸❾　ポアンカレ (Poincaré):《科学者と詩人》, 平林初之輔訳,
　　　岩波書店, 1928 年, p. 165。
❹　同前注❸❹, 頁 25。
❹　彭加勒在這裏喻指處於危機之中的物理學。

種事。」他進而反問道：「沒有第一階段，你難道能設想會進入第二階段嗎？」(*V.S.*, p. 178) 在彭加勒看來，當時原理物理學所面臨的危機將導致數學物理學進入第三階段，他根據歷史的經驗預言，第三階段「將是相同的過程」，「因為我們已經度過了一次同樣的危機。」彭加勒形象地比喻說，物理學的這種進化，「正如甲蟲脫殼一樣，撐破了它狹小的外殼，換上了新的表皮，在新的表皮之下，人們能夠認出甲蟲保留下來的機體的本質特性。」(*V.S.*, pp. 209-210) 儘管彭加勒關於物理學發展的三個階段的劃分未必確切，但他的一些基本觀點卻是可取的。有人在批判彭加勒時說：「物理學革命是好事，是正常現象，而危機則是壞事」，「是科學發展的不正常現象，是科學發展的病態，它影響科學的正常發展。」[42] 顯而易見，這種科學史觀遠遠不及彭加勒的高明。

彭加勒不僅深諳物理學的歷史和現狀，而且對它的未來也具有驚人的預見能力。在〈數學物理學的未來〉一章中，彭加勒寫道：

也許我們將要建造一個全新的力學，我們已經成功地瞥見到它了。在這個全新的力學內，慣性隨速度而增加，光速會變為不可逾越的極限。原來的比較簡單的力學依然保持為一級近似，因為它對不太大的速度還是正確的，以致在新力學中還能夠發現舊力學。(*V.S.*, p. 210)

---

[42] 編寫組：《「唯物主義和經驗批判主義」簡介和注釋》，四川人民出版社（成都），1976 年第 1 版，頁 198。

　　彭加勒面對物理學危機並未憂心忡忡，悲觀失望；相反，他對科學的前景是滿懷信心的。他說：「原先已知的現象被越來越好地分門別類，但新現象也來要求它們的地位。」我們已經有了「陰極射線、X射線、鈾射線和鐳射線。這裏有一個完整的世界，是誰也沒有料想到的。還不知要有多少不速之客將在這兒寄宿呢！」(*S.H.*, p. 209)彭加勒滿有把握地斷定：「縱使我們的眼界有限，但是並非偶然的、十分誘人的希望依然存在。過去的收穫既已不少，可以確信，未來的收穫將比過去更多。」(*V. S.*, pp. 168-169)

　　綜上所述，彭加勒關於物理學危機的基本觀點可以大致概括如下：第一，他敏銳地覺察到由於新實驗與舊原理的尖銳衝突，物理學已處於危機之中。第二，他認為物理學危機是好事而不是壞事，危機能加速物理學的根本變革，是物理學進入新階段的前兆。第三，他指出，要擺脫危機，就要在新實驗事實的基礎上重新改造物理學。第四，他一再肯定舊理論的固有價值，認為它們在其有效適用範圍內還是大有用處的，並且旗幟鮮明地批判了「科學破產」之類的錯誤觀點。第五，他預見到了新力學的大致圖景，對科學的前途表示樂觀。彭加勒在為他的《科學與假設》英譯本所寫的序言中更加明確地指出：物理學危機預示著物理學處於「革命的前夜」，處於「一個更為重要的時刻」㊽。彭加勒的上述基本觀點及其對科學發展規律的有關見解，卽使在今天看來也還是有意義的。這充分表明，他對世紀之交物理學形勢的洞察遠遠超過當時大多數的物理學家。

㊽ H. Poincaré, *The Foundations of Science*, The Science Press, New York and Garrison, N.Y., 1913, p. 7.

（四）

遺憾的是，長期以來，在那些連篇累牘的《唯批》學習輔導材料以及有關論著中，許多人對彭加勒關於物理學危機的基本觀點以訛傳訛，普遍表現出極不公正的誤解和曲解。在已出版的書刊中，凡是提到物理學危機的，幾乎千篇一律地認爲，彭加勒的「看法是錯誤的，他是主張懷疑論的，他本身就是物理學危機的一種表現。」[44]彭加勒的看法「根本違背科學事實」，它「是如此武斷和荒唐，以致連彭加勒本人也感到難以自圓其說。」[45]「彭加勒在物理學新發現面前的表現是非常突出，非常惡劣的。」「彭加勒對物理學新發現的歪曲表現了物理學中的唯心主義學派的垂死掙扎。」[46]

在上節論述彭加勒的基本觀點時，已順便涉及了一些人的錯誤論斷。爲了澄清這類長期以來似乎被認爲是定論的誤解和曲解，有必要對它們進行比較全面、比較系統的論述和分析。人們對彭加勒基本觀點的誤解和曲解主要表現在以下兩個方面。

本來，物理學危機是一個歷史事實，是物理學革命的前奏，並不是那個人能隨意捏造出來的。彭加勒指出了物理學危機，並認爲這種危機是有益的，這正是他眼光明睿的表現。但是，這卻被一些人當成了他的彌天大罪，他們用「喧嚷」、「胡說」、「哀鳴」、「叫囂」一類詞語描述彭加勒講出物理學危機這一客觀

---

[44] 同前注[42]，頁 200。

[45] 同前注[35]，頁 272。

[46] 楊煥章：《「唯物主義和經驗批判主義」講義》，天津人民出版社（天津），1980 年第 1 版，頁 364。

事實。在他們看來，物理學是「極其迅速地發展著」，根本「談不上什麼『危機』」❹。所謂危機，只不過是「對物理學急劇發展的歪曲」❹，是「唯心主義者捏造出來的」❹。物理學「本來是一派繁榮景象」，卻被彭加勒「說成是『危機』」❺。在彭加勒的眼裏，「物理學不是一片光明，而是一片廢墟；不是在前進之中，而是在『危機』之中」❺。

其次，還流行著這樣的看法，說什麼彭加勒認為舊原理已毫無價值，應該統統拋棄。例如，有人說，彭加勒認為「舊物理學的基本原理完全趨於土崩瓦解了」❺，「古典物理學的原理都完蛋了」❺；「彭加勒叫嚷，擺在我們面前的，是物理學舊原理的『廢墟』，是『原理的普遍毀滅』，『以物質為研究對象的物理學也跟著毀滅了』」❺；「彭加勒認為，物理學原理的『普遍毀滅』造成了物理學的危機，從而把人們帶進了一個『懷疑時期』」❺。諸如此類，不一而足。

80年代以來，中國大陸在經濟領域基本上堅持了改革開放的

---

❹ 林萬和：《物理學發展中的唯物主義和唯心主義的鬥爭》，科學出版社（北京），1959 年第 1 版，頁 58。

❹ 林萬和：〈關於列寧對「現代物理學危機」的批判〉，《自然辯證法研究通訊》，1960 年第 2 期。

❹ 《「唯物主義和經驗批判主義」輔導提示》，內部發行，1972年版，頁 288。該書藏於北京圖書館。

❺ 同前注❹，頁 368。

❺ 《「唯物主義和經驗批判主義」介紹提要和名詞解釋》，內部發行，1971 年版，頁 39。該書藏於北京圖書館。

❺ 坂田昌一：《物理学と方法》，岩波書店，1951，p. 3。

❺ 同前注❹，頁 27。

❺ 申先甲：〈從物理學革命看真理觀的鬥爭〉，《實踐與科學》，北京出版社（北京），1977 年第 1 版，頁 27。

❺ 同前注❹，頁 363。

政策，但在政治和意識形態領域內的改革卻步履艱難。在政治環
境和學術氣氛相對寬鬆的短暫時期內，有關人士本著實事求是、
學術自由的精神，主持公正，發表了我的非傳統的學術觀點⑯。
接著，少數書刊對我的觀點作了較為客觀的介紹和評論⑰。但
是，傳統的觀念和歷史的惰性還是十分強大的，人們依然喋喋不
休地重複著列寧斷章取義引用的那幾句片言隻語，說什麼彭加勒
認為：擺在我們面前的是物理學舊原理的「廢墟」，是「原理的
普遍毀滅」，「懷疑時期」已經到來了⑱。也有人不滿足於這樣
的重複，還要憑主觀想像加以「闡釋」，只不過不像從前那樣用
尖刻的語言諷刺、挖苦或謾罵了。例如，有人說，彭加勒作出
了「科學破產」的唯心主義與不可知論的結論，暴露了他的「反
科學的本質」⑲。有人說，「彭加勒由於不懂辯證法，卻把人類

⑯　李醒民：〈關於物理學危機問題的沉思——對「唯物主義和經驗
　　批判主義」某些觀點的再認識〉，《江漢論壇》（武漢），1985
　　年第 7 期，頁 12-19。李醒民：〈關於「唯物主義和經驗批判主
　　義」第五章的一些思考〉，《光明日報》（北京），1988年 6 月
　　27日哲學版。第一篇文章還探討了列寧失誤的原因。

⑰　中國社會科學院哲學研究所編：《中國哲學年鑑·1986》，中國
　　大百科全書出版社上海分社，1986年第 1 版，頁 91-93。陳敏強
　　等主編：《「唯物主義和經驗批判主義」（節選）自學綱要》，
　　山西人民出版社（太原），1990年第 1 版，參見「附錄二」。

⑱　例如，劉延勃等主編：《哲學辭典》，吉林人民出版社，1983年
　　第 1 版，參見其中的有關條目。十四所高等院校馬克思主義哲學
　　原著教程編寫組：《「唯物主義和經驗批判主義」教程》，河北
　　人民出版社（石家庄），1984 年第 1 版，頁 193-194。金林：
　　〈任何科學都不能代替馬克思主義哲學〉，《北京日報》，1986
　．年 5 月 5 日第 3 版。李硯田：《馬克思主義認識論發展的一個新
　　階段——「唯物主義和經驗批判主義」研究》，華中理工大學出
　　版社（武漢），1988 年第 1 版，頁 95。此類文章和著作為數不
　　少，實在無法一一列舉。

⑲　馬鳴：《「唯物主義和經驗批判主義」解說》，福建人民出版社
　　（福州），1985年第 1 版，頁 228、230-231。

科學認識的前進驚呼爲『危機』。」[60] 有人說，彭加勒「揑造了『危機』的事實」，「提出所謂現代物理學『危機』的謬論。」「辯證唯物主義者對待物理學革命的態度就與彭加勒相反。認爲物理學領域中的變革不是什麼危機，而是一場革命，……」[61] 當然，還有個別人物政治嗅覺敏銳，階級鬥爭的弦繃得很緊，一有機會就故技重演，揮舞「革命大批判」的旗幟，給我亂扣政治帽子[62]。由於這是另一個範疇的事，我眼下無暇亦無興趣理會他們，只在這裏捎帶著紀錄在案，讓歷史的巨浪去淘沙。

　　只要把彭加勒關於物理學危機的基本觀點和上述流行的看法加以比較，就不難發現，人們對彭加勒基本觀點的誤解和曲解是多麼嚴重，對彭加勒本人的偏見是多麼厲害。這些流行的看法不僅完全沒有事實根據，而且是是非顚倒的。之所以會出現這種現象，究其原因，在於持有這些看法的作者都毫無例外地人云亦云，把列寧在《唯批》中所引用的彭加勒關於物理學危機論述的片言隻語作爲自己的全部論據，並且漫無邊際地加以「引申」和「發揮」，而不屑於去查閱一下彭加勒的原著。值得注意的是，

[60]　復旦大學哲學系馬克思主義哲學史敎硏室：《「唯物主義和經驗批判主義」提要》，復旦大學出版社（上海），1986年第1版，頁 191。

[61]　王蟬編著：《「唯物主義和經驗批判主義」講解》，山東大學出版社（濟南），1990年第1版，頁 447-448。

[62]　何祚庥：〈評金觀濤兩個「古老的夢幻」〉，《光明日報》（北京），1900 年4月16日哲學版。葛旭初、喬均：〈如何評價彭加勒對物理學危機的論述〉，《光明日報》（北京），1991年2月11日哲學版。前一篇文章甚至想當然地認爲，我的〈懷疑、平權、多元〉一文的「理論基礎就是金觀濤在《人的哲學》中所鼓吹的主觀唯心論及其變種」。其實，拙文1988年1月3日在《光明日報》發表時，金書還沒有出版呢。這豈不是「利令智昏」！

彭加勒論述物理學危機的《科學的價值》以及其他兩本有代表性的著作，早在本世紀初葉已出版了中譯本。在如此眾多的出版物中，竟會出現如此情況，這不能不使人驚訝，令人深省。

（五）

爲了恢復歷史的本來面目，這裏有必要把列寧《唯批》一書中的兩段引文同彭加勒的原文加以比較分析。

《唯批》中兩段關鍵性的引文（其中黑體字是原有的）是：

> 著名的法國物理學家昂・彭加勒在他的《科學的價值》一書中說，物理學有發生嚴重危機的跡象，並且專用一章來論述這個危機。這個危機不只是「偉大的革命者——鐳」推翻了能量守恒原理，而且「所有其他的原理也遭到危險」。⑥
>
> 昂・彭加勒說，擺在我們面前的是物理學舊原理的「廢墟」，是「原理的普遍毀滅」。他同時聲明說：不錯，所有上述同原理有出入的地方都屬於無窮小量——很可能還有我們所不知道的反對推翻舊定律的另外的無窮小量——而且鐳也很稀少，但是不管怎樣，「懷疑時期」已經到來了。我們已經看到作者從這個「懷疑時期」中得出的認識論結論：「不是自然界把空間和時間的概念給予〔或強加

---

⑥ 《列寧選集》第二卷，人民出版社（北京），1972 年第 2 版，頁 258。

於〕我們，而是我們把這些概念給予自然界」；「凡不是思想的東西，都是純粹的無」。這是唯心主義的結論。**❻❹**

　　彭加勒的《科學的價值》中的相應的原文（其中著重號是我加的，用以表明列寧所引用的詞語）是：

　　可是，卽使像所有謹慎的醫生一樣，我不願對病勢的發展和後果作出預測，但卻也不能不作一點診斷；是的，不錯，那裏存在著嚴重危機的跡象 (il y a des indices d'une crise sérieuse; there are indications of a serious crisis)，似乎我們可以期待一種行將到來的變革。然而，不必太擔心：我們確信，病人不會因此而死亡，我們甚至可以期望，這次危機將有益於健康，因為過去的歷史似乎向我們保證了這一點。事實上，這次危機並不是第一次，為了理解它，重要的是回顧先前發生過的那些危機。原諒我作一個簡短的歷史概述吧。(*V.S.*, p. 171)
　　當我這樣說時，你無疑會想起鐳這個當代偉大的革命家，事實上，我將馬上回過頭來談論它；可是，還有其他一些東西。不僅能量守恒定律成問題，而且所有其他的原理也同樣遭到危險 (tous les autres principes sont également en danger; all the other principles are equally in danger)，正如它們相繼接受審查時我們將要看到的那樣。(*V.S.*, p. 180)

---

❻❹ 同前注**❻❸**，頁 259。

在如此之多的廢墟中間 (au milien de tant de ruines; in the midst of so much ruin)，還有什麼東西屹立常存呢？最小作用原理迄今未經觸動，拉摩 (J. Larmor) 似乎相信，它會比其他原理久長；事實上，它是更加模糊、更為普遍。

面臨原理的這種普遍崩潰 (en présence de cette débâcle général des principes; in presence of this general collapse of the principles)，數學物理學將採取什麼態度呢？首先，在過度興奮之前，最好先問問，那一切是否是真的。所有這些違背原理的現象只有在無限小的事物中才能遇到；要看見布朗運動，就需要顯微鏡；電子是很輕的；鐳也十分稀少，人們從未一次得到過多於幾毫克的鐳。於是，人們也許會問，除了已經看到的無限小的事物以外，是否還存在著與之相平衡的其他未看到的無限小的事物呢？

這樣就存在著一個預審案件，似乎只有實驗才能夠對它作出判決。因此，我們只好把麻煩事交給實驗家，在等待他們最終裁決這一爭端時，不必預先使自己陷入這些令人不安的問題之中，而要繼續安心做我們的工作，就像這些原理仍然是無可爭議的那樣。當然，在沒有離開這些原理可以十分保險地應用的領域，我們還有許多事情要做；在這個疑慮重重的時期 (pendant cette période de doutes; during this period of doubts)，我們可以充分發揮我們的能動性。(*V.S.*, pp. 200-201)

很明顯，在彭加勒的第一段論述中，列寧只是直接引用了一個詞組，而略去了彭加勒的下述重要看法：危機像我們期待的那樣，預示著物理學將要發生變革；危機是有益的，物理學不會因危機而死亡；危機在物理學的歷史上也曾出現過；人們面對危機，大可不必過分擔心。

彭加勒的第二段論述雖然說了「所有其他的原理也同樣遭到危險」的話，但他的本意是說這些原理要相繼受到審查，要由實驗來最終裁決。彭加勒曾明確表示，物理學的基本原理雖然「發生了動搖」，但它們「也能够經過修正而繼續有效」。($V.S.$, p. 8)

在彭加勒的第三段論述中，列寧也同樣只是引用了幾個詞和詞組。列寧的引述方式不僅與彭加勒的基本觀點相去甚遠，而且也與彭加勒原文意思有較大出入。

其實，彭加勒並不認爲「擺在我們面前的是物理學舊原理的『廢墟』」。從第三節所引用的彭加勒批評「科學破產」的一段話（$S.H.$, p. 189；即「層層廢墟」那段話）可以看出，「廢墟」之說多半是那些「看到科學理論並非一貫正確而驚恐萬狀」的「外行人」的看法（事實上，有些科學家和哲學家也持此看法）。在這些人的眼中，科學理論是「絕對無用的」，「一個接一個地被抛棄了」，變成了「殘垣頹壁，層層廢墟」。彭加勒尖銳地批判了他們所謂的「科學破產」，並且特別強調，「這些廢墟也許還有某些用處」。由此可見，「廢墟」一詞似乎來源於那些鼓吹「科學破產」的人，彭加勒不過加以借用，而他本人一貫肯定舊原理的固有價值，並不認爲它們已變成一堆無用的廢墟。

在彭加勒看來，所謂理論的「廢墟」至多只不過是一種表面現象，科學理論的真正生命卻是永恒的，它們只不過改變了形式

而已。彭加勒這樣說過：

> 我們乍看起來好像是，理論只持續了一天，廢墟堆積在廢
> 墟之上。今天理論誕生了，明天它們形成了，後天它們是
> 經典的，第四天它們被拋棄了，第五天它們被遺忘了。可
> 是，只要我們更為細致地觀察一下，我們便會看出，這樣
> 死去的東西就是名副其實的、自稱能使我們認識到事物是
> 什麼的理論。然而，在它們之中總有某些東西倖存下來。
> 如果一種理論能使我們認識到真實的關係，那麼人們會最
> 終得到這種關係，並且會發現，這種關係再次以新的偽裝
> 出現在另一種取代了舊理論而居於統治地位的理論之中。
> (*V.S.*, pp. 268-269)

除了上述言論外，在彭加勒的著作中，類似的議論俯拾即是。例
如，他還說過：

> 毫無疑問，乍看起來，理論對我們來說似乎是脆弱的，而
> 且科學史向我們證明，它們是多麼短命；可是它們也不會
> 完全消滅，它們每一個總要留下某種東西。正是這種東
> 西，我們必須加以清理，因為在那裏，而且唯有在那裏，
> 才存在著真正的實在。(*S.H.*, p. 6)

彭加勒也不認為，「擺在我們面前的」，「是『原理的普遍
毀滅』」。「原理的這種普遍崩潰」（譯為「崩潰」較妥），恐
怕也是彭加勒借用「外行人」的說法，而他自己是不同意這種觀

點的。這從彭加勒關於物理學危機的大量言論中都可以明顯看出。事實上，彭加勒在《科學與假設》中就強調指出：「物理學的基本原理具有極高的價值；這是人們在許多物理定律的陳述中尋求共同點時得到的；因此，它們似乎代表著無數觀察的精髓。」(*S.H.*, p. 195) 在《科學的價值》中，彭加勒在論述了五個基本原理所遇到的困難和挑戰後也明確指出：「我們不必後悔我們相信了那些原理」，「在實踐中最可靠的辦法還是像我們繼續相信它們那樣去行動。」(*V.S.*, pp. 210-211) 彭加勒還認為，六個基本原理（外加最小作用原理）「都是大膽推廣實驗的結果；但是它們看起來好像是從它們的真正的普遍性得到了高度的可靠性。事實上，原理愈普遍，檢驗它們的機會就愈頻繁，受檢驗的次數愈增加，採取的形式愈多樣，結果就不再留有懷疑的餘地。」(*V.S.*, pp. 177-178) 由此可見，彭加勒對經典物理學基本原理的固有價值是堅信不疑的。

在這裏，需要說明的是，即使認為「廢墟」、「崩潰」之詞出自彭加勒本人，那也只是用詞欠妥或隱喻欠佳的問題，它們並不反映彭加勒關於物理學危機的基本觀點。

在引述了「『疑慮重重的時期』⑥ 已經到來了」之後，列寧接著又引用了彭加勒兩個所謂的「唯心主義的結論」。彭加勒的第一個結論見於《科學的價值》開頭的「引言」部分 (*V.S.*, p. 6)，第二個結論則在該書最後一頁 (*V.S.*, p. 276)，這兩

---

⑥　「疑慮重重的時期」(périod de doutes) 在《唯批》的俄文版本中是 периода сомнений，中文版本把它譯為「懷疑時期」容易引起誤解。事實上，有人就以此斷定彭加勒「是主張懷疑論的」。參見李醒民：〈關於「唯批」的兩處譯文〉，《光明日報》（北京），1985 年 5 月 27 日哲學版。

個結論在書中都遠離「疑慮重重的時期」所在之處 (*V.S.*, p. 201)。在內容上，就第一個結論而言，列寧在翻譯時顯然有錯誤⑥；就第二個結論而言，它是彭加勒的世界觀所固有的，沒有充分證據表明，它是從物理學危機時期中得出的。至於二者是不是唯心主義的，還需要認真研究和討論（我將在第七章加以論述）。在彭加勒的原文中，緊接在「疑慮重重的時期」之後的，卻是一句值得注意的完全正確的結論：「我們可以充分發揮我們的能動性。」奇怪的是，列寧的引述方式卻「舍近求遠」──舍去緊接的、正確的、清楚的話不用，而從遠處拉來兩句不加深究難以把握其深奧涵義的話加於其後──而且又把「框架」譯為「概念」（列寧很可能是有意識地這樣作的，因為他的法文不錯），其用意何在，讀者可以仔細推敲。

　　彭加勒所說的「疑慮重重的時期」，並不像列寧所寫的，表明彭加勒「十分明確地接受懷疑論的前提」⑥，也不表明他懷疑一切，懷疑物理學舊原理的客觀價值。實際上，彭加勒是堅決反對懷疑一切和絕對的懷疑論的。他說：「懷疑論者的存在有許多理由嗎？我們應當把這種懷疑論推向極端或中途而止嗎？走極端是最誘人、最容易解決的辦法，這與對搭救失事船隻上的任何東西喪失信心的許多人採取的辦法一模一樣。」(*V.S.*, p. 213) 他明確指出：「懷疑一切和信仰一切二者同樣是方便的答案，每一個都使我們不用思索。」(*S.H.*, p. 2)「懷疑一切並不是有

---

⑥ 列寧把彭加勒所說的「時間和空間的框架 (cadre)」錯譯為「空間和時間的概念 (понятие)」。關於這個問題的詳細論述，讀者可參見本書第七章。

⑥ 同前注⑥，頁 305。

能力, 人們必須了解他爲什麼懷疑。」(*S.M.*, p. 136) 他毫
不含糊地表示: 「絕對的懷疑論是不可接受的 。」(*S.H.*, p.
219)

　　彭加勒還有力地批駁了那些斷言舊理論是「絕對無用」的
人, 批駁了他們所持的懷疑論。他指出: 「他們的懷疑論是膚淺
的。」(*S.H.*, p. 189) 彭加勒認爲, 邁爾原理等「具有足够靈
活的形式, 足以使我們把所希望的幾乎任何東西都放入其中。我
沒有意指它對應於非客觀實在的東西, 也沒有意指它僅僅化爲一
種同義反覆, 因爲在每一個特例中, 只要人們不企圖把它推到絕
對, 它就具有十分淸楚的意義。這種靈活性是人們相信它的持久
性的理由, 另一方面, 因爲它只有溶入更高級的和諧中才會消
失, 所以我們可以滿懷信心地依靠它去工作, 可以預先肯定, 我
們的工作不會白費。」(*S.H.*, p. 161) 在《科學的價值》的引
言中, 彭加勒在論述了科學原理的固有價值後指出: 「在這些
段落中會發現相信科學的價值的一些理由, 但是許多人還是懷疑
它, 懷疑的印象依然存在。」彭加勒表示: 「現在需要把事情弄
正確。」(*V.S.*, p. 9) 顯而易見, 彭加勒在言論和行動中所表
現出的「懷疑」精神, 並不是不加思索的「懷疑一切」或「絕對
的懷疑論」, 而是作爲科學的精神氣質 (ethos) 之一的「有條
理的懷疑主義」(organized skeptcism)。

　　從歷史上看, 彭加勒對經典理論的態度不是太激進了, 反而
倒顯得有點保守。他和洛倫茲兩人面對新的實驗事實, 爲拯救經
典物理學作了頑強的努力。洛倫茲的電子論並未突破經典物理學
的理論框架, 它是經典理論最後一個偉大的建築物。彭加勒一直
很關心電子論的發展, 曾給洛倫茲以關鍵性的啟示, 並認爲洛倫

茲 1904 年的理論是現有理論中缺點最少的理論。直到 1908 年，彭加勒還對新理論是否最終確立持審慎態度。他說：

> 自牛頓以來，動力學的普遍原理被認為是物理學的基礎，看來好像是不可動搖的，它們就要被拋棄或至少要進行徹底的修正嗎？多年來，這是不少人捫心自問的問題。在他們看來，鐳的發現推翻了我們認為是最牢固的科學學說：一方面是金屬不可能嬗變，另一方面是力學的基本公設。也許人們過於匆忙地認為這些新奇的東西最終確立了，並且正在打破我們昨天的偶像；在採取這種立場之前，等待更多、更可信的實驗，也許是恰當的。(*S. M.*，pp. 215-216)

彭加勒還擔心新力學確立之後，中學教育會發生極大的危險，因為教師不願教、學生不願學原來的力學了。為此他指出：「他們必須經歷的，正與普通力學一致；他們永遠必須使用的，唯有普通力學。」「新力學僅僅是奢侈品，只有當必需品有保障後，我們才能設想奢侈品。」(*S. M.*，p. 272) 這也足以說明，彭加勒決不是一概懷疑和全盤否定物理學的舊原理的。

有些人不從客觀的歷史事實出發，而僅僅依據列寧那兩段肢解彭加勒本意的引文，就不著邊際地想像，隨心所欲地杜撰，郢書燕說地發揮。有一本小冊子竟這樣莫名其妙地議論說：彭加勒發出了「『物理學危機』的哀鳴和叫囂」，他「顛倒是非，混淆黑白，極力渲染」「物理學的新發現造成了『物理學危機』」；他「叫嚷發生了物理學基本原理的『毀滅』」，「古典物理學的

原理都完蛋了」；他「別有用心地」把「大好形勢說得一團漆黑」；他「走上前臺」，「聲嘶力竭地叫喊」，進行「醜惡的表演，虛偽的喧囂」❸。可是，只要稍爲細心地翻閱一下彭加勒的原著，就不難發現，這些聳人聽聞的言詞同事實相距實在太遠了。造成這種現象的原因誠然與盛極一時的主觀主義和教條主義學風有關，但是最根本的，還在於列寧的引文是斷章取義的，並沒有如實地、全面地反映彭加勒關於物理學危機的基本觀點。這才是上述一切誤解和曲解的總根源。

（六）

彭加勒之所以能敏銳地洞察到物理學危機並對它持有基本正確的見解，大致有兩方面的原因：其一是他對物理學的現狀和歷史有清晰的了解，其二是他具有哲學頭腦，卽他是一位哲人科學家。

在世紀之交，彭加勒一直處在物理學的最前沿，並作出了具有開創意義的貢獻。卽使對於數年後才涉及到的量子論，他也能迅速適應，刻意鑽研，後來居上，這對他這位老一代的經典物理學家來說，實在難能可貴。由於對物理學的發展現狀了如指掌，自然也就能看清物理學的走勢了。另外，彭加勒也通曉物理學的歷史，他的幾本科學哲學著作有相當多的章節是論述科學史的，在《科學的價值》中，他專用一章考察了數學物理學的歷史。他的一些結論，就是歷史經驗的總結。他對世紀之交物理學危機的

---

❸　同前注❸，頁 23-27, 112。

洞察和展望，也有堅實的歷史感的根基。

談到科學史的意義和作用時，彭加勒這樣寫道：「科學史應該是我們的第一個嚮導。」「爲了預見數學的未來，正確的方法是研究它的歷史和現狀。」($S.M.$, pp. 135, 19) 正是對物理學歷史和現狀的清晰了解，不僅有助於引導彭加勒預見新力學的大致圖景，而且也使他有條件得出危機是革命的前夜、危機是好事而不是壞事等一系列的富有啓發性的結論。對於二、三流科學家來說，他們根本就不具備洞若觀火的條件。

熟悉物理學的歷史和現狀，還不足以構成彭加勒洞察到物理學危機並提出正確的見解的充分條件。彭加勒之所以能達到這一點，還在於他具有清醒的哲學頭腦。彭加勒堅持「實驗是眞理的唯一源泉」($S.H.$, p. 167) 的觀點，他要求物理學理論都要在實驗的法庭上裁決，以決定其眞僞和取捨。但是，他並不像狹隘的經驗論者那樣排斥理論和理性思維在物理學中的作用。他也是一位理性論者，善於通過思考發現各種理論體系之間的矛盾（如洛倫茲的電子論和牛頓作用與反作用原理之間的矛盾），樂於通過思考去追求眞理。在彭加勒的哲學思想中，也包含著豐富的辯證法因素，即善於在對立的兩極之間保持必要的張力。例如，他尖銳地批判了經典力學的哲學基礎，同時又充分肯定了經典理論的固有價值；他敏銳地洞察到物理學處於嚴重的危機之中，同時又認爲這種危機是好事而不是壞事；他既看到新理論與舊理論的明顯差異，又看到新理論對舊理論的隱蔽的繼承性；他大膽地對經典力學和經典物理學的概念和原理提出質疑，又堅決反對絕對的懷疑論，認爲它們在其適用範圍內還是大有用處的；他既指出科學的可變性，又揭示出其中不變的眞關係；……

　　正由於彭加勒具有如此優越的主觀條件（高水平的科學與哲
學素養）和客觀條件（長期奮鬥在科學前沿），因此他面對新實
驗和舊理論的嚴重衝突，既不像當時大多數物理學家那樣，抱殘
守缺，削足適履，把經典理論視為神聖不變的教條；也不像一些
淺薄之徒那樣，懷疑一切，悲觀失望，哀嘆「科學破產」。他是
在充分肯定經典理論固有價值的前提下，謀求在新實驗事實的基
礎上建構物理學。這樣，他在科學領域中也就能夠正視現實，而
不是墨守成規或固執己見。對分子實在性從持保留態度到坦率地
承認，就是一個明證。這也表明，彭加勒是一位誠實、正直、嚴
肅的科學家。事實上，不管他的同事、學生，還是與他觀點相左
的人，也都是這樣認為的。

　　像彭加勒這樣的哲人科學家，長期在科學前沿從事探索性的
科學創造工作，他所面對的現實不僅向他展示了史無前例的具體
的科學問題，而且由於這些科學問題一般說來是具有開創性的和
革命性的，因而他也不得不面對一些更為抽象、更為深奧的哲學
問題。這些問題在當時的書本中是沒有現成答案的，也是用直到
那時為止的專門手段所不能解決的，因此要求對知識的基礎、科
學的目的、思維的本性重新進行審查。在這方面，哲人科學家的
作用是專業科學家和純粹哲學家所無法替代和企及的。哲人科學
家的哲學是科學研究的副產品，他們也不打算編織眼花撩亂的範
疇之網或構築包羅萬象的思辨體系，也很少自詡為哲學家或被人
稱為哲學家。儘管如此，他們所處的有利位置使他們善於發現問
題；他們又不背負沉重的哲學體系的偏見，這又使得他們易於對
症下藥，針對具體問題找到應有的答案，從而在通向哲學領悟的
道路上，成為真正的路標設置者。在這方面，專業科學家由於不

具備廣博的知識和寬廣的哲學視野，對此自然無能爲力。純粹哲學家與哲人科學家相比，也要遜色一疇。這是因爲，科學哲學的歷史是問題發展的歷史。「基本問題的發現，其本身就是對於智力進步的重要貢獻，當哲學史被看作問題史時，它所提供的方面要比被視爲諸體系的歷史時豐富多采得多。」而且，「問題的解決不是通過籠統的一般性論述，或對人與世界間的關係進行圖象描述，而是通過專門工作。這種工作是在科學中進行的，而且問題的發展在事實上也確須通過各門個別科學的歷史去考察。各種哲學體系，在最好的場合也只不過反映了它們當時的科學知識所處的階段；它們對於科學發展則並無貢獻。問題的邏輯發展是科學家的工作；科學家的專門分析雖然常常指向次要的細節，很少爲了哲學目的而進行，但已把對問題的理解推進到專門知識終於足夠完備，能回答哲學問題的地步了。」⑥⑨

　　彭加勒就是這樣的哲人科學家。他學識淵博，視野寬廣，思想深邃，既是科學泰斗，又是哲學巨匠。他在論證自己的哲學觀點時，不僅大量引證他所精通的數學、物理學和天文學方面的材料，而且也旁及化學、生物學、地質學、地理學、生理學、心理學、測量學、氣象學等領域，他所掌握的材料之豐富絕非純粹哲學家所能望其項背。同時，他發現、提出、探索、研究的問題，往往超越一般專門科學家的視野和興趣之外，涉及到一些更爲根本、更爲深層的問題。由於他具有如此優越的條件，所以在他的有關科學哲學論述中，不時迸發出令人深省的思想火花，其中有些思想可以當之無愧地列入人類的思想寶庫。因此，沒有理由認爲

---

⑥⑨　H. 賴欣巴哈：《科學哲學的興起》，伯尼譯，商務印書館（北京），1983 年第 2 版，頁 25、94。

彭加勒「一旦談到哲學問題的時候」，**「所説的任何一句話都不可相信」**，也不能斷言他是一個「渺小的哲學家」**⑳**。不用說，人云亦云地謾罵彭加勒「在哲學方面是一個十足的糊塗蟲」**㉑**，就更沒有什麼道理了。

（七）

正因爲彭加勒把物理學危機視爲物理學革命的前夜，所以他很自然地認爲，要擺脫危機，就要使「力學讓位於一個較爲廣泛的概念，這種概念將能解釋力學，但力學卻不能解釋這種概念」**㉒**。彭加勒大體上是從科學方面看待物理學危機的（這倒也抓住了問題的主要方面），他對危機的哲學方面沒有過多的興趣。但是，法國哲學家萊伊（Abel Rey, 1873-1940）在 1907 年出版的《現代物理學家的物理學理論》中，則較爲全面地論述了這個問題。一方面萊伊指出，物理學危機是「新的大發現引起的典型的發育上的危機」，「危機會引起物理學的改革（沒有這點就不會有進化和進步）」，「從而新的時期就開始了」。「在若干年後觀察事件的歷史家，會很容易地在現代人只看到衝突、矛盾、分裂成各種學派的地方，看到一種不斷的進化。看來，物理學近年來所經歷的危機也是屬於這類情況的（不管哲學的批判根據這個危機作出什麼結論）。」另一方面，萊伊又指出，「對傳統機械

---

⑳　同前注⑬，頁 349、166。黑體字是列寧原有的。

㉑　陳元暉：〈彭加勒和他的著作「科學的價值」〉，《自然辯證法研究通訊》（北京），1960年第 1 期。列寧在《唯批》中有「糊塗蟲奧斯特瓦爾德」（參見前注⑬，頁 45）的說法。

㉒　同前注㊸，頁 7。

論所作的批判破壞了機械論的這個本體論實在性的前提。在這種批判的基礎上，確立了對物理學的一種哲學的看法。」「依據這種看法，科學不過是符號的公式，是作記號的方法。」[73] 列寧在分析了物理學危機和萊伊的有關評論後強調指出：

> 現代物理學危機的實質就是：**舊定律和基本原理被推翻，意識之外的客觀實在被拋棄，這就是說，唯物主義被唯心主義和不可知論代替了。**[74]

對於物理學危機 的實質的看法，目前存在 著兩種不同的見解。第一種見解認爲，列寧強調了危機的兩個方面，即物理學方面和哲學方面。例如，有人說，這兩方面在於：「第一，這是舊概念、理論、原則等等與物理學的最新發現相矛盾」；「第二，這否定了在意識之外存在著客觀實在。」[75] 有人雖然也認爲，「物理學危機是物理學理論的變革和作出唯心主義認識論的結論相結合所造成的」，但是卻強調，「關鍵在於作出唯心主義的結論所造成的。」[76] 第二種見解則斷然認爲，物理學「根本不存在什麼危機問題。」[77] 例如，有人說：「『危機』不是發生在物理學問題上，而是發生在哲學認識論問題上。」[78] 有人說：「危機並不是自由自然科學本身引起的」，而是「唯心主義和不可知論侵入

---

[73]　同前注[63]，頁 311-312, 261。
[74]　同前注[63]，頁 264。黑體字是原有的。
[75]　同前注[38]。
[76]　同前注[42]，頁 201。
[77]　同前注[49]，頁 33。
[78]　同前注[34]，頁 33。

了然科學領域的結果。」⓳

第二種見解顯然是錯誤的。它不僅根本違背歷史事實，而且也不符合列寧的本意。列寧在《唯批》中大段大段地引用了萊伊的著作，萊伊是明確從兩個方面論述物理學危機的，列寧對此並未加以否定。而且，在剛才引用過的列寧關於物理學危機的實質的論述中，也是包含著兩個方面的內容。另外，列寧在從哲學角度論述物理學危機的實質時，還特意加上了「在哲學方面」⓮這一前提。當然，列寧基本上是從哲學方面來論述物理學危機的，他強調的也是危機在哲學上的表現。

但是，第一種見解就完全正確了嗎？看來也不盡然。首先，它在哲學方面忽略了機械唯物論的危機。實際上，由於當時物理學一系列新發現的猛烈衝擊，在物理學界長期佔統治地位的機械觀（力學自然觀）已經氣息奄奄，朝不保夕了。其次，它把危機在哲學方面的表現看作是主要的方面。但是，在物理學家中間，無論就他們關心的問題而言，還是就危機產生的影響而言，也主要是在物理學方面，這從彭加勒、愛因斯坦等人的言論和行動都可以清楚地看到。當時，物理學家主要還是著眼於新實驗與舊理論的矛盾所引起的反常或疑難，致力於變革經典物理學的基礎或修正舊有的理論，而不是熱衷於哲學上的爭論。危機在哲學方面的表現，只是促使實際上已經存在的物理學本身的危機更加激化和表面化。

有人不滿足於把物理學危機純粹看作是哲學上的危機，而且還進一步把它看作是階級鬥爭的產物，說什麼「實質上，這一所謂

⓳　同前注㉟，頁 126-127。
⓮　同前注㉓，頁 262。

的『危機』的產生，是在社會上階級鬥爭空前尖銳的條件下，是資產階級唯心主義哲學家……有意識地歪曲而產生出來的。」[81]「是在社會矛盾尖銳的背景下，現代物理學革命顯現出來的一種曲折的投影。」[82] 這種說法同歷史事實相去就更遠了。事實上，物理學危機是由於一系列新實驗與經典物理學的理論基礎發生尖銳矛盾而引起的，它與階級鬥爭並沒有直接的、必然的聯繫。在這裏，有的作者也未免把唯心主義哲學家的神通誇張得過分了。如果沒有動搖經典物理學基礎的大量反常現象的湧現，即使他們人有百口，口有百舌，恐怕也無法通過「歪曲」而「產生」出一個物理學危機來。更加使人感到離奇的是，有位前蘇聯作者在論述物理學危機時竟然聲稱，「科學無危機的、一往無前的發展，只有在社會主義條件下才有可能[83]。」在這位作者看來，物理學危機只能是資本主義制度下的產物。如果按照作者的論斷推下去，就不可避免地得出這樣的結論，存在著兩種本質不同的物理學──一種是永不發生危機的社會主義的物理學，一種是會發生危機的資本主義的物理學。這種科學有階級性的論調能叫誰相信呢？

綜上所述可以看出，物理學危機主要是物理學本身的危機，這是根本的一面；物理學危機在哲學方面的表現則是由物理學本身的危機派生出來的。斷言危機不是發生在物理學問題上，僅僅

---

[81] 同前注[47]，頁 58。

[82] 中國社會科學院哲學研究所自然辯證法研究室編：《自然科學哲學問題論叢》第一輯，廣西人民出版社（南寧），1981 年第 1版，頁 52。

[83] Ф.Т.Архипцев：《論列寧的著作「唯物主義和經驗批判主義」》，上海人民出版社（上海），1956 年第 1 版，頁 42。

發生在哲學問題上，以及在哲學方面只強調唯物主義被唯心主義和不可知論代替所引起的危機，而忽略機械唯物論所面臨的全線崩潰的危機，都是不夠全面的。因此，要使物理學擺脫危機，也必須從兩方面入手，一是徹底變革經典物理學的基礎，在新基礎上創建新理論，就像普朗克、盧瑟福、愛因斯坦等物理學的革新家們實際所作的那樣。二是以體現了現代科學精神氣質的現代科學哲學代替經典的科學哲學（機械唯物論、實證論等）和其他時髦一時的哲學流派（如反理智主義、不可知論、絕對的懷疑論、唯心論等）。這兩方面是相輔相成的，但前者則更爲根本。而列寧對物理學危機的實質的理解之偏差在於：他把物理學危機在哲學方面視爲主要方面，他在哲學方面又忽略了機械唯物論全線崩潰的危機，他認爲擺脫危機的出路只有一條。這與事實是不相符合的。列寧的理解之所以出現上述偏差，既有歷史的知識背景等方面的局限性[84]，恐怕也與他未能完全跳出機械唯物論的窠臼有關──這也是他無法理解馬赫對牛頓絕對時空觀批判的意義[85]的重要原因，同時也是他同情和頌揚力學學派，貶低乃至（全盤）否定以馬赫和彭加勒爲首的批判學派[86]的失誤之所在。

---

[84] 李醒民：《兩極張力論・不應當抱住昨天的理論不放》，陝西科學技術出版社（西安），1988 年第 1 版，頁 119-125。

[85] 同前注[63]，頁 176-189。

[86] 李醒民：〈世紀之交物理學革命中的兩個學派〉，《自然辯證法通訊》（北京），第 3 卷(1981)，第 6 期，頁 30-38。李醒民：〈論批判學派〉，《社會科學戰線》（長春），1991年第 1 期，頁 99-107。

第三章 探究數學王國的根柢

—— 彭加勒的數學哲學思想

盡日尋春不見春，

芒鞋踏遍隴頭雲。

歸來笑拈梅花嗅，

春在枝頭已十分。

—— 悟道詩

宋·某尼

作爲世紀之交 30 餘年間的全能數學大師和領袖數學家，彭加勒不僅在數學的幾乎所有分支都作出了舉世矚目的貢獻，而且也深入地探究了數學王國的根柢，形成他的別有底蘊的數學哲學思想。下面，我們擬就他關於數學直覺主義，數學中的直覺和邏輯，數學歸納法，數學的對象、目的和本性等論述加以評說。

（一）

在 19 世紀後期，包括彭加勒在內的一些數學家就已經重新開始考慮數學的基礎這一根本問題，特別是數學與邏輯的關係問

題。有人認爲數學可以建立在邏輯之上，有人則對邏輯原則的普遍應用懷有疑慮。在 1900 年之前已經冒了煙的星星之火，經集合論悖論導致的第三次數學危機，已成燎原之勢。結果，全部數學的適當基礎，就成了極其嚴重的、普遍關心的問題，原來不甚明顯的意見分歧發展成學派之間的激烈爭論。在這個過程中，形成了以羅素爲代表的邏輯主義學派，以布勞威爾 (L. E. J. Brouwer, 1881-1966) 爲代表的直覺主義學派和以希耳伯特 (D. Hilbert, 1862-1943) 爲代表的形式主義學派。

邏輯主義學派的宏偉綱領就是要把整個數學大厦奠基在邏輯之上，而不需要任何的數學公理，數學只不過是邏輯的主題和規律的自然延展。但是，邏輯的公設和它們的所有推論是任意的，而且還是形式的。也就是說，它們是沒有內容的，有的僅僅是形式。布勞威爾的直覺主義把數學思維理解爲一種構造性的程序，它建造自己的世界，與我們經驗的世界無關，有點像是自由設計，只受到應以基本數學直覺爲基礎的限制。這個基本直覺的概念，不能設想爲像公設理論中那種不定義的概念，而應設想爲某種東西，用它就可以對出現在各種數學系統中的不定義的概念作直觀上的理解，只要它們在數學思維中是確實有用的。至於形式主義學派，乾脆認爲數學本身就是一堆形式系統，各自建立自己的邏輯，同時建立自己的數學；各有自己的概念、自己的公理、自己的推導定理的法則以及自己的定理。把這些演繹系統的每一個都展開來，就是數學的任務。於是數學就不成爲關於什麼東西的一門學科，而是一堆形式系統，在每一個系統中，形式表達式都是用形式變換從另一些表達式得到的。

彭加勒對數學文獻掌握得十分廣泛，他對新的數學觀念也非

常熱心。他也許是把康托爾的集合論應用到分析中的第一位數學家；早在 19 世紀 80 年代初期，他在關於自守函數和微分方程的工作中已碰到了像非稠密的完備集的概念。19 世紀末期數學公理化趨勢正在逐步發展，彭加勒在一定程度上對這種趨勢是以贊同的目光來觀察的，並對希耳伯特的幾何學基礎頗為讚賞。可是，到 20 世紀初期，由於集合論悖論的出現，他復合了克羅內克在 19 世紀 70 年代和 80 年代提出的直覺主義觀點，並形成了廣泛的認眞的運動。他的立場和行動使他成爲直覺主義學派的先驅之一和直覺主義觀點的強有力的倡導者。

像克羅內克一樣，彭加勒也堅持數學定義和證明都必須是構造性的。他說：

> 數學家是通過「構造」而工作的，他們「構造」越來越複雜的組合。他們通過分析這些組合、這些集合體，可以說返回到它們的初始元素，他們覺察到這些元素的關係，並從它們推導出集合體本身的關係。(*S. H.*, p. 26)

彭加勒認爲，只有借助數學歸納法的幫助，我們才能進行數學構造。

彭加勒強烈反對邏輯主義學派把算術乃至整個數學化歸爲邏輯的企圖。他認爲關於這一切的斷言是「專橫的腔調」(*S. M.*, p. 152)，其途徑「顯然與一切健全的心理相反」，「可以肯定，人類精神無法用這種方式著手構造數學。」(*S. M.*, p. 154) 邏輯主義學派設計的形式化，顯然沒有在任何眞正的意義上表現數學，它給我們顯示外殼而不是內核，只是把數學化爲無限的同

義反覆。彭加勒曾譏諷地說過： 「邏輯斯諦並非不毛之地，它產生矛盾。」(*S. M.*, p. 211) 他認爲形式主義者策默羅 (E. Zermelo, 1871-1953) 的公理化集合論也沒有排除矛盾：「儘管策默羅謹愼地關上了他的羊圈，我不敢擔保，他沒有放進想要吃羊的狼。」(*L. E.*, p. 60)

　　彭加勒不贊成對於自然數的公理化定義和高度人爲化的數的推導。在彭加勒看來，自然數是最基本的直觀概念，顯然無需進一步分析和定義就可以認爲十分保險，他多次對羅素派成員在這方面的努力大開玩笑。例如， 對於布拉利・福蒂 (C. Burali-Forti) 關於數 1 的定義，卽　 $1 = LT'\{\widehat{Kon}(u, h) \in (u \in U_n)\}$，彭加勒嘲笑說： 「該定義十分適合於把數 1 的觀念給予從來也沒有聽說過它的人。」他還指出：「我仍舊擔心這個定義包含著預期理由❶。這是由於考慮到，我在第一部分看見數字 1 ，而在第二部分看到字母 U_n。」(*S. M.*, p. 168) 對於羅素在《數學原理》中把 1 定義爲 $\hat{\alpha}\{\exists x \cdot \alpha = i'x\}$，彭加勒諷刺說： 「這對於從未聽說過數目 1 的人來說，是一個令人讚嘆的定義。」❷ 在談到庫蒂拉特 (Couturat) 把 0 定義爲「空類元素的數」，把空類定義爲「無元素的類」時，彭加勒指出：「用空定義 0，用無定義空，這實際上是濫用語言資源。」(*S. M.*, p. 168) 對於庫蒂拉特關於「1 本質上是其中任何 2 個元素都是恒等的類中的元素之數」的定義，彭加勒嘲諷說： 「在這種意義上定義 1 是比較滿意的，因爲他沒有使用 1 這個詞；作爲補償， 他使用了 2 這個詞。 但

---

❶　預期理由 (petitio principii) 是一種邏輯錯誤，它把尙待證明的判斷作爲證明論題的論據。

❷　M. 克萊因：《古今數學思想》，上海科學技術出版社(上海)，1981年第 1 版，頁 275。

是，我擔心，如果問什麼是 2，庫蒂拉特先生也許不得不利用 1
這個詞。」(*S. M.*, pp. 169-170)

　　彭加勒斷然拒絕把直覺從數學研究中排除出去的作法。他認
爲數學家並不是斯坦利・杰文斯（Stanley Jevens）所設想的
「邏輯皮亞諾」(Logic piano)，並不是「在一端輸入假定，而在
另一端便輸出了定理」的什麼也不需要知道的「機器」，就像傳
說中的芝加哥機器一樣，從一端輸入活豬，在另一端便轉化爲火
腿和香腸。邏輯只能提供無數的組合，要在無數的組合中作出明
智的選擇，則必須訴諸直覺。由於發明即是選擇，因此邏輯斯諦
並不像庫蒂拉特所說的那樣，是給發明裝上了「高蹻和翅膀」。
彭加勒指出：「邏輯斯諦只是給發明家套上了鐐銬。」因爲它無
助於簡潔，它迫使我們說出我們通常已經了解的一切，它使我們
一步一步地爬行，這也許更有把握，但卻比較慢。因此，邏輯學
家給我們的不是「翅膀」，至多不過是「孩子學步用的牽引帶」。
(*S. M.*, p. 193) 彭加勒揭示出，即使在羅素的《數學原理》
中，也有九個不可定義的概念和二十個不可證明的命題，從本質
上講，它們也是依賴直覺或先驗綜合判斷的。因此，要在直覺不
參與的情況下建立整個數學的作法是可疑的。

　　彭加勒肯定了希耳伯特公理化幾何學著作的重要性，以及它
們在我們的概念中留下的深刻印記，但是他也明確反對希耳伯特
的下述主張：「數學必須只是把純粹的符號結合起來，純粹數學
家應該依靠它們推理，而不應該對它們的意義懷有偏見。」其實，
希耳伯特在證明幾何學不隱含矛盾時依靠了解析，通過解析依靠
算術，通過算術依靠數學歸納原理，只是他自己並沒有覺察到這
一點罷了。因此，彭加勒在評論希耳伯特的著作時寫到：「矛盾

堆積著；我們感到作者模糊地意識到他所犯的預期理由的錯誤，他徒勞地試圖去修補他的論據的漏洞。」(*S. M.*, pp. 183-184)

此外，彭加勒還反對不能够用有限數目的詞來定義的概念，他認爲那樣作「只不過是虛無而已」。他指出，只有當我們能成功地用有限數目的詞來定義對象時，才能够恰當地進行推理。他揭示出其中的原因：「對象只有在它能用心智構想時才存在，對象不能用獨立於有能力思考的人的心智來構想。實際上，在這裏存在著觀念論。既然有理性的主體是人，或者是類似於人的某種生物，因而是有限的存在，所以無限除了有創造我們所希望的那麼多的有限對象的可能性外，它沒有別的意義。」(*L. E.*, p. 72) 彭加勒也明顯地譴責無限集合的概念 (*L.E.*, p. 47)。

彭加勒充分肯定了直覺在數學中，尤其是在數學創造中的巨大作用，但是並未把它強調到不適當的程度（他也指出了直覺的缺陷），而且給邏輯以應有的地位。他在尖銳批判邏輯主義和形式主義的同時，也坦率地承認羅素和希耳伯特的著作中的一些「有獨到見解的、深刻的、往往是有充分理由的觀點」，他們的「一些結果，甚至許多結果，都是可靠的，注定會長存下去。」(*S. M.*, p. 191) 並認爲「我們必須聽任思想的多樣性」，「最好是既有邏輯主義者，又有直覺主義者。」(*S. M.*, p. 127)「對於科學的進步來說，這兩類精神同樣是必要的；邏輯主義者和直覺主義者都獲得了其他人沒有作出的巨大成就。」(*V. S.*, p. 15) 另外，在彭加勒的思想中，也流露出古典的數學經驗論的觀點。因此，有人認爲彭加勒是一位半直覺主義者，這是不無道理的。

不用說，集合論公理化、邏輯主義、直覺主義、形式主義都不可能對數學基礎問題作出令人滿意的解答，也沒有對數學提供

一個可以普遍接受的途徑。 1930 年前後哥德爾（ K. Gödel, 1906-1978） 提出的不完全性定理， 對羅素和希耳伯特的宏偉綱領和遠大計畫也許是一個沉重的打擊， 但是邏輯主義者和形式主義者的功績是不可抹殺的。彭加勒在《科學與方法》一書中所作的下述預言也許是有道理的：

> 邏輯斯諦還必須改造， 不清楚的是， 能夠被拯救的有多少。 不用再說， 唯有康托爾主義和邏輯斯諦處於考慮之列；對於某些東西有用的真正的數學，可以按照它自身的原則繼續發展，而不必為在它之外掀起的風暴傷腦筋，數學由於其平常所取得的成就而一步一步地前進著，這些成就是決定性的，從來也不會被拋棄。(*S.M.*, p. 206)

（二）

　　作為數學共同體中傑出的一員，彭加勒對已故的和同時代的數學家及其著作比較了解，也熟悉同行們的研究風格。他發現其中有兩種相反的趨勢， 或兩種截然不同的「精神類型」（*V.S.*, pp. 11-12 ）。一些人專注於邏輯，他們步步進逼，效法沃邦 ❸

---

❸　沃邦是法國元帥，歷史上最傑出的軍事工程師。1673年，在圍攻馬斯特里赫特中使用「平行攻城法」，即通過挖掘與敵防禦陣地周邊平行的或同心的塹壕以及連接這些塹壕的「之」字形交通壕，使圍攻者在對方炮兵火力下安全接近防禦陣地。他創立的築城理論體系對歐洲軍事學術的影響長達一個世紀以上。

(M. de Vauban, 1633-1707)，挖壕築壘，穩紮穩打，沒有給機遇留下任何餘地。另一些人受直覺指引，他們像勇敢的前衛騎兵，迅猛出擊，以速制勝，但有時也要冒幾分風險。人們往往稱前者為解析家（因為在數學中，邏輯被叫作解析，解析意味著分解、分析），即使當他們研究幾何學的時候；稱後者為幾何學家，即使當他們從事純粹解析的時候。彭加勒依據他們的精神的本性，稱前者是邏輯主義者，而稱後者是直覺主義者。

彭加勒舉例說，二項式方程總是有根，或通俗地講，角總是可以剖分，這本是用直覺就可以感受的真理——誰會懷疑一個角總是可以分成任意等分呢？但是，梅雷（C. Méray, 1835-1911）卻不這樣看，他認為這個命題並不明白，他要用幾頁篇幅去證明。另一方面，克萊因在研究函數論中的一個最抽象的問題，即確定給定的黎曼曲面上，是否存在著具有已知特性的函數時，他用電導率按某些規律變化的金屬面代替黎曼曲面，把金屬面上的兩個點與電池的兩極聯接起來。他說，電流必定通過金屬面，電流在面上的分布將確定一個函數，該函數的特性恰恰說明所要求的特性。克萊因認為，即使這不是嚴格的證明，但至少在信念上是可靠的，因此毫不猶豫地發表了它。可是，邏輯主義者卻極端厭惡地排斥這種概念，或者確切地講，從來也沒有想過這樣的概念。又如兩位著名的法國數學家貝爾特朗德（Bertrand, 1851-1917）和埃爾米特。前者在講演時總是動來動去，他時而彷彿與某些外來之敵戰鬥，時而用手勢描述他所研究的圖形的輪廓，顯然他想像著，並試圖去描繪它。而埃爾米特則迥然不同，他的雙眼似乎避免與世界接觸，他尋求真理的妙訣不在心外，而在心內

❹。兩位遐爾聞名的德國幾何學家維爾斯特拉斯和黎曼也具有截然不同的精神類型。前者把一切都歸結爲級數及其解析變換，爲了更好地表示，他把解析化爲類似於算術的拓展，在他的著作中找不到一張插圖。相反地，黎曼卻同時求助於幾何學，他的每一個概念都是一幅圖象，人們一旦明白了它的意義，便會永誌不忘。其後，李（Sophus Lie，1842-1899）是一位直覺主義者，他用圖象思維。讀李的著作，頓生疑團，經他道破，人們便煥然冰釋。而科瓦列夫斯基夫人（Madame Kovalevski，1850-1891）則是一位邏輯主義者。卽使在學生中間，也存在著類似的差別。一些人更喜歡「用解析」處理面臨的問題，他們不善於「在空間中想像」；另一些人則偏愛「用幾何學」，他們十分厭倦冗長的計算和推導，很快就會暈頭轉向。

　　彭加勒正確地指出，直覺和邏輯在數學中都有其合法的任務，直覺主義者和邏輯主義者同樣也都爲數學的發展作出了應有的貢獻。像所有的數學家一樣，他也堅持良好的和健全的邏輯是數學證明的有效工具和數學教學的堅實基礎。同時，他也明確指出，「邏輯是不充分的」（*V.S.*，p. 25），「純粹邏輯不能使我們評價總效果」（*S.M.*，p. 134），因此直覺作爲邏輯的補充物（或平衡物、或矯正物）必然具有它自己的作用，人們必須求助於直覺。

---

❹　貝爾特朗德和埃爾米特同時在同一學校上學，他們受相同的教育，處於同樣的影響之下，但兩人的差別卻相當大。這不僅在他們的著作中顯現出來，而且也表現在他們的教學、談吐方式乃至外表。難怪彭加勒甚至有點偏頗地認爲：「在數學家中間，並非教育能助長一種趨勢而抑制另一種趨勢。數學家是天生的，不是人爲的，他們似乎生來就是幾何學家或解析家。」（*V.S.*，p. 12）

很顯然，彭加勒並不是反對數學中的邏輯，他反對的只是邏輯主義者把數學化歸爲邏輯的企圖和把直覺從數學中統統排除出去的作法。爲了打破邏輯「唯我獨尊」的僵局，爲了給直覺謀求一席之地，他比較集中、比較系統地論述了直覺在數學中的作用和直覺的種類與特點。

直覺在數學中的主要作用有三個方面：發明方面的作用、推理方面的作用、教學方面的作用。彭加勒明確指出：

> 邏輯和直覺各有其必要的作用。二者缺一不可。唯有邏輯能給我們以可靠性，它是證明的工具；而直覺則是發明的工具。(*V.S.*, p. 29)

他認爲，純粹解析把許多程序提供給我們使用，它保證這些程序是確實可靠的，它向我們開闢了成千條不同的大道，我們可以滿懷信心地邁步在這些大道上，我們確信不會遇見任何障礙。但是，在所有這些道路中，那一條會最迅速地把我們引向我們的目標呢？ 誰將告訴我們選擇那一條呢？ 彭加勒對此作了明確的回答：爲了選擇這樣一條路線，必須具有探索者的本領，直覺就是這樣**使我們具有一覽遙遠目標的本領** (*V.S.*, p. 27)。他在另一處也表達了同樣的意思：

> 邏輯告訴我們走這一條路保證不會遇到障礙；但是它不會告訴我們那一條路能達到目的。爲此，必須從遠處瞭望目標，教導了我們瞭望的能力是直覺。沒有直覺，幾何學家便會像這樣的作家，他只是按語法寫詩，但卻毫無思想。

他接著反問道: 「現在, 它剛一出現, 如果我們驅逐它、排斥它, 如果我們在了解它的益處之前輕視它, 那麼這種能力怎麼能夠發展呢?」(*S. M.*, P. 137) 彭加勒進而認爲: 發明卽是辨認、選擇, 邏輯只能提供所有組合或結構, 要在其中作出明智的選擇, 則必然要靠直覺。(*S. M.*, p. 158)

那麼, 如何解釋不承認直覺的解析家也是發明家這一事實呢? 彭加勒認爲, 解析家依靠數學歸納法的程序, 從特殊上升到一般, 從而促成了科學的進步。但是, 嚴格的數學歸納法卻淵源於「純粹數的直覺」, 它與「主要憑恰當地稱之爲想像的可覺察的直覺」儘管大相逕庭, 但畢竟還是直覺。解析家之所以不一步一步地摸索著前進, 而能推測出他所達到的目標的道路, 他所需要的嚮導是類比。要覺察出這些類似, 往往需要非同尋常的洞察力。「爲了不讓這些隱藏的類似逃脫, 就是說爲了成爲一個發明者, 解析家必須在不借助於感覺和想像的情況下, 直覺到一項推理的一致性由什麼構成, 也可以說, 它的精髓和內心深處的靈魂由什麼構成。」(*V. S.*, pp. 32-33) 例如, 當人們與埃爾米特先生談論時, 他從來也不乞靈於一幅感覺圖象, 但是人們立即就會察覺, 最抽象的實體對他來說都像栩栩如生的存在一樣。他雖然不目視它們, 但心裏卻領悟出它們不是人爲的集合物, 它們具有某種內部統一的原則。因此, 彭加勒斷言:

正是純粹數的直覺、純粹邏輯形式的直覺, 啟發和引導我們稱之爲解析家的人。就是這種直覺, 不僅使他們能夠證明, 而且使他們能夠發明。借助這種直覺, 解析家一眼就覺察到邏輯大廈的總圖, 而且似乎在沒有感覺介入的情況

下也是這樣。正如我們已經看到的，想像並非總是確實無誤的，憑借直覺，解析家在捨棄想像幫助的情況下也能夠勇往直前，而不擔心上當受騙。(*V.S.*, p. 33)

不過，彭加勒認爲解析家中間的發明家爲數甚少。

事實上，一個數學概念的發明，總是離不開直覺的。例如連續函數的概念。起初，它僅僅是可感覺的圖象，比如用粉筆在黑板上勾畫的連續痕跡的圖象。爾後，它漸漸變得精細了，不久人們又用它構造複雜的不等式系統，這可以說是摹寫了原始圖象的全部線條。在這座數學建築物峻工後，彷彿把拱架給拆除了，臨時作爲支架而後來變得毫無用處的粗糙表象被拋棄了，保留下來的只不過是建築物本身。邏輯主義者只看到邏輯嚴謹、無懈可擊的建築物，卻閉目不見建築時所用的腳手架和支撐物。彭加勒反詰說：「倘若原始圖象從我們的記憶中統統消失，那麼所有這些不等式以這種方式相互堆疊，究竟是怎樣借助於隨想而神悟呢？」(*V.S.*, p. 28) 不用說，邏輯也在這個建築物的建設中起了作用。例如，在歐幾里得的幾何學這一龐大建築物中，它的每一個部件不管怎樣都歸因於直覺，可是我們今天依然能夠辨認出一位邏輯主義者的工作。

直覺作爲發明工具的作用固然是最重要的，但也不能忽視直覺在數學推理中的作用。彭加勒揭示出，自信在推理中不訴諸直覺是一種假象，因爲純邏輯不會創造出任何新東西。比較一下這樣四個公理：1.等於第三個量的兩個量相等；2.若一個定理對數 1 爲眞，假定它對 n 爲眞，如果我們證明它對 n＋1 爲眞，則它對所有整數都爲眞；3.設在一直線上，C 點在 A 與 B 之間，D 點

在Ａ與Ｃ之間，則Ｄ點將在Ａ與Ｂ之間；4.通過一個定點，僅有一條直線與已知直線平行。彭加勒指出，所有這四個作為邏輯推理前提的公理都歸之於直覺。不過第一個闡明了形式邏輯諸法則中的一個法則；第二個是真實的先驗綜合判斷，它是嚴格的數學歸納法的基礎；第三個求助於想像；第四個是偽定義。（*V.S.*，p. 21）「倘若正確地利用直覺向我們提供的前提，我們便能學會正確地推理。」（*S.M.*，p. 139）

作為某些邏輯推理的前提的公理，不僅淵源於直覺，而且直覺也滲透在推理的過程之中。這是因為，「數學證明不是演繹推理的簡單並列，它是按某種次序安置演繹推理，這些元素安置的順序比元素本身更為重要。如果我們具有這種次序的感覺，也可以說這種次序的直覺，便能一眼就覺察到作為一個整體的推理」，「使我們推測隱藏的和諧與關係」（*S.M.*，p. 47）。不過，並不是每一個人都有這種特殊的直覺的。多數人沒有，所以他們無法理解較高級的數學；一些人略有這種直覺，即使他們有非同尋常的記憶力和高度的注意力，他們只能理解數學，有時也能應用，但不能創造；只有具有這種直覺的人不僅能理解數學，而且可以成為創造者，即使他們的記憶力很平常。因為後一種人無需害怕忘記那些元素之一，因為它們之中的每一個都在排列中得到它的指定位置，根本沒有必要費心思記憶。至於純粹數的直覺引導解析家在推理中發現類似與差異，前面已提到了。

直覺在數學教學中也有它應該佔有的地位。直覺不僅對有創造性的科學家來說是須臾不可或缺的，而且對學習數學的學生也是十分有用的。「沒有直覺，年輕人在理解數學時便無從著手；

他們不可能學會熱愛它， 他們從中看到的只是空洞的玩弄詞藻的爭論； 尤其是， 沒有直覺， 他們永遠也不會有應用數學的能力。」(*V. S.*, p. 25)

關於直覺的特點和種類， 彭加勒也有所論述。彭加勒認爲， 我們有多種直覺。 首先， 求助於感覺和想像； 其次， 通過歸納進行概括， 而歸納可以說是摹寫實驗科學的程序； 最後， 我們有純粹數的直覺， 如數學歸納法， 它能够創造眞正的數學推理 (*V. S.*, p. 22)。 直覺的這些種類可以歸結爲兩種類型： 一是所謂「純粹直覺」， 卽「 純粹數的直覺 」、「 純粹邏輯形式的直覺 」、「數學次序的直覺」， 這主要是解析家的直覺；二是「可覺察的直覺」， 卽「想像」， 這主要是幾何學家的直覺。這兩種類型的直覺「似乎發揮出我們心靈的兩種不同的本能」， 它們像「兩盞探照燈， 引導陌生人相互來往於兩個世界」。 固然解析家僅憑純粹直覺也能前進， 但是大多數人如果只依靠純粹直覺眺望， 就會感到頭暈目眩， 因此「可覺察的直覺在數學中是最有用的發明工具」。(*V. S.*, pp. 33-34)

彭加勒認爲 「 直覺不必建立在感覺明白之上」(*V. S.*, p. 21)， 因爲感覺很快就會變得無能爲力。我們無法想像千角形， 可是卻能够通過直覺一般地思考多角形， 而千角形是多角形的特例。彭色列 (J. V. Poncelet, 1788-1867) 直覺到的連續性原理 (更確切地說， 認爲雙曲線與橢圓類似)， 就不依賴於感覺的明白。彭加勒還深刻地揭示出， 「潛在的自我」能够產生靈感的直覺認識， 使人們有可能一下子洞察到本質和規律性的東西。

彭加勒把直覺看作是溝通數學世界和眞實世界的橋梁， 這一

觀點值得引起我們的重視。他說：

> 正是通過直覺，數學世界才依然與真實世界保持接觸，即
> 使純粹數學家沒有真實世界也能工作，但總是必須求助於
> 它，以填平把符號與實在分隔開的鴻溝。(*S. M.*, p. 136)

他還這樣寫道：

> 我們已有了由不一致的元素形成的模糊的概念，在這些元
> 素中，一些是先驗的，另一些來自或多或少經過整理的經
> 驗；我們認為，我們通過直覺知道它的主要特性。今天，
> 我們摒棄經驗元素，僅僅保留先驗元素；特性之一作為定
> 義，所有其他特性都能通過嚴格的推理從定義導出。這都
> 是十分恰當的，不過依然要證明，這種變成定義的特性從
> 屬於真實的客體，我們從中引出了我們模糊的直覺概念。
> 為了證明這一點，就必須訴諸經驗或求助於直覺，如果我
> 們不能證明它，我們的定理雖則十分嚴格，但卻毫無用
> 處。(*S. M.*, p. 132)

總而言之，直覺的作用是毋庸置疑的。彭加勒認為，沒有
它，數學家的三個進展階段——數學發明家和創造者的精神；無
意識的幾何學家的精神（在我們古老的祖先中，在我們朦朧不清
的兒童時代，這種精神已為我們構造出本能的空間概念）；青少
年的精神（中學教師向他們揭示出頭一批科學原理，試圖對根本
的定義作出理解）——也許同樣是軟弱無力的(*S. M.*, p. 309)。

不過， 需要指出的是， 彭加勒並沒有把直覺強調到不適當的程度，他也看到直覺的缺陷：它不能給我們以嚴格性，甚或不能給我們以可靠性($V.S.$, p. 17; $S.M.$, p. 131)。例如，我們直覺地認為，每一個連續函數都有導數，這是顯而易見的，因為每一條曲線都有切線。其實，存在著沒有導數的連續函數。狄利克雷原理也是直覺欺騙我們的例子。在這種情況下，「因為解析依然是無懈可擊的， 所以我們決定捨棄直覺。」($S.H.$, p. 44)因此，我們必須在數學中（在其他有關科學中也是如此）賦予邏輯和直覺以恰當的地位， 有效地發揮二者的作用， 使之珠聯璧合、相得益彰，把認識推向前進。這也是彭加勒的意思。

（三）

數學歸納法， 彭加勒又稱其為「遞歸證明」、「遞歸推理」、「全歸納原理」，他十分欣賞這種方法，並賦予它以特殊的地位和重要性。

上面所陳述的公理②，即是數學歸納法的一種表述形式。它也可以表述如下：我們首先針對 $n = 1$ 規定一個定理；然後我們證明，若該定理對 $n - 1$ 為眞， 則它對 n 亦為眞， 從而得出結論：它對所有的整數都為眞。

彭加勒指出：「遞歸推理的主要特徵是，它包括著無窮個三段論，可以說它濃縮在單一的公式中。」($S.H.$, p. 20) 在遞歸推理中，如果依次說出這些三段論，它們彷彿像「瀑布」一樣直瀉下來。我們會看到，每一個三段論的結論都是下一個三段論的小前提，而所有三段論的大前提都能簡化為單一的公式。而在

實際的推理過程中，我們僅限於陳述第一個三段論的小前提和把所有大前提作為特例包括進來的普遍公式。於是，這一連串永無休止的三段論就簡化為幾行短語。

顯而易見，如果我們不去證明我們的定理對於所有數為眞，只需要證明它對某數為眞，我們只使用有限個三段論也就可以了，從而分析核驗總是可能的。可是，無論這個數目多麼大，我們也無法上升到對所有數都適用的普遍眞理，而唯有普遍眞理，才是科學的目標。欲達此目的，就需要無窮個三段論，就必須跨越只局限於形式邏輯方法的分析家的忍耐力永遠也無法塡滿的深淵。也許是在這個意義上，彭加勒認為數學歸納法「不能化歸為邏輯」(*S. M.*, p. 159)。

為了獲得普遍眞理（數學中的定理），人們「不得不借助於遞歸推理，因為這是能使我們從有窮通向無窮的工具」(*S. H.*, p. 22)，「把我們從特殊提升到一般」(*V. S.*, p. 30)。彭加勒進而認為：

> 這個工具總是有用的，因為它容許我們跨越我們所希望的那麼多的階梯，它使我們省去冗長的、使人厭煩和單調的核驗，而這種核驗會很快地變得不能實施。但是，只要我們以普遍的定理為目的，它就變得必不可少了，而分析核驗雖則可以不斷地接近這一目的，卻永遠無法使我們達到它。(*S. H.*, p. 22)

彭加勒經過考察指出，遞歸推理的法則不能簡化為矛盾律，

因爲它的判斷不是分析判斷❺；這個法則也不能從經驗而來，因爲經驗不能達到無窮系列的數；也不能認爲它像幾何學的某些公設那樣是一種約定，因爲約定無所謂眞假，而該法則是確實可靠的。顯然，這個法則是分析證明和經驗難以得到的，在無窮面前，矛盾律會失效，經驗會變得軟弱無力，所以「它是先驗綜合判斷❻的眞正典範」(*S. H.*, p. 23)。正因爲遞歸推理的法則是先驗綜合判斷，所以它才能告訴我們某種新東西，我們才能借助它攀登。「沒有在某些方面與物理學歸納法不同的、但卻同樣有效的數學歸納法的幫助，則構造便無力去創造數學。」(*S. H.*, p. 28)彭加勒進而揭示出這種判斷以不可遏止之勢迫使我們服從的原因：

> 那是因爲，它只是證實了精神的威力，我們的精神知道，它本身能夠想像得出，只要這種行爲一次是可能的，同樣的行爲就可以重複無窮次。精神對這種威力有一種直接的直覺，而經驗只不過是爲利用它提供機會，從而能夠意識

❺　康德意義上的分析判斷卽謂項是主項一部分的判斷，它是解釋性的，對知識的內容毫無增加。如「一切物體都是有廣延的」，「等邊三角形是三角形」等。分析判斷是矛盾律的歸結，因爲一個肯定的分析判斷的謂項已在主謂的概念裏被想到了，那麼從主項裏否定它就不能不陷於矛盾；在否定的分析判斷裏，情況也是如此。

❻　康德意義上的綜合判斷卽不是分析判斷的判斷，它是擴展性的，對已有的知識有所增加，如「某些物體是有重量的」，「星期二是下雨天」等。經驗判斷、數學判斷、眞正的形而上學判斷都是綜合判斷。而先驗判斷則是這樣的判斷：由經驗雖然可以把它抽引出來，但是一旦認識了它，便看出它具有經驗以外的其他基礎。康德認爲後天綜合判斷是來自經驗的，而先天綜合判斷則是來自純粹理智和純粹理性的。

到它。($S.\,H.$, pp. 23-24)

關於建立在先驗綜合判斷基礎上的數學歸納法與建立在經驗事實基礎上的普通歸納法（物理學中的歸納法）之異同，彭加勒也作了比較。他認爲二者雖則基礎不同，但步調卻是一致的，即它們在同一方向上前進著，也就是說，「從特殊到普遍」（$S.\,H.$, p. 25）。不過，它們也有本質的差異，其「差別僅在於它的可靠性」（$S.\,M.$, p. 160）。也就是說，「用於物理科學中的歸納總是不可靠的，因爲它建立在宇宙具有普遍秩序的信仰上，而這種秩序卻是在我們之外的。相反地，數學歸納法，即遞歸證明卻必然強加於我們，這只是因爲它證實了精神本身的特性。」（$S.\,H.$, p. 24）

（四）

關於數學的對象、目的和本性，也是數學哲學的一個重要論題。具有哲學頭腦的數學家大都很關注這個問題，彭加勒也就此發表了一些有價值的意見。

彭加勒直截了當地指出：

> 數學家研究的不是物體，而是物體之間的關係；因此，只要關係不變，這些物體被其他物體代換對他們來說是無關緊要的。在他們看來，內容是不重要的，他們感興趣的只是形式。（$S.\,H.$, p. 32）

正由於數學家研究的是關係而不是物體，關注的是形式而不是內容，因而彭加勒認爲，在數學中，「存在」一詞與在物理學中是不同的。一個數學實體存在，只要它的定義旣在自身之內不隱含矛盾、又與已經公認的命題不發生矛盾就可以了；而物理實體存在則不再表示沒有矛盾，它意指客觀的存在。（*S. H.*, p. 59; *S. M.*, p. 186）

　　對數學而言，只有形式才具有考慮的價值，難怪彭加勒認爲「數學是把同一名稱給予不同事物的藝術。」（*S. M.*, p. 29）這樣，我們完全可以把在內容上不同而在形式上相似的事物納入到同一模式中。我們創造的負數、虛數、無窮遠點、羣、同構等等就是這樣精選的名詞。當我們選定名詞後，我們驚訝地發現，對某一對象所作的論證可直接用於許多新現象，足以消除用舊方式陳述的法則所遇到的例外。因此，數學理論的目標也不在於「向我們揭示事物的眞實本性」，強使它們這樣作，是「沒有道理的要求」，「它們的唯一目的是協調實驗向我們揭示出物理學定律。」（*S. H.*, p. 245）

　　爲了消除一些人的誤解和擔心，彭加勒進而說明：其主要對象是研究空虛框架（形式）的數學不是精神的空洞遊戲，作爲物理學的方便語言的數學的貢獻也不是平庸的，這種人爲的語言更不是設置在實在和物理學家眼睛之間的屏障。沒有數學這種語言，事物的大多數密切的類似對我們來說將永遠是未知的。而且，我們將永遠不了解世界的內部和諧，而這種和諧才是唯一眞實的客觀實在。（*V. S.*, pp. 6-7）

　　彭加勒對數學的目的並未作單一的理解。他認爲數學的目的有三個：作爲研究自然的工具，它可以幫助物理學和其他科學表

述定律和預見眞理，但這並非一切；它還有哲學的目的，它能幫助哲學家揣摩數、空間、時間的概念；它也有美學的目的，數學家能由此獲得類似於繪畫和音樂所給予的樂趣：數和形的微妙的和諧使他們讚美不已，新發現打開的意想不到的視野使他們驚嘆不止。(*V.S.*, p. 139)

正因爲數學除實用目的外還另有追求，因此彭加勒毫不猶豫地斷言：

> 爲數學而數學是值得的，爲不能應用於物理學以及其他科學而研究數學是值得的。卽使物理學的目的與美學的目的不統一，我們也不應犧牲兩者中的任何一個。(*V.S.*, p. 139)

不過，他提醒人們注意：這兩個目的是不可分割的，欲得到其一的最好辦法是對準另一個，或者至少從來也不喪失對於它的洞察。

談到數學的起源，彭加勒認爲，嚴格說來，數學不是經驗促使我們創立的，經驗只是智慧創立數學的導因。數學是智慧自由的創造，是智慧本身的創造力的鮮明表現。他說：「數學科學是人類精神從外界所借取的東西最少的創造物之一。」(*S.M.*, p. 31) 他在充分肯定人類精神的巨大作用的同時，並沒有把客觀世界排除出數學起源之外。他指出，純粹數學家雖然離開眞實世界也能工作，但總是必須求助於它。不僅數學歸納法，而且還有數學連續統等概念，雖說「完全是由精神創造的，但是經驗爲它提供了機會」；「只有經驗向精神提供刺激物，精神才能利用

這種能力。」(*S. H.*, pp. 35-40) 在談到數學創造時，他把數學家和優秀的藝術家加以比較：忘記外部世界存在的純粹數學家也許就像這樣一個畫家 —— 他知道如何 把色和形 協調地組合起來，但由於缺乏模特兒，他的創造力不久便會枯竭。(*V. S.*, p. 148)

在數學哲學方面，彭加勒還有其他一些重要論述，例如幾何學思想、數學美（或廣而言之科學美）、數學創造的心理機制等。對於這些方面，我們將在有關章節中詳述。

第四章　別樹一幟的哲學創造
—— 彭加勒獨創的經驗約定論

律回歲晚冰霜少，
春到人間草木知。
便覺眼前生意滿，
東風吹水綠參差。
—— 立春偶成
宋·張栻

　　彭加勒的整個哲學思想是相當複雜的。傑齊·吉戴明(Jerzy Giedymin)在談到這位哲人科學家的思想時這樣寫道：　就他的有關算術的認識論地位的觀點而言，他是一個康德主義者，因為他宣稱算術的一些公理，特別是數學歸納原理是先驗綜合眞理。另一方面，他在空間哲學、幾何學哲學和物理學哲學中卻抛棄了康德主義，並且用發生經驗論（幾何學與物理學的概念及陳述起源於經驗）和約定論的結合來代替它。在集合論基礎方面，他的立場是反對康托爾的，是一位結構主義者和前直覺主義者。在物理學哲學中，他的約定論爲經驗的要素留下了餘地，以致處於經驗論傳統的範圍內。他也帶有了許多康德主義和進化論思想的色

彩（進化認識論），如他最富有哲學意義的時間學說❶。此外，就他強調感性知覺和經驗材料的作用而言，有人認爲他是實證論者。就他認爲菲涅耳的目的是預言光現象，而不是要知道是否實際存在以太以及以太是否由原子構成而言，有人斷定他是現象論者。就他在談到意識和存在等哲學根本問題時說了些可以作出唯心主義解釋的話而言，有人指責他是一位地地道道的唯心論者。就他視探索眞理和追求科學美爲活動的唯一價值，以及倡導「爲科學而科學」而言，有人認爲他是理性論者和理想主義者。與此同時，也有人指出他是一個證僞主義者和歸納主義者，因爲他把相對性原理僅僅看作是可被實驗否證的暫時性的假設。當然，人們也能從他的思想中發現畢達哥拉斯主義（對自然的先定和諧的信念）、操作論（要使定義有用，它必須能指示我們如何測量）、工具論（科學是一種整理事業，兩種對立的理論也都可作爲研究的有用工具）、馬赫主義（他贊同馬赫的某些觀點）的色彩。

造成這種眾說紛紜的原因似乎可以從兩個方面加以闡明。從觀察者和評論者的角度來看，也許他們只是從一個側面看問題，而沒有對彭加勒的思想全貌作整體性的概觀，這種作法難免使人有管中窺豹之感；也許他們以有體系的認識論者的角色出現，傾向於按照他們體系的意義來解釋彭加勒思想的內容，同時排斥那些不適合於他們的體系的東西，這種態度難免使人有自以爲是之嫌。就彭加勒本人的哲學思想而言，也的確是相當複雜的，或者用有些人慣用的詞語來說，是比較龐雜的。但是，如果我們持冷靜的頭腦換一個角度看問題，這種龐雜爲何不可以理解爲豐富

---

❶ J. Giedymin, *Science and Convention*, Pergamon Press, Oxford, 1982, p. 113.

呢? 事實上，敢於兼收並蓄，善於博采百家之長，恰恰是彭加勒哲學思維的一大特徵，他也正是在這個「選擇」過程中，溶入了自己對科學基礎的哲學反思和哲學創造，「建構」起自己獨特的經驗約定論哲學的。

（一）

什麼是約定論? 亞歷山大 (P. Alexander) 在為美英《哲學百科全書》撰寫的條目中這樣寫道:「約定論通常是為下述任何觀點所取的名稱: 科學定律和理論是約定，這種約定或多或少取決於我們從可供選擇的『描述』自然界的方式中進行自由的選擇。被選擇的可供選擇的方式不能說比其他東西更為真實，而只是更為方便而已。這種觀點包括比這樣的認識更多的認識: 我們描述世界的方式取決於我們的語言約定; 它還包括比這樣的信念更多的信念: 純粹數學或邏輯的命題由於這些約定而是『真實的』。它也包括這樣的主張: 任何首尾一貫的數學或邏輯系統能夠適用於自然。約定論很容易受到誤解，人們往往這樣批評它，認為它使科學結論成為任意決定的結果。對於任何實際上成立的約定論的理論來說，人們懷疑這種看法是合理的。」❷

亞歷山大的定義似乎是針對約定論一般而下的，無論如何它與彭加勒的約定論多少有出入。事實上，在彭加勒之後，約定論得到了發展; 在彭加勒的同時代，也有人提出了一些零散的約定論的思想; 在彭加勒之前，也有這方面的思想萌芽。

---

❷ P. 亞歷山大:〈約定主義〉，李醒民譯，《科學與哲學》（北京），1983 年第 2 輯。

早在古希臘時代，原子論者留基伯（Leukippus，前 500-440）、德謨克利特（Demokritus，前 460-370）、第歐根尼（Diogenes，前 240?-152）就反對感覺是自然給予的觀點，而主張感覺只是約定的東西，即感覺是由意見和情感所決定的。例如，德謨克利特就說過：顏色是約定的，甜是約定的，苦是約定的，各種性質都是約定的，只有原子和虛空是自然的。儘管這種約定思想只是針對感覺語詞而言的，而不是針對科學原理、科學概念而言的，但是它無疑能給後人以某種啟示。

約定論在許多方面歸功於康德，儘管他不是一個約定論者。他認為，我們描述的本性與其說取決於個人的選擇，還不如說主要取決於人類思想的普遍特徵，我們在這個世界上發現的秩序並非與我們的思想特徵毫不相干。康德關於思想的能動作用和知識成分的兩個源泉的思想，對許多具有創造性的數學家和物理學家很有吸引力。康德的這些觀念為約定論鋪設了道路。惠威爾(W. Whewell，1794-1866)受到康德的影響，也強調自然基本定律的必然地位來源於它們與那些作為客觀經驗知識的先驗必要條件的觀念的聯繫。他除了訴諸這些定律「體現」觀念形式的想法外，並未詳細說明這種關係的性質。不過，他確實認為，這種例證是在科學的歷史發展中逐漸提供的。

約定論也與馬赫和迪昂（P. Duhem，1861-1915）的工作有關。正如亞歷山大所寫的，馬赫和迪昂把科學理論中的「圖示的」或「解釋的」成分與相關的成分加以區分。在馬赫看來，理論只不過是預言的工具，在構造它時要使預言盡可能簡單、盡可能有力。甚至在理論的相關部分不能直接被證實，圖示部分根本不能被證實的情況下，我們在構造理論時也可以從值得注意的選

擇自由出發。我們接受的無論哪一個圖象都是約定的、無關緊要的，基本的東西是容許數學關係校正預言。廸昂堅持類似的觀點，他補充說，當我們把數學用於科學時，我們通過數學符號以純粹約定的方式表示可度量的性質，我們借助於假設把這些符號任意地相互聯繫起來。這些假設按照純粹數學的方法結合起來，結果被重譯爲變成預言的物理學術語。在談到所謂的判決性實驗不能證爲假設時，廸昂指出，預言出現某一現象涉及到若干假設，卽使這類情況的先行條件陳述無誤，未能觀察所預見的現象，也僅能證明前述假設的合宜。爲了恢復與觀察的一致，科學家可以隨意改變出現在前提中的任何一個假設，代替或修改其他假設。採用這種方法，也就是把那個特定假設當作一種約定，對於約定來說，無所謂眞假問題。

約定論思想在廣泛的意義上獨立於科學基礎的研究出現在朗格 (F. Lange, 1828-1875) 和尼采 (F. Nietzsche, 1844-1900) 的著作中，例如尼采死後出版的未完成的著作《論超道德感中的眞理與謊言》卽是。

當然，我們可以把彭加勒的約定論看作是這些哲學家思想的發展的邏輯結果或伴生物。但是，確切地講，彭加勒的約定論主要還是根植於他對科學基礎（尤其是幾何學和物理學基礎）的深刻反思，根植於當時在數學家中流行的一些信念。彭加勒是約定論的創造者和集大成者。

彭加勒的約定論哲學首次在 1887 年發表的〈論幾何學的基本假設〉一文中透露出來，它是以簡短的認識論評論的形式出現的。當時，彭加勒只有33歲。在這篇論文中，他首次指出度規幾何學的選擇類似於坐標系的選擇，後來他把幾何學公理稱爲「僞

定義」或約定。 因此， 吉戴明認爲， 完全有理由給該學說冠以
「幾何學約定論」的名稱。在 19 世紀最後 10 年和 20 世紀初
發表的文章中， 彭加勒把他的約定性和約定論思想擴展到時間測
量的分析中， 擴展到物理學原理中， 從而爲約定論適應他的整個
科學認識論和科學哲學奠定了堅實的基礎。爲了與幾何學約定論
相區別，吉戴明稱後者爲「廣義約定論」或物理學約定論，它集
中體現了彭加勒的物理學哲學思想。

關於彭加勒的幾何學約定論的起源，格呂鮑姆 (A. Grün-
baum) 提出了如下見解❸： 彭加勒關於度規幾何學的完整的約
定主義是黎曼 (G. F. B. Riemann, 1826-1866) 的空間流形度
規無定形概念的直接的認識論之精製品。他把幾何學約定論追溯
到黎曼在著名的〈教授就職演說〉這一論文中所勾畫出的幾何學
流形和幾何學基礎理論。按照這種觀點， 幾何學約定論的基礎是
格呂鮑姆所說的「黎曼—彭加勒同餘約定性原理」。該原理是這
樣的效應的陳述： 由於作爲一種連續流形的物理空間在度規上是
無定形的， 卽沒有內在的度規， 所以物理空間或它的一部分能够
在各種外在的標準 的基礎上以許多 不同的方式來度量。 這樣一
來， 選擇度規的命題便依據不同的幾何學相應於選擇度規幾何圖
形在合適的「詞典」基礎上的（句法上的）相互翻譯。同餘類型
的選擇相當於度規幾何學的選擇。至此，還沒有包括眞假問題。
然而， 一旦如何度量線段長度的約定被擬定， 幾何學是眞的物理
空間的問題就變成一個經驗問題， 變成一個由實際的空間測量卽
由實驗來決定的問題。

---

❸ 同前注❶, pp. 7-10。

依據格呂鮑姆的觀點，幾何學約定論的最重要的認識論信條似乎是：　1.　度規幾何學的約定原理相當於黎曼—彭加勒同餘約定原理，它主要是關於物理空間重要結構性質的陳述，也就是說，關於它的度規無定形，從而關於它的選擇度規可能性的陳述。　2.　同餘約定原理唯一派生的是關於不同度規幾何學語言相互翻譯的陳述。　3.　空間測量的結果是關於度規標準和被測量的對象之間的關係的陳述；距離函數的選擇對於度規關係的真正存在是基本的，而不僅僅對我們確定度規關係的能力是基本的。　4.　在移動時標準不變（或標準變化）的假定不是經驗陳述，而是約定陳述。　5.　一旦關於測量長度方法的約定被作出，那麼物理空間是歐幾里得空間或不是歐幾里得空間的問題就是一個經驗問題。

吉戴明指出，格呂鮑姆對幾何學約定論起源的解釋是可疑的❹。他在對彭加勒1887年的論文作了充分考察的基礎上認為，該文是彭加勒幾何學約定論的首次系統化，就這一點而言，它對幾何學約定論起源的任何研究都是重要的。該文似乎不僅排斥康德的幾何學觀點，而且也排斥黎曼的觀點，彭加勒顯然認為黎曼的觀點是經驗論的，因為黎曼指出在實驗基礎上決定那一個幾何學是真的物理空間是可能的。該文暗示出，必須認為彭加勒的幾何學約定論的起源不在於黎曼的見解和幾何學基礎的討論，而在其他地方。

與格呂鮑姆的看法相反，吉戴明認為，黎曼的專題論文明顯地缺乏約定論的思想和術語，它顯然是經驗論的，從而成為彭加

---

❹　同前注❶，pp. 10-36。

勒從約定論觀點進行批判的目標。實際上，彭加勒 1887 年的論文是受到索菲斯‧李的變換羣理論的激勵，李的 1871 年的專題論文〈論幾何變換的類〉可以看作是幾何學約定論的起源。

李的專題論文第一句話就提到了幾何學的哲學觀點，而且文中使用了具有豐富多樣性的約定論的術語（如「雙重任意性」、「被選擇」、「翻譯」等）。李解釋道，幾何學的選擇一般說來是機會主義的事件：人們發展和使用對解決問題是有利的和方便的幾何學。而且，人們認爲一種幾何學能翻譯成另一種幾何學的事實是有利的，普呂克爾（J. Plücker, 1801-1868）的線幾何學可以通過相切變換翻譯成其元素是球面的空間幾何學。這意味著，這樣兩種幾何學的問題和定理是可以相互翻譯的，我們姑且稱這種關於幾何學的觀點爲普呂克爾—李變換原理。正是這個變換原理，成爲彭加勒幾何學約定論的一個基礎。

不過，李的幾何學變換理論卻是建立在彭色列—熱爾工互換性理論的基礎上。有趣的是，熱爾工（J. D. Gergonne, 1771-1859）在1826年是第一個注意到且在他的射影幾何學中使用幾何公理對偶性的人。對偶性的內容是，人們能够通過某些術語的相互變化，從一個可靠的陳述中得到另一個可靠的陳述。對偶性可以在一個公理系統內描述成術語或公式，或者可以在兩個這樣的系統中成立。公理系統只不過建立了原始術語之間的關係。通過這種方法，只是把限制強加在這些術語的可容許的解釋上，對應性就與這些事實有關。因此，術語的相互變化可以離開該系統的結構（推論關係）和它的不可改變的實在。熱爾工在討論射影幾何學的對應性時利用的講述方法類似於彭加勒所利用的「詞典」一詞的含義。

也是這個熱爾工，在〈論定義理論〉（1818年）中引入了與顯定義相對的隱定義的思想。該思想是以與方程類比為基礎的。具有一個其意義是未知的術語的句子，類似於具有一個未知數的方程；具有幾個原始術語的一組公理類似於具有幾個未知數的幾個方程組成的方程組。滿足該方程的根類似於本原的解釋，在這種本原下公理是真的。這是彭加勒把幾何學公理視為「僞定義」的來源。

由此，吉戴明得出了關於彭加勒的幾何學約定論起源的、自認為是「假設性的」結論：彭加勒的幾何學約定論的起源和激勵源泉寧可說主要在於幾何學的研究和熱爾工、普呂克爾以及李的有關思想的哲學研究，而不在於對黎曼的思想的研究，彭加勒認為黎曼是一個幾何學經驗論者。而且，吉戴明認為，彭加勒的幾何學約定論的意義和含義嵌入在他的下述關於幾何學的觀點中： 1. 幾何學是複雜的語言系統，被看作公理理論的幾何學是它們的原始術語的隱定義， 這意味著， 幾何學的原始術語只能用公設（公理）來解決。 2. 這些語言中的一些是可以相互變換的，也就是說可以相互翻譯的，從而人們可以通過適當地選擇幾何學來簡化問題的解， 正如通過適當的坐標變換簡化問題的解一樣。 3.「空間」沒有物理解釋，作為一種數學連續統，它是無定形的，並且能夠在關於「距離」或「全等」的各種約定的基礎上以各種方式來度量。在空間中存在著三種類型的連續羣，這些羣在一定的區域內具有位移的性質，它們分別對應於三種度規幾何學——歐幾里得幾何學、波約－羅巴切夫斯基（J. Bolyai, 1802-1860; N. I. Lobachevsky, 1793-1856）幾何學和黎曼幾何學。 4. 經驗在幾何學中的作用是雙重的：幾何學的概念和假定起源於經

驗，從理想的經驗推廣出發，幾何學的假定被提高到約定的原理或術語的約定的高度；而且，在度規幾何學的應用中，我們在選擇度規幾何學系統時不僅要受到它的簡單性（在心理的、實用的和數學的意義上）和方便的引導，同時也要受到與簡單性和方便有關的經驗考慮的引導。可是，這並不意味著我們用經驗就能夠檢驗所用的度規幾何學。

廣義約定論可以看作是等同於彭加勒的物理學哲學，它的基本命題之一是原理物理學的認識論命題。像幾何學的公設一樣，所述的物理學原理是理想的經驗推廣，其中一些被提升到約定的地位。彭加勒所說的數學物理學的六大原理都是在兩個（或更多的）競爭的理論的基礎上所得到的實驗結果的系統化，它們描述了這些競爭的理論的共同的經驗內容以及（至少是部分的）數學結構，因此它們能夠（但不必）給出可供選擇的理論解釋。

與幾何學約定論有關，兩重性原則被 19 世紀的許多數學家和數學物理學家看作是自然界的普遍規律，它不僅導致幾何學的二元系統，而且也導致力學、光學等的二元系統。費馬 (P. Fermat, 1601-1665) 的最小時間原理和莫培督 (P. L. M. de Maupertuis, 1698-1759) 的最小作用原理二者都可以從光程定律得到，哈密頓 (W. R. Hamiton, 1805-1865) 把代數應用於幾何光學時利用了二者之間的兩重性，他的波動光學也受到波和粒子聯合的對應的啟示。正是考慮到這種兩重性和對應性，使彭加勒看到，在觀察上和結構上可以區分的物理學理論體系是互相可以翻譯的語言。彭加勒的這一重要的認識觀點部分地歸因於他作為一個數學家和作為一個理論物理學家的工作，部分地歸因於康德的哲學。

　　廣義約定論也受到李對變換羣理論貢獻的某些啟示。李把變換羣理論用於研究微分方程時所得到的結果表明，我們稱之為普呂克爾—李變換原理的東西，不僅適用於幾何學，而且也適用於其他理論，這些數學理論的一部分在理論物理學中有用。從彭加勒在1887年的論文中所採納的李—克萊因觀點來看，幾何學是在變換羣下的不變量的研究，起因於這種探討的物理學的「幾何化」本身又把物理學當作在變換羣下的不變量的研究。例如，相對性原理就等價於所有物理學定律在洛倫茲變換下是不變的原理。

　　除了李外，哈密頓的數學和物理學貢獻對彭加勒的約定論的認識論的形成也有重大影響[5]。

　　哈密頓是四元數的創始人和新分析動力學方法的創造者。所謂四元數，就是有四個分量 $(a+b^i+c_j+dk)$ 的非連續代數；從幾何學的觀點來看，四元數是三維空間中矢量的計算；在沒有笛卡兒 (R. Descartes, 1596-1650) 坐標介入的情況下，矢量被直接作為空間元素來處理，四元數是四個參數的運算，這種運算把一個矢量變為另一個矢量。場的概念的引入對於四元數在物理學中的應用很有意義，一個四元數與空間中的每一個點相關。四元數這種超複數的引入，標誌著代數從自然數及其法則的長期統治下解放出來。彭加勒認為，哈密頓的四元數的引入是算術中的一場革命，與幾何學中的羅巴切夫斯基幾何學引起的革命完全類似。四元數的發明對彭加勒的影響可由兩個方面看出：四元數的創造作為數學發明的一類範式，使彭加勒看到各種數學對象的形式是由思想推測的；四元數和矢量分析語言有能力描述物理學中

---

[5]　同前注[1]，pp. 42-84。

的對稱性（不變性）。

哈密頓的分析動力學方法不僅影響到彭加勒的數學物理學和天文學的研究，而且也影響到他的物理學的理論結構和認識論地位的觀點以及他的科學變化的合理性的觀點，簡而言之，影響到他的約定論的科學認識論觀點。

哈密頓在著手他的數學光學的研究時考慮到，人們長期以來集累了大量的光學實驗資料，但是沒有一種數學理論能使它們系統化，能在精確性、實用性和形式美方面與其他充分發展的科學分支（例如拉格朗日的分析力學）相比較。兩個競爭的光學理論──牛頓的粒子說和惠更斯（C. Huygens, 1629-1695）的波動說──每一個都在一段時間佔上風。兩個競爭的普遍原理（最小作用原理和最小時間原理）每一個都與兩個競爭的理論中的一個有關，它們的起源方面可以理解爲表示了自然的目的性、簡單性或經濟性。哈密頓受到笛卡兒解析幾何學的啟發，他把數學光學作爲自己的研究目標，數學光學既不依賴於波動說，也不依賴於粒子說。爲此，他提出了公式 $\delta V = \delta \int v \, ds$（$V$ 是特徵函數，v 是介質函數，ds 是光線的路程元），該公式既可譯爲發射說的最小作用原理（莫培督原理），也可以譯爲波動說的最小時間原理（費馬原理）。哈密頓注意到，分別與光的發射說和波動說相關聯的兩個原理之間具有類似性，儘管當時兩種關於光本性的學說的爭論依然懸而未決。這種形式上的等價使哈密頓迴避在兩種競爭的理論之間作出選擇。他強調他的新方法完全獨立於哲學（自然經濟）假設，也獨立於物理（波、粒子）假設。

另外，在哈密頓的分析動力學理論中，與廣義坐標同時引入的廣義動量導致他把 n 維空間用來處理 n 個自由度的動力學系

統，其中所用的相空間變換即哈密頓正則變換。從這種觀點來看，分析力學被視爲相對於正則變換羣的不變量的研究。這類似於作爲連續羣的研究的幾何學觀點，它是彭加勒把幾何學約定論擴展到物理學的基礎，這種動力學研究中的明顯的約定論的特徵得到彭加勒的強調。這一切，與彭加勒的約定論的下述三個觀點有關：作爲準幾何學的數學物理學和天文學的概念形成；作爲由觀察結果和它的數學形式或結構組成的理論的認識論內容之概念形成；作爲保持內容的理論變化系列之科學進步觀。

哈密頓關於物理學理論的觀點被赫茲和彭加勒復活了。在赫茲的情況下，這發生在大陸學派（超距作用）和英國學派（接觸作用）之間爭論的背景中。對彭加勒而言，這發生在他在 19 世紀末的一系列關於光學和電動力學的講演中。吉戴明在新近的論文中甚至把彭加勒的物理學約定論與哈密頓—赫茲—彭加勒的物理學理論概念等量齊觀❻，稍後乾脆稱其爲彭加勒的理論多元論（theoretical pluralism）❼。

在 19 世紀中葉，存在著 12 種競爭的電磁理論。其中一些由於與 1845 年前後發現的能量守恒原理不相容，因而先後被捨棄了。依然保留下來的最成功的電磁理論有三種：一是韋伯（W. Weber, 1804-1891）以電的本性假設爲基礎的理論；二是諾伊曼（F. Neumann, 1798-1895）的現象論的勢理論；三是

❻　J. Giedymin, Geometrical and Physical Conventionalism of Henri Poincaré in Epistemological Formulation, *Stud. Hist. Phil. Sci.*, **22** (1991), No. 1, pp. 1-22.

❼　J. Giedymin, Conventionalism, the Puralist Conception of Theories and the Nature of Interpretation, *Stud. Hist. Phil. Sci.*, **23** (1992), No. 3, pp. 423-443.

法拉第 (M. Faraday, 1791-1867) 和麥克斯韋的電磁場理論。
它們都能說明已有的實驗結果和實驗定律，但在理論的（本體論
的）假定方面大相逕庭。韋伯和諾伊曼的大陸學派理論屬於牛頓
學派的超距作用傳統， 即假定電磁力像引力一樣是中心力， 中
心力超距地作用而沒有任何介質參與，而法拉第一麥克斯韋理論
意味著， 電磁力作爲以太中的波以有限的光速傳播。 爲了把這
些競爭的理論在邏輯上和實驗上加以比較， 亥姆霍茲 (H. von
Helmhotz, 1821-1894) 於 1870 年系統地形成了一種新的電磁
理論，它把現存的理論化歸爲它的特例。從數學上講，亥姆霍茲
理論是諾伊曼勢理論的推廣， 其中出現了一個未定常數 k 。 當
$k=-1$，$k=1$ 和 $k=0$ 時，分別對應於上述三種電磁理
論。於是，這與具有負、正、零曲率的空間度規幾何學在形式上
類似，這種類似可能引導了亥姆霍茲。亥姆霍茲勸說他早先的學
生赫茲設計實驗，在各種特例中作出裁決，赫茲終於在 1888 年
完成了他的著名的實驗。

與流行的物理學史的敍述不同，赫茲的實驗是從亥姆霍茲的
理論出發的，它確立了電磁傳導的有限速度支持了麥克斯韋的特
例（$k=0$），但它並不足以否證超距作用。難怪赫茲對「什麼
是麥克斯韋理論？」作了這樣的回答： 「麥克斯韋理論就是麥克
斯韋方程組。」這顯然隱含著：數學構造相同，但本體論在實驗
上不可區分的理論都是等價的， 都是麥克斯韋理論的一種形式或
特例。彭加勒很熟知大陸學派的電動力學和麥克斯韋的理論，很
可能從中受到啟示。不過，他主要還是獨立地抓住了相當於赫茲
的物理學理論的概念。他是在分析原理物理學的哲學和電磁理論
的基礎上達到這一點的。這構成了他的約定論的物理學哲學的基

石。

在這裏，需要進一步強調的是，物理學理論的結構和認識論內容確實成爲彭加勒約定論認識論的一部分，它也反映出 19 世紀數學物理學的某些重要進展。拉格朗日、泊松 (S. D. Poisson, 1781-1840)、哈密頓、雅科畢和其他人的分析力學理論，傅里葉的熱理論，哈密頓和柯西的數學光學以及麥克斯韋的電磁理論構成了一種類型的物理學規範。彭加勒在 1904 年把它們命名爲「原理物理學」，以便與拉普拉斯天體力學理論化了的、另一種具有典型風格的「中心力物理學」相對照。屬於第一個範疇的物理學家，尤其是拉普拉斯和他的追隨者相信，物理學的目的就是識破宇宙的秘密，他們提出決定論的理論，這種理論不僅能預言可觀察的效應，而且也能假設一些潛藏在現象背後的機制。第二個範疇的物理學家基於十分普遍的假設卽基本原理來構造數學理論，也就是在對於潛藏的機制沒有作出任何明確考慮的情況下，從合適的初始條件出發，產生出所需求的可觀察預言，而且還與許多往往相互不可通約 (incommensurable) 的理論解釋可以相容。對於原理物理學的認識論思考，顯然十分有助於彭加勒的約定論的發展。

最後，值得指出的是，在幾何學變換方面興趣的歷史進化對理解彭加勒的約定論的認識論是重要的。起初，變換主要被看作是簡化問題的技巧，或者使另外一些難對付的問題變得可以解決。後來，數學家的注意力從可以借助變換達到的東西轉移到變換本身、它們的羣性質和不變量、羣的可變換性等。在這方面，羣作爲數學結構的基本類型之一成爲興趣的中心，羣論成爲統一的、有條理的、明晰的理論，它爲研究純粹數學和應用數學的

結構提供了方法論的、甚至是哲學的基礎。關於變換羣基本作用的認識論考慮主要是由彭加勒引入的，而變換羣的實用價值和作爲描述對象集合的結構特徵的變換羣不變量的思想，則成爲彭加勒的幾何學和作爲準幾何學的物理學的約定論、認識論之基本成分。哈密頓分析動力學理論在這裏特別重要，因爲正則變換是哈密頓正則方程積分和哈密頓方程本身形成的基礎。由於正則變換可以是一類，也可以是多類，卽它們在一類對象和多類對象之間建立了相關性，這似乎必然要鼓舞彭加勒的下述觀點：對於科學認識的連續性和客觀性而言，數學和科學中的概念變化和本體論的變化並不像我們乍看起來那樣是破壞性的和不利的。

　　在彭加勒的物理學哲學中，似乎還有兩個約定論的源泉❽：其一主要是新 康德主義的經驗的 意義的概念；卽如果兩個命題 S_1 和 S_2 的集合在觀察上是等價的，卽具有等價的觀察結果類，那麼它們便具有 相同的科學意義或內容； 或者用更 強的形式來說，在兩個理論 T_1 和 T_2 之間選擇的問題是經驗的，而且僅當給出了合適的觀察和測量技巧後， T_1 和 T_2 在觀察上既不是等價的，在實驗上也不是不可區分的。另一個源泉是他對科學史的看法，這些看法與其他論據結合在一起，大意是說，在科學中已經存在並將總是存在一些在觀察上等價、在經驗上無法區分的理論。這些理論僅僅在語言上是互不相同的，它們是不同的表達方式，只不過或多或少較爲方便，或多或少更蠱惑人心或使人誤入歧途（因爲它們含有虛構和隱喻）。再者，只要它們還留在非解釋系統的範圍內，它們便像幾何學中的命題一樣，無所謂眞假。

------

❽　同前注❶，pp. 114-116。

（二）

　　彭加勒的約定論雖說發軔於 1887 年，但是更爲系統、更爲集中、更爲普遍、更爲明確的表述，則見於他的《科學與假設》以及此後的幾本科學哲學著作中❾，這是他在對數理科學的基礎進行了敏銳的、批判性的審查和分析後提出來的。

　　彭加勒以幾何學爲對象進行了探討。他說，幾何學公理與數學歸納法那樣的先驗綜合判斷不同，人們不能否定數學歸納法這一命題而建立類似於非歐幾何學的僞算術。另一方面，幾何學公理也不是實驗的眞理，它涉及的是理想的點、線、面，人們沒有作關於理想直線或圓的實驗，人們只能針對物質的對象作實驗。卽使退一步講，認爲度量幾何學是對固體的研究，射影幾何學是對光線的研究（這實際上屬於物理學實驗，而不是幾何學實驗），困難依舊存在，而且是難以克服的。因爲幾何學若是實驗科學，它就不會是精密科學，它就要不斷根據實驗事實來修正，不僅如此，以後還會常常證明它有錯誤（原因在於沒有嚴格的剛體）。因此，彭加勒得出結論說：

　　幾何學的公理旣非先驗綜合判斷，亦非經驗的事實。它們是約定，……

❾　請注意，彭加勒科學哲學著作中的一些章節是由論文和講演構成的，它們先於書的出版而發表。例如，在 1902 年出版的《科學與假設》中，集中體現約定論思想的第三章〈非歐幾何〉和第五章〈經驗和幾何學〉分別發表於 1891 年和 1899 年，第四章〈空間和幾何學〉和第六章〈經典力學〉的部分內容可能也出現於早先的論著中。

換句話說，幾何學的公理只不過是偽裝的定義。(*S.H.*, pp. 66-67)

他進而認爲：

幾何學研究一組規律，這些規律與我們的儀器實際服從的規律幾乎沒有什麼不同，只是更爲簡單而已，這些規律並沒有有效地支配任何自然界的物體，但卻能夠用心智把它們構想出來。在這種意義上，幾何學是一種約定，是一種在我們對於簡單性的愛好和不要遠離我們的儀器告訴我們的知識這種願望之間的粗略的折衷方案。這種約定既定義了空間，也定義了理想儀器。(*L.E.*, pp. 17-18)

彭加勒的約定論滲透在他的下述幾何學哲學中：1. 歐幾里得幾何學的公理雖然起源於經驗推廣，但它們是該系統原始術語的隱定義（例如，「點」、「處於……之間」、「是等距離的」）；它們是術語的約定，既不爲眞，也不爲假，而是方便的；同樣的結論也適合於其他幾何學公理。2. 度量幾何學的可供選擇的系統是不同的度規系統或度規語言，它們可以基於合適的詞典從一種翻譯成另一種。3. 在物理理論中，物理現象所歸屬的空間本質上是無定形的數學連續統（我們感覺到的物理連續統的理想化）。只有當我們就「同餘」(congruence，也可譯爲全等或疊合）或「距離」擬定專門的約定時，它才能够被度量；這可以用不同的方式來完成，或者產生出歐幾里得幾何學，從而產生出度規和度量幾何學的約定性。4. 從羣論的觀點來看，幾何學（度量幾何學和非度量幾何學）是研究各種變換羣下的不變

量的。就度量幾何學而論，兩個圖形同餘意味著一個圖形能够通過空間中某種點變換轉換爲另一圖形；而且，同餘的一致性取決於圖形的位移是由變換羣給出的這一事實。 5. 什麼是先驗的，這是羣的普遍概念；無論如何，它不是感性的先驗形式，而是知性（在康德的意義上）的先驗形式；在羣的普遍概念內，我們能够選擇一個特殊的變換羣，這個羣將決定我們的幾何學❿。

　　彭加勒發現，儘管物理學比較直接地以實驗爲基礎，但是它的一些基本原理也具有幾何學公理那樣的約定特徵。例如慣性原理並不是先驗地强加在人們精神上的眞理。否則，希臘人爲何沒有認出它呢？他們怎麼會相信，當產生運動的原因終止時，運動也就停止呢？或者，他們怎麼會相信，每一物體若無阻礙，將作最高貴的圓運動呢？而且，如果人們說物體的速度不能改變，只要不存在使它改變的理由，那麼人們同樣可以堅持，在沒有外部原因參與的情况下，這個物體的位置或它的軌道的曲率不能改變。彭加勒認爲，慣性定律可以推廣爲這樣的陳述：物體的加速度僅取決於這個物體和鄰近物體的位置以及它們的速度（廣義慣性原理）；如果一個物體不受力的作用，那麼與其假定它的速度不變，倒不如假定它的位置不變，要不然就假定它的加速度不變；這一切同樣完全符合充足理由律，因此慣性定律並非先驗地强加於我們。

　　慣性原理也不是經驗的事實。任何人在任何時候也沒有實驗過不受力作用的物體，又何以知道物體不受力的作用呢？牛頓以爲慣性原理來自實驗且被實驗確證，這是一種錯覺。牛頓實際上

---

❿　同前注❶，pp. 113-114。

是受了擬人說的影響， 也受到伽利略以及開普勒的影響； 事實上，按照開普勒定律，行星的路線完全由它的初始位置和初始速度來決定，這恰恰是我們推廣慣性定律所要求的東西。而且，廣義慣性原理也無法用判決性實驗來檢驗。因此，慣性原理便化歸爲約定或隱定義。同樣，牛頓的其他兩個運動原理也不過是起了力、質量的約定性定義的作用而已。 (*S. H.*, pp. 112-129)

彭加勒看到，力學原理的確具有約定那樣的合理功能，但是它們也有經驗概括那樣的合理功能。因此，他得出結論說：

這樣一來，力學原理以兩種不同的姿態出現在我們面前。一方面，它們是建立在實驗基礎上的眞理，就幾乎孤立的系統而言，它們被近似地證實了。另一方面，它們是適應於整個宇宙的公設，被認爲是嚴格眞實的。如果這些公設具有普遍性和確實性，而這些性質反而爲引出它們的實驗事實所缺乏，那麼，這是因爲它們經過最終分析便化爲約定而已，我們有權利作出約定，由於我們預先確信，實驗永遠也不會與之矛盾。然而，這種約定不是完全任意的；它並非出自我們的胡思亂想；我們之所以採納它，是因爲某些實驗向我們表明它是方便的。這樣就可以解釋，實驗如何能夠建立力學原理，可是實驗爲什麼不能推翻它們。與幾何學比較一下，幾何學的基本命題，例如歐幾里得的公設，無非是些約定，要問它們是眞還是假，正如問米制是眞還是假，同樣是沒有道理的。(*S. H.*, pp. 162-163)

不僅物理學的基本原理是約定，而且物理學的一些基本概念

實際上也是約定。他在詳細討論了時間及其測量問題之後得出結論說：

> 兩個事件同時、或者它們的相繼順序、兩個持續時間相等，是這樣來定義的，以使自然定律的表述盡可能簡單。換句話說，所有這些法則、所有這些定義，只不過是無意識的機會主義的產物。(*V.S.*, pp. 57-58)

彭加勒堅定地認為，「約定是我們精神自由活動的產物」(*S.H.*, p. 3)，它貫穿在整個科學創造活動中。他指出，在科學研究中，科學家必須在面臨的大量未加工的事實中選擇有觀察價值和使用價值的事實，科學家要依據自己思想的自由活動從中作出選擇。科學事實是語言的約定，即由未加工的事實翻譯成某種科學語言，在由未加工的事實上升為科學事實的過程中，能明顯地發現我們精神的自由活動。在從科學事實過渡到定律的過程中，科學家的自由活動的成分將變得更大。進而，在從定律提升為原理時，這就要全靠約定了。(*V.S.*, pp. 230-241)

對彭加勒約定論的上述內容或詮釋大體上體現了彭加勒約定論思想最早、最明顯、最平常的主題。該主題說：在科學中存在著一些經驗上任意的成分即約定，它或是以約定陳述的形式，或是以約定決定的形式而存在；後者涉及陳述的接受，並在觀察上等價的陳述的集合上被規定。在這裏，我們不妨用 C_1 標記它。

吉戴明指出，傳統詮釋把 C_1 視為彭加勒約定論的全部內涵，這違背了總證據原則 (principle of total evidence)，而該原則禁止人們從不完全的證據得出結論。傳統詮釋僅僅立足於彭

加勒的《科學與假設》的第三至第六章，它忘記了該書中的下餘章節，忘記了彭加勒的其他哲學論著，也就是忘記了彭加勒哲學思想後來的發展。傳統詮釋之所以以偏概全，在於它捲入了在彭加勒逝世後在法國之外接受彭加勒哲學的過程中，並把彭加勒從未使用過的「約定論」的名稱與彭加勒的科學哲學聯繫起來。約定論的名稱產生了一種把彭加勒的幾何學哲學和物理學哲學與使用了「約定」或「約定的」術語的文本等同起來的趨勢，並認為這樣的文本包含著彭加勒約定論的系統闡述和全部內涵。其實，仔細閱讀一下彭加勒的論著，人們不難發現，這些術語的出現與否只不過是寫作文體問題，約定論思想也大量滲透在沒有使用這些術語的文本中。吉戴明在其老師阿杜基耶維茲 (K. Ajduki-ewicz, 1890-1963) 工作的基礎上進一步豐富了對彭加勒約定論的詮釋⑪。下面，我擬在前人工作的基礎上，結合彭加勒的有關文本，進一步揭示他的約定論的廣博內涵。除了 C_1 之外，彭加勒的約定論的主題還表現在以下諸多方面。

C_2：在科學中有一些恰當起作用的、需要約定的陳述。例如，存在著準經驗陳述，它們被假定涉及物理實在，但是在把它們與合適的約定陳述聯繫起來之前，它們在經驗上是不可檢驗的。比如說，「1米是長度的單位」，「這個擺的擺幅相等」，「量桿的長度在移動時不變」等約定陳述。一旦這些約定被擬定，相關的陳述就變為經驗陳述。約定論的這一主題在《科學的價值》的第二章〈時間的量度〉中得到集中體現。在談到天文學家會毫無保留地採納的時間定義時，彭加勒說：「時間應該如此定義，以

⑪　同前注⑥、⑦。

使力學方程式盡可能簡單。換句話說，沒有一種度量時間的方法比另一種更真實；普遍採用的方法只不過是更方便而已。」在談到具有約定特徵的光速不變原理時，他說：「光具有不變的速度，尤其是，光速在所有方向都是相同的。這是一個公設，沒有這個公設，便不能試圖量度光速。這個公設永遠無法直接用經驗證實；……」但是，「它向我們提供了研究同時性的新法則」。($V.S.$, pp. 44, 54)

C_3: 科學陳述的認識論地位並不是永恒的，而是取決於科學共同體的決定。在彭加勒看來，科學家有時把經驗定律提升到約定的原理的地位，此時它們便免遭經驗的否證，但是當這些原理的有用性被耗盡時，它們便被廢除掉那種至高無上的地位。彭加勒曾兩次說過這樣的話：「如果原理不再多產，經驗即便不與它矛盾，仍將宣布它無用。」($S.H.$, p. 196; $V.S.$, p. 209) 而且，未加工的事實和科學事實的分類並非涇渭分明，實際上是科學家的約定，科學事實只不過是翻譯成方便語言的未加工的事實而已。($V.S.$, pp. 226, 231)

C_4: 檢驗假設的否定實驗結果總是模稜兩可的，它們可以與這些假設有關，或與輔助假定有關。彭加勒在考察經驗和幾何學的關係時就注意到，天文觀察無法使我們在三種幾何學之間作出抉擇。比如，如果發現了負視差，或者證明一切視差都大於某一極限，那也不能斷言黎曼幾何學或羅巴切夫斯基幾何學是真實的。因為此時有兩條道路向我們敞開著：我們可以放棄歐幾里得幾何學，但是也可以修正光學定律，假定光嚴格說來不是以直線傳播的。因此，歐幾里得幾何學一點也不害怕新穎的實驗，我們採用它只是因為它方便和有利($S.H.$, p. 93)。彭加勒在討論假設

時得出了一般的結論：

> 如果我們在若干假設的基礎上構造理論，如果實驗否證
> 它，我們前提中的哪一個必須改變呢？這將是不可能知道
> 的。相反地，如果實驗成功了，我們認為我們一舉證明了
> 所有的假設嗎？我們會相信用一個方程就能決定幾個未知
> 數嗎？(*S.H.*, pp. 179-180)

C_5: 在約定變化下存在著不變性，卽科學理論中的經驗定律
所擁有的經驗內容，這種經驗內容是用微分方程所表達的眞關
係。科學的客觀性和合理性正是依賴這種不變量。這是因爲，物
理學中的頻繁變化只涉及可變的約定的成分，而理論的經驗內容
並不受什麼影響。彭加勒從菲涅耳的光的波動論進展到麥克斯韋
的光的電磁論中看到，這一進展只是約定的陳述語言的變化，它
們所包含的眞關係未變，卽用微分方程表達的經驗內容未變。也
就是說，菲涅耳的理論的各部分繼續有效，各部分的相互關係還
是相同的，只是描述這些關係的語言變化了(*S.H.*, pp. 189-190,
247)。彭加勒堅決反對他的學生勒盧阿 (E. Le Roy, 1870-
1954) 的唯名論，因爲這種唯名論把整個科學都視爲約定。在彭
加勒看來，科學理論是由科學事實、定律和原理三個層次組成；
最高層的原理是在經驗事實引導下人爲的約定，是由定律提升
的；而在從未加工的事實到科學事實、從科學事實到定律的上升
過程中儘管也摻入了（語言）約定的因素，但卻容納了科學的經
驗內容。雖然科學事實和科學定律的表述隨著科學家所採取的語
言約定而變化，並且可以對規律的天然關係作適當修改，但是未

加工事實之間的不變的規律總是得以保留，它就是可以作爲一般
不變性的東西。科學家不能憑空或隨意製作科學事實和科學定
律，他是用未加工事實製作科學事實，用科學事實製作科學定
律，因而這種不變量總是存在的。相繼理論的語言不同，不過
總是可以翻譯的，而翻譯的可能性則隱含著不變性的存在。（*V.
S.*, pp. 213-247）

　　C_6: 原理物理學時期的所有非統計的理論是多元理論或多元
意義上的理論。多元理論是觀察上等價的理論家族，這些理論具
有相同的微分方程組，而在實驗上不可區分的超現象世界的本體
論上有區別。這些本體論相互之間是不相容的，因而它們在多元
理論中依然不可斷言。選擇它們之一是約定的選擇，本體論約定
性（相對性）的論點卽出自 C_6。多元理論的一個典型例子是：
麥克斯韋電磁場理論是一個觀察上等價的理論家族，這些理論共
同具有麥克斯韋方程，它們或假定以太中的振動，或假定因以太
阻滯的超距作用，或假定某種其他機制作爲電磁現象的說明。彭
加勒在色散理論中也看到多元理論的情況：亥姆霍茲及其在他之
後的所有科學家從表面上大相逕庭的出發點開始，都達到同一方
程。這些理論同時是眞實的，不僅因爲它們能使我們預見相同的
現象，而且也因爲它們預先表達了眞實的關係，卽吸收關係和反
常色散關係。在這些理論的前提中，眞實的東西就是事實之間某
種關係的證實，至於物的名稱則隨作者而異（*S. H.*, pp. 191-
192）。在談到本體論假定矛盾，但都表達了眞關係的兩種競爭
的理論時，彭加勒指出：

　　只要人們不把兩種矛盾的理論混在一起，只要人們不在它

們之中尋求事物的基礎，那麼這兩種理論都可以成為研究的工具。(*S. H.*, p. 251)

C_7: 物理實在只有達到競爭理論（在通常的意義上）的觀察上等價和它們的數學結構的同構時，才是可知的。因為只有在此時，表明競爭的理論揭示出相同的關係，也就是事物的真實關係，這種關係在彭加勒看來是唯一的實在，因而在此時物理實在才是可知的。

C_8: 物理幾何學是（純粹）幾何學加物理學的觀察上等價的系統之家族，這些系統之間的不同之處在於物理意義各異，而不在於觀察上不可區分的特性；在同一種物理幾何學中，首先選擇最簡單的純粹幾何學並給以先驗的詮釋，然後相應地調整物理假定。彭加勒的這一約定論主題在他關於經驗和幾何學的論述中顯現出來 (*S. H.*, pp. 92-109)。但是，廣義相對論的成功反駁了彭加勒這一主題的第二部分，在廣義相對論中選擇了十分複雜的度規幾何學——具有可變曲率的黎曼幾何。簡單性還是選擇的標準，但不是純粹幾何學的簡單性，而是幾何學加物理學的簡單性。因此，彭加勒的觀點應修正為：在物理幾何學中，選擇具有最大的總體簡單性的系統。

在這裏，我們簡要地概括一下彭加勒約定論思想的八大主題或內涵。C_1 斷言在科學理論中存在約定的成分，這尤其體現在基本原理和基本概念中。C_2 指出約定對於非約定的（準經驗的）陳述所起的作用。C_3 把認識論地位的改變，從而把約定的改變歸因於科學共同體的決定。C_4 宣布所謂的判決性實驗不可能，這個主題現在往往被稱為迪昂—奎因 (W. Quine) 命題。C_5 揭示

出理論的經驗內容在約定變化的條件下是不變量，它保證了科學的客觀性、合理性以及科學進步的連續性。C_6是哈密頓—赫茲—彭加勒理論觀或彭加勒的理論多元論，於是與約定有關的理智價值評價[12]介入到理論選擇的過程之中。C_7隱含著本體論的約定性和真關係的實在性。C_8斷言物理幾何學本身的約定性。

（三）

　　彭加勒的經驗約定論的以下兩點常常遭到一些人的指責：第一，彭加勒說約定是我們精神的自由活動；有人認為「自由」就是任意，就是隨心所欲、放蕩不羈。第二，彭加勒說約定是出於方便，無所謂真假，既不能被實驗證實，又不能被實驗否證；有人認為這是否認客觀真理[13]。我覺得，這些人的論斷是站不住腳的。

　　其實，彭加勒所說的「精神的自由活動」，其意是指「充分發揮我們的能動性」。他明確指出，這種「自由」「並非放蕩不羈、完全任意」，「並非出自我們的胡思亂想」；學者所思考、所發現的世界，並不是他本人的「任性所創造」（*S. H.*, pp. 3,

---

[12] 理智價值評價的標準是合理性的，是科學共同體大體公認的，而且是作為一個物種的人類所能理解和接受的。如彭加勒的簡單和方便標準；愛因斯坦的「內部的完美」標準，庫恩的五條充分評價準則等。參見李醒民：〈科學理論的價值評價〉，《自然辯證法研究》（北京），第 8 卷（1992），第 6 期，頁 1-8。

[13] 在前蘇聯和中國大陸學術界，傳統的觀點就是這樣斷言彭加勒的約定論是主觀唯心論。這方面的書刊很多，順便舉手頭的兩本辭書為例。И. B. 布勞別爾格， И. K. 潘京：《新編簡明哲學辭典》，吉林人民出版社（長春），1983年第 1 版，頁 306-307。《辭海》，上海辭書出版社（上海），1979 年版，頁 2635。

162)。他說，歐幾里得幾何學的原理是約定，但這些約定卻不是任意的，如果我們遷移到非歐世界，我們便會採納其他約定了。至於從實驗事實或經驗定律推廣、提升而得到的物理學原理就更不能是任意的了，在這裏「毫無自由意志干預的餘地」。同樣，人們也沒有權利說科學家創造了科學事實。「科學家並沒有憑空創造科學事實，他用未加工的事實製作科學的事實。因而，科學家不能自由而隨意地製作科學事實。工人不管如何有本領，他的自由度總是受到他所加工的原材料性質的限制。」(*V. S.*, p. 232)

彭加勒還指出，科學中的規則和定義具有約定的因素，但這種約定也不是任意的。他把科學規則和遊戲規則進行了比較：「遊戲規則是一種任意的約定，卽使採取相反的約定，亦無妨礙。與此不同，科學規則卻是一種富有成效的行動規則，需要附帶說明的是，至少就一般情況而言，如果反其道而行之，就不會成功。」(*V. S.*, p. 218) 同樣，定義雖說是作爲約定向我們陳述的，「但是，如果我們希望把定義作爲任意的約定强加給人們，那麼絕大多數人都會反感。」(*S. M.*, p. 139)

按照彭加勒的約定論的觀點，我們的規律的表述隨著我們的約定而變化，這些約定甚至可以修改這些規律的天然關係。但是，在複寫這些規律時，卻存在著一些獨立於這些約定的不變的東西。「翻譯的可能性隱含著不變性的存在。翻譯就是精確地分離出這種不變性。」(*V. S.*, p. 247) 這正是科學家在從事自由的精神活動時不能隨心所欲地作約定的原因。另一個原因在於，每一個約定都有其實驗根源。「卽使我們沒有看到導致科學創造者採納約定的實驗，這些實驗儘管可能是不完善的，但也足以證明

約定是正當的。我們最好時時留心回想這些約定的實驗根源。」
(*S.H.*, p. 133)

彭加勒說約定的選擇要出於方便的考慮，也並不是僅憑純粹
的主觀意願就行了。這是因爲，有些實驗的確向我們表明一些約
定是方便的，而且以簡單性作爲選擇標準也是出於方便，經驗向
我們表明它往往不會使我們受騙。例如，歐幾里得幾何學現在
是、將來依然是最方便的，這是因爲它是最簡單的。這不僅僅是
由於我們的智力習慣，或我們對歐幾里得空間有一種說不出的直
覺，而且它本身的確簡單，比如平面三角公式就比球面三角簡
單。另外，也因爲它充分完美地與天然固體的性質相符合，這些
固體是我們的手和眼睛所能比較的，我們用它們來製造我們的測
量工具 (*S.H.*, p. 67)。出於同樣的理由，我們也是根據歐幾
里得空間來陳述力學事實的。我們完全可以根據非歐空間陳述力
學事實，但非歐空間卻是一種不怎麼方便的嚮導，它使陳述變得
相當複雜。(*S.H.*, pp. 111-112)

不過，彭加勒同時指出，指導我們選擇方便的約定的實驗對
幾何學和對力學而言是不同的。他說：實驗引導我們把幾何學
的基本約定視爲比較方便的東西而加以採納，但這些實驗所依據
的對象與幾何學所研究的對象毫無共同之處，它們與固體的性質
有關、與光的直線傳播有關。它們是力學實驗、光學實驗，它們
無論如何不能被看作是幾何學實驗。甚至可以說，我們的幾何學
在我們看來似乎是方便的理由在於，我們身體的各部分、我們的
眼睛、我們的四肢，都具有固體的性質。爲此，我們的基本實驗
主要是生理學實驗，這些實驗與作爲幾何學家必須研究的對象即
空間無關，而與他的身體，也就是說與他爲從事這一研究必須利

用的儀器有關。相反地，力學的基本約定和向我們證明它們是方便的實驗與嚴格相同的對象或類似的對象有關。約定的和普遍的原理是實驗的和特殊的原理的自然而直接的推廣 (*S. H.*, p. 164)。正因爲如此，力學還屬於經驗科學，而幾何學經驗論則是不合理的。

關於彭加勒所說的「方便」，萊伊有一段話解釋得恰到好處：「物理學是關於實在事物的科學，卽使說它竭力想用『方便的』方式去表達實在事物，那麼它所表達的總還是實在事物本身。『方便』僅僅在表達的手段上。智慧可以在尋求最大的方便的過程中改變這些手段，但在這些手段背後隱藏著的是自然規律的『必然性』。這種必然性不是任憑智慧的自由意願所能建立的。相反地，它束縛著智慧、並使智慧的表達手段局限在狹窄的範圍內。自然規律從外部並通過事物本身精確地告訴我們，它反映事物之間的眞實關係。」⑭

彭加勒說，作爲約定的公理或原理不再受實驗檢驗，它們無所謂眞假；這種說法並不是否認客觀眞理。在彭加勒看來，問歐幾里得幾何學爲眞還是爲假是毫無意義的。「這好比問米制是否爲眞，舊制是否爲假；笛卡兒坐標是否爲眞，極坐標是否爲假。一種幾何學並不比另一種幾何學更眞；它只是更爲方便而已。」(*S. H.*, p. 67)

彭加勒的這些看法是合理的。他多次強調，幾何學原理不是經驗的事實，歐幾里得幾何學公設是不能用實驗證明的，在可供

---

⑭ A. 萊伊：《現代哲學》，轉引自列寧：《哲學筆記》，林利等譯校，中共中央黨校出版社（北京），1990 年第 1 版，頁 605- 606。

選擇的度量幾何學之間不可能作出孰眞孰假的判決性實驗。他以恒星視差爲例來說明，歐幾里得幾何學一點也不害怕新穎的實驗。另外，在這個過程中還存在著判定直線和距離二者特性的頗爲複雜的程序 (*S. H.*, pp. 93-95)。彭加勒據此得出結論說：

> 經驗在任何時候都不會與歐幾里得公設矛盾；另一方面，任何經驗永遠也不會與羅巴契夫斯基公設矛盾。
> 實驗不能在歐幾里得幾何學和羅巴契夫斯基幾何學之間作出裁決。(*S. H.*, pp. 95, 100)

　　彭加勒的這種思想也被稱之爲彭加勒命題。該命題斷言：沒有構成兩個基本因素——語言的和眞實的（經驗的）假設——的實驗體制，經驗檢驗是不可能的。一個經驗假設的證僞既可以通過把實驗的否定結果歸咎於一個輔助假設來避免，也可以通過改變語言來避免。基於這樣的理由，通過約定而得到的原理「不再受到實驗的檢驗，它既不爲眞也不爲假，只是方便而已。」(*V. S.*, p. 239)

　　認爲彭加勒的這些觀點是否認客觀眞理的說法，實際上是混淆了兩種不同的理論系統。任何一種幾何學（如歐幾里得幾何學），都一身二任。作爲非解釋系統，它只是抽象的句子集或命題集，無所謂眞假；作爲解釋系統，它與經驗事件相聯繫，才有眞假；而約定，則是連接這兩個系統的環節或橋梁。在解釋系統的經驗事實的引導下，通過約定得到原理或公設並形成非解釋系統（以公理爲邏輯前提的演繹體系），就成爲正確的、但無所謂眞假的命題集合，彭加勒指的就是這種情況。他曾經這樣說過：

「數學概念給出了十分精煉、十分嚴格的定義；對於純粹數學家來說，所有的疑問都消失了；但是，如果人們想把它應用於物理科學，它就不再是純粹概念的問題，具體對象往往只不過是純粹對象的粗糙圖象。說這個對象滿足定義，至少近似地滿足定義，就是陳述了一個新的眞理，唯有經驗才能够無疑問地提出新眞理，新眞理不再具有約定的公設的特徵。」(S. M., p. 164) 關於這個問題，愛因斯坦也有一段原則性的論述講得恰到好處：「命題如果是在某一邏輯體系裏按照公認的邏輯規則推導出來的，它就是正確的。體系所具有的眞理內容取決於它同經驗總和的對應可能性的可靠性和完備性。正確的命題是從它所屬的體系的眞理內容取得其『眞理性』的。」❻ 談到對眞理的態度，彭加勒並沒有否認客觀眞理，他認爲科學研究就是爲了追求眞理，他本人爲追求科學眞理奮鬥到生命的最後一息。

在這裏，很有必要談談經驗（狹義上講是實驗）在彭加勒約定論中的作用和地位問題。

在彭加勒的約定論中，經驗的意義是雙重的：它處於本原或基礎的地位，起著指導或提示的作用。他說：「在幾何學的起源中，經驗起著必不可少的作用」（但幾何學並不是經驗科學）(S. H., p. 90)。例如，固體運動學、光的直線傳播對作爲約定的幾何學的形成都有貢獻。幾何學雖然不從事天然固體的研究，但它把剛性的理想固體作爲對象，而理想固體畢竟是天然固體的一種簡化了的粗糙的圖象。理想固體的概念出自我們精神的自由活動，但是我們對天然固體的經驗顯然爲這一概念的產生提

❻ 《愛因斯坦文集》第 1 卷，許良英等編譯，商務印書館（北京），1976年第 1 版，頁 6。

供了機會。正是在這個意義上，彭加勒才斷言：「假使在自然界沒有固體，那麼便不會有幾何學。」(*S.H.*, p. 80)

　　力學的起源與此類似，經驗也是具有約定特徵的力學原理的基礎 (*S.H.*, p. 129)。但是，作為約定的力學原理的有效範圍或「作用半徑」是比較小的，沒有理由把它們與原有的（經驗的）力學分開，也沒有理由把這門科學看作是演繹的。在物理學中，原理的作用更加減弱，經驗的成分就更加增強了。(*V.S.*, p. 243)

　　實驗在選擇方便的約定時也起指導或提示作用。彭加勒說：「實驗雖然給我們以選擇的自由，但同時又指導我們辨明最方便的路徑。」(*S.H.*, p. 3)「我們在所有可能的約定中進行選擇，要受實驗事實的指導；但選擇依然是自由的，只是受到避免一切矛盾的必要性的限制。」(*S.H.*, p. 66)「正是約定，它是經驗向我們提示的，但是我們卻可以自由地採用它。」(*L. E.*, p. 23) 他還強調指出：在這一選擇中，經驗只是指導我們，並沒有把約定強加於我們 (*S.H.*, p. 91)。正是考慮到經驗在彭加勒約定論中的作用和地位，以及考慮到經驗論是作為自然科學家的彭加勒從事科學工作的堅實立足點之一，我才把彭加勒的約定論命名為經驗約定論。這樣命名也是為了強調，彭加勒的約定論並不是脫離感覺經驗的任性杜撰，也不是無視科學實驗的隨意臆造。

　　彭加勒堅決反對勒盧阿那樣的哲學家恣意誇大約定在科學中的地位和作用。在勒盧阿看來，科學僅僅是由約定組成的，科學表面上的確實性只是歸因於這種情況；科學事實和科學定律都是科學家人為的產物；因此，科學不能教導我們以任何真理，它只能

作爲行爲規則爲我們所用。彭加勒尖銳地指出：勒盧阿的學說不僅是唯名論的哲學理論，而且無疑屬於柏格森 (H. L. Bergson, 1859-1941) 的反理性主義。 (*V. S.*, p. 214)

彭加勒在批判勒盧阿時進一步闡明了自己的觀點(*V. S.*, pp. 213-247)。他指出，作爲一種行爲哲學的勒盧阿的唯名論是自我拆臺的；這是因爲，假使科學是純粹的約定，那麼它就不能起行爲基礎的作用，假使它能够作爲行爲的基礎，那麼它就不是純粹約定。事實上，科學並非全部都是約定的，因爲科學並不能整個由原理構成，例如當約定式的力學被孤立時，它只是微不足道的東西。科學事實也不是科學家憑空臆想出來的，它只不過是把未加工的事實翻譯成專門的科學術語而已。他宣稱，在理論的約定變化的條件下，存在著一種不變的東西，其他有歧義的理論相對於它是可以比較的，或者甚至是可以相互翻譯的。由彭加勒反對唯名論這一事實也可以看出，對彭加勒的經驗約定論所作的那些指責是站不住腳的。

（四）

從哲學上講，彭加勒提出經驗約定論也不是無緣無故的。在近代科學發展的早期，弗蘭西斯・培根 (Francis Bacon, 1561-1626) 提出了經驗、歸納的新方法，這種方法對於促進近代科學的發展起了巨大的作用，但後來卻逐漸助長了狹隘經驗論的盛行。到 19 世紀，以惠威爾和穆勒 (J. Mill, 1773-1836) 爲代表的「全歸納派」和以孔德 (A. Comte, 1798-1857)、斯賓塞 (H. Spencer, 1820-1903) 爲代表的實證論廣爲流行，把經驗

和歸納視爲萬能認識方法。到 19 世紀末，第二代實證論的代表
人物馬赫更是揚言要把一切多餘的「形而上學的東西」從科學中
「排除掉」。另一方面，早在 18 世紀末，康德不滿意經驗論的
歸納主義階梯，他把梯子顛倒過來；不是從經驗上升到理論，而
是以先天的「感性直觀的純形式」（時間和空間）和先天的「知
性的純粹概念或純粹範疇」（因果性、必然性、可能性等十二個
範疇）去組織後天經驗，以構成絕對可靠的「先驗綜合知識」。
彭加勒看到，無論是經驗論還是先驗論（屬於理性論的體系）。
都不能圓滿地說明科學理論體系的特徵。爲了強調在從事實過渡
到定律以及由定律提升爲原理時，科學家應充分享有發揮能動性
的自由，他提出了經驗約定論。經驗約定論既要求擺脫狹隘經驗
論（約定不是經驗唯一地給予的），又要求擺脫極端理性論（約
定也不是我們思想的結構唯一地給予的），但是它又吸取了經驗
論和理性論的合理因素（彭加勒既要人們注意約定的實驗根源和
實驗的指導作用，又要人們大膽假設和自由創造），從而在極端
經驗論和極端理性論這兩極之間保持了「必要的張力」。正因爲
如此，經驗約定論是一種卓有成效的科學認識論和科學方法論原
則⓰。它的積極意義可以從以下幾個方面略見一斑。

1. **經驗約定論預示並代表了現代科學發展的理論化和持續進步
   的大趨勢**

   在 19 世紀，隨著數學和其他自然科學的發展（尤其是非歐

⓰ 李醒民：〈善於在對立的兩極保持必要的張力──一種卓有成效
的科學認識論和方法論準則〉，《中國社會科學》（北京），1986
年第 4 期，頁 143-156。

幾何學的誕生和原理物理學的出現），隨著這個世紀後期批判學派❼掀起的「科學的新批判」運動的開展，正統的理性論的（康德的）和傳統的經驗論的客觀性、理性和科學知識確定性的觀點越來越難以立足了。數學和科學的基本原理原來不是先驗綜合眞理；事實也不像傳統的經驗論者所宣稱的那樣簡單。人們必須承認，數學和科學在比人們預想的更大的程度上具有人爲的特徵。在這一建設性的活動中，人們並不是世界所發生的事件的被動記錄員，在科學活動中，人們不僅利用自己的大腦和感官，而且也利用自己的意象和決心。科學成長是生態過程的一部分和社會生活的一部分。科學除了是受眞理觀指導的智力事業之外，它也是受到追求簡單性或科學美激發的有感情的活動。在 19 世紀和 20 世紀之交這個由經典科學向現代科學的大轉變時期，經驗約定論正好預示並代表了現代科學發展的大趨勢。這是因爲，經驗約定論暗含著這樣兩個進一步的主張：第一，在現代物理學中，存在著一種日益強大的趨勢，即在有效的、更抽象的數學假設體系中系統闡述和解決問題，也就是說，存在著比在經驗哲學中所夢想的更爲抽象的數學思維，更爲間接的檢驗。第二，約定的原理的作用正在增長，我們在可供選擇的、以極大的近似拯救現象的抽象系統之間進行分辨的能力正在減小（與檢驗經驗推廣的簡單結果相比）。由此不難看出，科學理論不僅有約定，而且約定也是科學理論進步的重要因素。

---

❼　李醒民：〈世紀之交物理學革命中的兩個學派〉，《自然辯證法通訊》（北京），第 3 卷（1981），第 6 期，頁30-38。李醒民：〈論批判學派〉，《社會科學戰線》（長春），1991年第 1 期，頁 99-107。

　　隨著 20 世紀初開始的物理學革命的深入發展，隨著相對論和量子力學兩大理論體系的建立，經驗約定論所預示和代表的現代科學發展的大趨勢已爲富有哲學頭腦的著名科學家清醒地洞察到。1930 年前後，愛因斯坦以相對論作爲理論科學在現代發展的基本特徵的一個良好例子而表述了這樣的思想：初始的假設變得愈來愈抽象，離經驗愈來愈遠。另一方面，它更接近一切科學的偉大目標，即要從盡可能少的假設或者公理出發，通過邏輯的演繹，概括盡可能多的經驗事實。同時，從公理引向經驗事實或者可證實的結論的思路也就愈來愈長，愈來愈微妙。理論科學家在探索理論時，就不得不愈來愈聽從純粹數學的、形式的考慮，因爲實驗家的物理經驗不能把他提高到最抽象的領域中去。在這種情況下，適用於科學幼年時代的以歸納爲主的方法，正在讓位給探索性的演繹法。在探索性的演繹法中，關鍵是要找到作爲公理基礎的基本假設，爲達此目的，就要允許科學家有權自由發揮他的幻想⓳。

　　經驗約定論透過科學表面上的易變性，看到科學根底下的不變性，從而說明了科學持續進步的大趨勢。彭加勒在他的著作中始終追求這樣一個哲學目標：不管科學中急劇的、表面上的破壞性變化，不管數學關係和觀點中的流行的變化，不管兩種反懷疑論的傳統（傳統的理性論和傳統的經驗論）的不穩定性，不管在當時擴散的非理性主義、實用主義、主觀主義和相對主義學說中表露出的相反的主張，客觀科學知識的進步都是可能的。這是因爲，作爲科學中的經驗成分的科學事實（用科學語言翻譯而成的

⓳　同前注⓯，頁 262-263。

未加工的事實）和定律具有不變性，作爲科學中的約定成分的原理倖免於實驗的否證，卽使約定的認識論地位發生變化，也不是任意的和非理性的，它們對科學進步的連續性負有責任。

2. 經驗約定論對當代科學哲學的發展有較大的影響

經驗約定論對本世紀初產生而在20年代形成一個強大流派的分析哲學的思想發展產生了重大影響。這主要表現在以下兩個方面：第一，當分析概念恰當地推廣到包括所有的術語約定（用公理意義法則所說的阿杜基耶維茲命題，卡爾納普〔R. Carnap, 1891-1970〕的意義公設）時，分析命題似乎歸結爲一種語言的確定；第二，由於彭加勒的發生經驗論與約定論相結合，由於他堅持科學中的陳述正改變著它們的地位（最著名的例子也許是相對性原理，彭加勒宣稱，該原理是提升到約定地位的經驗推廣，而後來考夫曼的實驗結果使這種地位發生了動搖），因此用比較嚴格、比較固定的方式理解的語言分析相對化就很有必要。否則，如果語言在通常不嚴格的、隱喻的意義上使用，我們區分分析和非分析的命題（奎因、懷特〔J. H. White〕和其他人）的能力就成問題了。最後，彭加勒如果不是第一個，也是頭一批提出約定和非約定的成分出現在同一命題中並可以人爲地把二者分開的人⑲。

彭加勒強調：

　　一切定律都是從實驗推出；但是要闡明這些定律，則需要

---

⑲　同前注❶，p. 116。

> 有專門的語言；日常語言太貧乏了，而且太模糊了，不能
> 表示如此微妙、如此豐富、如此精確的關係。

由於「精妙的語言不是無關緊要的東西」，所以科學家才創造出
使他們心滿意足的語言 (*V.S.*, p. 141)。他還指出，科學事實
就是對未加工的事實的語言約定，科學家就事實所創造的一切就
是他闡述這一事實的語言。

> 如果他預言了一個事實，他將使用這種語言，對於所有講
> 這種語言和理解這種語言的人來說，他的預言便擺脫了模
> 棱兩可。而且，這種預言一旦作出，它便明顯地不依賴於
> 科學家，不管他是否付諸實現。(*V.S.*, p. 233)

彭加勒的這些思想，對分析哲學的某些分支（如語言哲學、語義
學）的發展也有所啟示。

　　經驗約定論的影響也滲透在後來出現的整體論哲學中。奎因
於 50 年代初在批判邏輯實證論兩個教條的基礎上提出來的知識
整體論認為，包括邏輯、數學、自然科學和人文科學在內的整個
知識信息和系統，有如一個場，各類命題按它們距離經驗的遠近
而在其中分布，並構成一個互相聯繫的整體來同邊界條件、經驗
發生關係。這種整體性意味著場內的任何陳述並不是單獨地同特
殊的經驗發生一一對應的關係，以致於在觀察語句跟經驗發生衝
突時，要對場中哪些陳述進行修改有很大的選擇自由。通過對幾
何學相對性原理的案例分析，奎因證明這種知識的整體性以及由
此帶來的約定性或任意性確實存在。

經驗約定論對20世紀自然科學家的哲學思想也有比較廣泛、比較深入的影響。愛因斯坦篤信經驗約定論，並對它作了進一步的闡釋與發展[20]。當代著名物理學家惠勒（J. A. Wheeler）也認為概念是「人們賴以進行交流思想的種種約定的綜合」。他在引用了玻爾的「物理學並不是在研究物理本身，而是在研究我們對物理世界究竟能說些什麼」後指出：「我們所能說的取決於我們的約定，也取決於計數器的記錄。」[21] 經驗約定論後來也被其他科學家和哲學家承襲、修改和發展，如阿杜基耶維茲的激進約定論、愛丁頓（A. S. Eddington, 1882-1944）的「有選擇的主觀主義」、劉易斯（C. I. Lewis, 1883-1964）和佩普（A. Pap）的「概念實用主義」等。

3. 經驗約定論充分肯定了主體在認識過程中的能動作用

如上所述，經驗約定論與經驗論和理性論的信念不同，它認為約定既不是經驗唯一地給予的，也不是我們思想結構唯一地給予的。約定的選擇固然要受到經驗和其他理性考慮的引導，但這種選擇依然有很大的自由，這就為主體在認識過程中發揮能動作用留下了充分的活動天地。而在純粹經驗論（狹隘經驗論）或純粹理性論（極端理性論）的認識論中，主體都是不很活躍的。因為在狹隘經驗論中，認識主體只不過起著「平面鏡」和「傳感器」的作用而已，至多不過是對經驗材料加以分類和整理；而在

---

[20] 李醒民：〈論愛因斯坦的經驗約定論思想〉，《自然辯證法通訊》（北京），第 9 卷（1987），第 4 期，頁 12-20。

[21] 方勵之編：《惠勒講演集——物理學和質樸性》，安徽科技出版社（合肥），1986 年第 1 版，頁 17、23。

極端理性論中，認識框架（概念和範疇）是先天的，不可更改的，彭加勒對此是不滿意的。

在強調主體在認識過程中的能動作用方面，經驗約定論與皮亞杰（J. Piaget, 1896-1980）的發生認識論可謂不謀而合：

> 認識既不能看作是在主體內部結構中預先決定了的——它們起因於有效的和不斷的建構；也不能看作是在客體的預先存在著的特性中預先決定了的，因為客體只是通過這些內部結構的中介作用才被認識的，並且這些結構還通過把它們結合到更大的範圍之中（即使僅僅把它們放在一個可能性的系統之內）而使它們豐富起來。換言之，所有認識都包含有新東西的加工製作的一面，而認識論的重要問題就是使這一新材料的創造和下述的雙重事實符合一致，即在形式水平上，新項目一經加工製作出來就立即被必然的關係聯結起來；在現實水平上，新項目，而且僅僅是新項目，才使客觀性成為可能。㉒

4. 經驗約定論容許理論的多元化和方法的多元化

理論的多元化和方法的多元化是經驗約定論傳統的一部分。在經驗約定論看來，人們在同一經驗材料的引導下作出或選擇約定時依然是自由的，由作為約定的公理或原理及其導出命題構成的非解釋理論系統無所謂真假，只是出於方便的考慮。因此，

㉒　J. 皮亞杰：《發生認識論》，王憲鈿等譯，商務印書館（北京），1981年第 1 版，頁 16。

科學家面對同樣的經驗材料的復合，除了有意識地運用邏輯思維外，完全可以通過形象思維和靈感思維，諸如「直覺」、「想像」、「幻想」、「猜測」乃至下意識的「頓悟」、「靈感」等，發明出新概念和新原理，進而構造出簡單而方便的理論體系。即使兩種理論是矛盾的，只要人們不在它們之中尋找事物的基礎，它們都可以成爲有用的研究工具。

理論和方法的多元化能導致思想活躍、學術繁榮；而理論和方法的一元論則導致思想僵化、學術凋敝。前者是知識增長的必要條件，後者則妨礙科學的進步。理論和方法的多元化是現代科學的一個顯著特徵，經驗約定論則率先表達了現代科學的這一時尚。其實，經驗約定論的創始人彭加勒是始終反對「輿論一律」的，他強調指出：「我們必須聽任思想的多樣性，或者最好我們必須爲之高興。」(*S. M.*, p. 127)

與對物理世界的描述相比較，科學中的約定更多地表達了人的心理和人的關係。科學中的約定是科學活動主觀性的集中體現，而科學活動的主觀性則是創造科學的科學家的主觀能動性在科學上打下的烙印，它充分表現在科學家構造科學理論時所追求的目的之中。誠如愛因斯坦所說：「科學作爲一種現存的和完成的東西，是人們所知道的最客觀的，同人無關的東西。但是，科學作爲一種尚在制定中的東西，作爲一種被追求的目的，卻同人類其他事業一樣，是主觀的，受心理狀態制約的。」[23] 作爲經驗約定論的傳統之一的理論和方法的多元化，在科學理論的主觀性與客觀性的統一中找到了它的合理根據。

---

[23]　同前注[15]，頁 298。

5. 經驗約定論具有重要的方法論意義

經驗約定論在事實的選擇以及在由未加工的事實過渡到科學事實和由科學事實過渡到定律的過程中都具有方法論的意義，尤其在由定律提升爲原理的過程中，約定的作用及其方法論意義表現得特別明顯和卓有成效。

在談到經驗約定論的這一方法論意義時，彭加勒說：

> 當一個定律被認爲由實驗充分證實時，我們可以採取兩種態度。我們可以把這個定律提交討論；於是，它依然要受到持續不斷的修正，毋庸置疑，這將以證明它僅僅是近似的而告終。或者，我們可以通過選定這樣一個約定，使命題肯定爲眞，從而把定律提升爲原理。爲此，程序總是相同的。原來的定律闡述了兩個未加工的事實 A 和 B 之間的關係；在這兩個未加工的事實之間插入了一個抽象的、或多或少的中介物 C，於是我們就有 A 和 C 的關係，我們可以假定該關係是嚴格的，它就是原理；而 C 和 B 的關係依然是需要受到修正的定律。

彭加勒認爲，用這種方法「常常能得到巨大的好處」($V. S.$, p. 239)。在他看來，經典物理學的六大基本原理就是通過這種途徑從定律被提升爲原理的，它們代表著無數觀察的精髓，它們的出現標誌著物理學面貌的巨大變革：從中心力物理學轉變到原理物理學。

需要說明的是，經驗約定論只是多元化的科學認識論和方法

論中的一種，它既不是獨一無二的，也不是至高無上的。它沒有排斥傳統的歸納法在經驗科學中的作用和演繹法在理論科學中的作用，而是綜合了二者的合理因素，在經驗科學向理論科學的過渡過程中發揮著自己的特有功能。它既對已有的科學方法留有廣闊的用武之地，也向未來的行之有效的科學方法（因為一切新理論的探索即是新方法的探索）敞開著歡迎的大門。其實，方法的多元化本來就是經驗約定論的意向之一。

第五章　豐厚圓融的哲學集成

—— 彭加勒獨特的綜合實在論

> 擲柳遷喬大有情，
>
> 交交時作弄機聲。
>
> 洛陽三月花似錦，
>
> 多少工夫織得成？
>
> —— 鶯梭
>
> 宋·劉克莊

　　前已述及，彭加勒的獨創性的哲學是經驗約定論，但他確實也是一位名副其實的科學實在論者。不過，彭加勒的實在論是一種十分獨特的實在論，很難納入現代科學實在論的諸多名目之下❶。這種獨特的實在論汲取了哲學史上各種流派和各家思想之精華，又溶進了現代科學的哲學意蘊，從而形成一種豐厚圓融的哲學集成，我姑且把它命名爲綜合科學實在論，或簡稱爲綜合實在論 (synthetic realism)。在本章，我將從分析彭加勒實在論的實在觀、眞理觀和科學觀入手，進而論述他的科學實在論與他的

---

❶　李醒民：〈現代科學實在論研究槪述〉，《哲學動態》（北京），
1992年第 5 ， 6 ， 7 期。

約定論、經驗論和理性論思想的關聯和融合，從而揭示出彭加勒的綜合實在論的豐富內涵和獨到之處。

（一）

　　彭加勒的實在論的實在觀可以簡要地概括爲：實在卽關係。因此他常常被視爲關係實在論 (realism about relations) 的先驅。在彭加勒看來，「眞實對象之間的眞正關係是我們能够得到的唯一的實在」，「唯一的客觀實在在於事物之間的關係」。「科學能够達到的實在並不是像樸素的敎條主義者所設想的事物本身，而只是事物之間的關係。在這些關係之外，不存在可知的實在。」 (*S. H.*, pp. 190, 4; *V. S.*, p. 271)

　　彭加勒雖然說關係是唯一的實在，但並不意味他否認像不可直接觀察的原子、分子之類的實體 (entity) 的實在性。在 1908 年佩蘭用實驗確鑿地證明了分子的實在性之前，彭加勒對原子、分子論持保留態度，不過他仍把它們作爲永無危險的中性假設，充分肯定了其作爲計算技巧、理解圖象、堅定思想的方法論意義 (*S. H.*, pp. 180-181)。他甚至早在 1902 年和 1904 年就意識到用實驗驗證分子運動論的可能性 (*S. H.*, pp. 208-209; *V. S.*, pp. 184-185)。在佩蘭實驗之後的 1912 年 4 月 11 日，他在法國物理學會的會議上公開承認；「原先的力學假設和原子理論近來已認爲具有充分的可靠性，它們不再作爲假設出現在我們面前了。原子不再是一種方便的虛構了；……化學家的原子現在是一種實在了；……」(*L. E.*, pp. 89, 91)

　　然而，彭加勒畢竟看重關係而不是看重實體，他認爲關係是

比實體更爲深刻、更爲微妙、更爲有趣的實在。他說：「在電振盪、擺運動和一切周期現象之間存在著密切的關係，而這種關係又對應於深刻的實在；……眞實的東西就是對所有作者都是共同的東西；這就是一些事物之間的某種關係的證實，至於物的名稱則隨作者而異。」(*S. H.*, p. 191) 他還說：「在我們曾認爲是簡單的對象中我們已辨認出的關係，當我們知道它們的複雜性時，它們在這些相同的對象中還存在著，唯有這一點是重要的。」(*S. H.*, p. 211) 彭加勒注意到，我們的身體是由細胞構成的，細胞是由原子組成的。細胞和原子是實在，但並非唯一的實在。他強調指出，實在「不僅僅是指感覺得到的世界的實在，這種實在無論如何具有它的價值。」不過，「還有一種更爲微妙的實在。」他反問道：「這些細胞排列的方式，導致個體統一的方式」即關係，不也是實在，「不也是比孤立的要素的實在更爲有趣的實在嗎？」(*V. S.*, 26; *S. M.*, p. 133)

　　彭加勒進而揭示出，關係實際上是一種結合物——外部對象（客體）之間的結合物、現象之間的結合物、感覺羣的結合物。他說：爲了稱呼外部對象這樣的實在，人們發明了客體這個詞，外部對象是眞實的對象，它們在我們身上引起的感覺是由某種不可破壞的結合物相互結合起來的。正是這種結合物而且只有這種結合物才是客體本身，這種結合物就是關係。與給予外部對象以實在性的結合物相比，現象之間的更爲精緻、更爲牢固的結合物並非是更不眞實的。而且，由於彭加勒把「實在的」視爲「客觀的」同義詞，由於他認爲凡客觀的東西都缺乏一切質而僅僅是純粹的關係，由於他強調關係實在比實體實在更根本，因此他甚至有些偏頗地認爲：「唯有在關係中才能找到客觀性；在被視之爲

彼此孤立的存在中尋求客觀性，只能是白費氣力。」(*V.S.*, pp. 263, 266-267)

值得注意的是，彭加勒是從世界和諧和主體間性 (intersubjectivity) 的角度來看待關係實在的。在萊布尼茲 (G.W.F. von Leibniz, 1646-1746)《單子論》一書的啟發下，彭加勒提出和發展了世界和諧的思想。所謂世界和諧，彭加勒意謂事物或現象之間的關係的秩序和合規律性，「這種和諧的 最好表達方式就是定律。」他說：「世界的內部和諧」「是唯一眞實的客觀實在」，乃至是「眾美之源」、「是我們所能得到的唯一眞理。」(*V.S.*, pp. 7-10) 所謂主體間性，就該詞的本義而言有兩種涵義：一是指在孤立的有意識的精神之間包含或發生，二是指能爲兩個或更多的主體所理解和確認。主體間性反映了不同思維者之間的關係卽共同性，也就是「人同此心，心同此理」。彭加勒的意思正是如此。他說：「我們稱之爲客觀實在的東西，歸根結底對大多數思維 者是共同的，而且對所有思維者 也應當是共同的。」(*V.S.*, p. 9)

按照彭加勒的觀點，世界的和諧性和思維者的共同性是溝通的、一致的。他說：事物之間的關係所產生的宇宙和諧不能認爲存在於構想出它們的精神之外，但它們仍是客觀的，因爲對於所有的思維者來說，它們現在是、將來會變成、或者將來永遠是共同的。與此同時，這種共同的東西只能是數學定律所表示的世界的和諧而已。(*V.S.*, pp. 9, 271)

彭加勒強調關係在實在性上高於實體或實物 (substance)，乃至把關係視爲唯一的客觀實在，這也許與他作爲一個數學家和數學物理學家的精神傳統、職業習慣和心理偏好不無關係，不用

說這也是他對科學成果的哲學概括。在彭加勒看來，數學存在的真正生命就在於揭示更爲微妙的關係實在。數學家研究的不是物體，而是物體之間的關係；因此，只要關係不變，這些物體被其他物體代換對他們來說是無關緊要的（*S. M.*，p. 133；*S. H.*，p. 32)。數學物理學的目標也不在於向我們揭示事物的真實本性，它唯一的目的是協調實驗向我們揭示出物理學定律（事物的真關係，世界的和諧）。數學語言遠不是設置在實在和物理學家眼睛之間的屏障；沒有數學語言，事物大多數密切的關係的類似對我們來說將永遠是未知的，我們將永遠不了解世界的內部和諧。（*S. H.*，p. 245；*V. S.*，p. 7）

　　彭加勒的關係實在論思想旣可以在中國古代自然觀中追尋到它的踪影——這是智慧的溝通而非它的起源；也可以在當代哲人科學家中間窺見到它的回應——這在普里戈金(Ilya Prigogine)身上表現得尤爲明顯。普里戈金指出，西方科學向來強調實體（如原子、分子、基本粒子、生物分子等），而中國的自然觀則以「關係」爲基礎❷。他進而敏銳地洞察到，今天我們終於可以說，我們的興趣正從實體轉變到關係、信息、時間，從物質轉到關係、聯繫和時間❸。

（二）

---

❷　I. 普里戈金：《從存在到演化》，曾慶宏等譯，上海科技出版社（上海），1986年第1版，頁 3。
❸　湛墾華、沈小峰編：《普里戈金和耗散結構理論》，陝西科技出版社（西安），1982 年第1版，頁 204, 224。

一般而言，哲學史上的眞理學說大體有三種：符合說和融貫說 (correspondence and coherence theories)、合意說和實用說以及索引說和相對說❹。對科學實在論而言，其典型談論是眞理（尤其是描繪的眞理）和逼近眞理。傳統的實在論的眞理觀是典型的符合說，而經過修正的內在實在論的眞理觀（評價說）則在某種程度上與融貫說有契合之處。

眞理符合說認爲，眞理是陳述或命題與事實之間某種形式的符合，與事實相符是眞理的檢驗標準。這裏的「符合」一詞帶有對應、相應、相當、一致等涵義。眞理融貫說認爲，因爲當且僅當我們相信某些東西時我們才稱其爲事實，因此實際上可供我們比較的似乎全部是我們自己的信念（包括建立在感性認識基礎上的信念）。這樣一來，眞理融貫說就是主張，說一個信念爲眞即是說它與其他信念相符或融貫。這裏的「融貫」一詞帶有連貫、協調、一致、統一等涵義。眞理符合說是傳統實在論的眞理觀；眞理融貫說則接近普特南 (H. Putnam, 1926-)、埃利斯 (B. Ellis) 等人後來發展了的內在實在論的眞理觀。這種眞理觀把眞理與理性的可接受性，陳述的融貫與恰當，卽經驗性較弱的信念之間的融貫以及它們同經驗性較強信念的融貫、經驗信念與理論信念的融貫聯繫起來。彭加勒的眞理觀大體屬於眞理符合說，但也有融貫說的某些成分。

彭加勒把科學眞理分爲兩類：其一是數學的眞理，其二是實驗的眞理。數學的眞理是用一連串無懈可擊的推理從少數一目了然的命題推演出來的，它是嚴格的；實驗的眞理則是經驗告訴我

---

❹ A. Fine, And Not Anti-Realism Either, *NOÛS*, **18** (1984), 51-65.

們的，它是近似的，能使我們了解宇宙之一隅；但它在數學上未被證明，也不能用數學證明，而只能用實驗來揭示 (*S. H.*, p. 1; *V. S.*, pp. 24, 68)。誠如彭加勒所說：

> 數學概念給出了十分精練、十分嚴格的定義；對於純粹數學家來說，所有的疑問都消失了；但是，如果人們想把它應用於物理科學，它就不再是純粹概念的問題，而是具體對象的問題，具體對象往往只不過是純粹對象的粗糙圖象。說這個對象滿足定義，至少近似地滿足定義，就是陳述了一個新的眞理，唯有經驗才能夠毫無疑問地提出新眞理，新眞理不再具有約定的公設的特徵。(*S. M.*, p. 164)

數學的眞理在一個邏輯體系內與其他命題是自洽的(融貫的)、無矛盾的，是分析命題，因而主要滿足眞理融貫說；而實驗的眞理是綜合命題，則要求定律或理論即科學陳述與觀察和實驗事實相符合，因而主要滿足眞理符合說。實際上，在物理科學或自然科學中，實驗和數學是共同起作用的。也就是說，「從每一個實驗，通過一系列的數學演繹，便可推出許多結果。」(*S. H.*, p. 1) 照此看來，這些結果的眞理性就只能依據眞理符合說和融貫說共同作爲判定和評價的標準了。這也正是彭加勒的本意。

科學實在論的基本信條之一就是，科學中的某些陳述（理論、定律等）是眞理或近似眞理 (approximate truth)，即是說它們具有似眞性 (plausibility) 或逼眞性 (verisimilitude)。這就是所謂的與指稱問題 (problem of reference) 相並列的述

謂問題 (problem of predication)❺。 而且, 實在論者也探討了似真、逼真和接近真理的程度判別問題。 例如波普爾 (K. Popper, 1902-)認爲: 「一個真陳述的內容越豐富, 它同我們的目標 T 就越接近, 也就是說, 越接近真理 (確切地說, 越接近全部真陳述的類)。」❻哈雷 (Rom Harré) 認爲: 假設性發生過程的想像行爲模擬未知的「實在」機制的行爲越完善, 代表理論族發展史上的這個時刻就越是似真的 (行爲類比); 假設性發生機制的性質與來源類比物的基本性質的相配越完全, 該理論就越似真 (質料類比)❼。

對於上面的述謂問題和近似真理程度的判別問題, 彭加勒也有自己獨有的實在論的看法。 他認爲, 理論或定律之所以是真理, 是因爲其中包含著真關係, 不過它們並不是絕對真理。 真理從來也不是固定不變的: 當我們認爲已經接近它們時, 我們發覺我們還得繼續前進 (V. S., pp. 3-4; S. H., p. 192)。他看到, 像能量均分定理這樣的科學理論, 能解釋許多事實, 它必然包含著某些真理; 另一方面, 由於它不能解釋所有的事實, 所以它並不全部爲真(L. E., p. 101)。他深中肯綮地指出:

> 任何時候也沒有一個特定的定律不是近似的和可幾的。科
> 學家從來也沒有放棄對於這一真理的承認, 我們僅僅相

❺ P. Smith, *Realism and the Progress of Science*, Cambridge University Press, 1981, p. 1.

❻ 卡爾·波普爾:《客觀知識》, 舒偉光等譯, 上海譯文出版社 (上海), 1987 年第 1 版, 頁 59。

❼ R. 哈雷: 〈理論族, 似真性和對於適度實在論的辯護〉, 《自然科學哲學問題》 (北京), 1983 年第 3 期。

信，每一個定律不管其正確與否，都可以用另一個更精確、更可幾的定律來代替，這種新定律本身將不過是暫時的而已， 同樣的進程能夠無限地繼續下去， 以致科學在進步中將具有越來越可幾的定律，其近似程度將以精確性和可能性與可靠性的差別像你隨意選取的那樣小而終結。 (*V. S.*, p. 251)

至於在幾種陳述或理論中何者更似眞、更逼眞或更近似，彭加勒的回答是：理論所表示的眞關係愈多，那麼它就愈眞。他以「地球轉動」和「地球不動」爲例，指出這兩個假設在運動學意義上無論哪一個都不比另一個更眞，否則就不得不承認絕對空間的存在。但是，前者向我們揭示了天體現象之間內部的眞關係，而後者則否定或隱瞞了這些眞關係，因此我們仍然認爲前者在物理學上比後者更眞， 因爲前者具有更爲豐富的內容 (*V. S.*, pp. 272-274)。在這裏，我們不難發現， 彭加勒的關係實在論思想是與他的實在論的眞理觀溝通的：眞理性的陳述是與眞關係相符合的陳述，包含更多眞關係的陳述則更眞。由於彭加勒求助於近似眞理的概念，因此借用當代科學哲學中的一個術語，可以稱這種觀點爲近似實在論 (approximationrealism)。

在這裏， 我們要進而指出， 實用主義在世紀之交也一度流行。在實用主義者看來，眞理成了一句空話，科學理論只不過是實用的處方。彭加勒對「以爲眞理在於實用，捨實用卽無眞理」的觀點大加抨擊，極力倡導「爲科學而科學」，「爲眞理本身的美而忘我追求眞理」。彭加勒這種高遠的理想主義也從一個側面說明他堅守了實在論的眞理觀。

152 彭 加 勒

（三）

彭加勒的科學觀也明顯地打上了科學實在論的烙印，這從他對於科學的目的、科學進步和相繼的科學理論的更替的觀點上不難看出。

1. 科學的目的在於追求眞理

瑞典科學哲學家圖奧梅拉（R. Tuomela）指出：

> 按照實在論的觀點，科學的目的典型地在於或至少在於找出世界像什麼，卽找出世界（關於它的可觀察的和不可觀察的部分和方面）的爲眞的理論；而且，實在論者典型地相信，這樣的理論原則上是可以找到的（卽使也許不需要宣稱能夠得到並非唯一的關於世界的爲眞的描述）。眞理在這裏包含——至少部分地包含——指明世界像什麼，這典型地假定要求某種類型的眞理符合說。❽

而且，實在論者還特別強調科學家應該尋求眞理、發現眞理。

與此對照，彭加勒對科學目的看法不用說是實在論的。按照彭加勒的觀點，科學旨在追求眞理，卽追尋事物之間的眞實關係，也就是世界的和諧，這種和諧的最好表達方式就是定律，這

---

❽ R. Tuomela, *Science, Action, and Reality*, D. Reidel Publishing Company, 1985, p. 40.

是我們所能得到的唯一真理。他甚至大聲疾呼：追求真理應該是我們活動的目標，它是值得我們活動的唯一目的。但是，如果真理是值得追求的唯一目的，我們可以希望得到它嗎？彭加勒毫不遲疑地回答：這是毋庸置疑的 ($V.S.$, pp. 1-10)！因為彭加勒看到，科學史已經表明，以追求真理為目的的科學是不斷獲得成功的——它擁有越來越精確、越來越可靠的定律，也就是愈來愈眞的定律。「科學越來越向我們表明宇宙不同部分的相依關係，向我們揭示出宇宙的和諧。」($L.E.$, p. 109)「只有當科學向我們揭示出這種和諧時，科學才是美的，才值得人們去培育。」($S.M.$, p. 298)

彭加勒還強調指出，為了發現科學真理，必須使精神不帶偏見，不徇私情，必須絕對誠心誠意；必須獨立，必須完全地獨立，必須超然自立於自身之外來沉思自然($V.S.$, pp. 1-4, 164)。這種過分理想化的神目觀式的對待真理的看法，也是較為典型的形而上學實在論的態度。要知道，即便是為眞的科學理論也不是實在論者所尋求的超文化、超歷史的知識。科學理論的提出和接受，在某種程度都是受歷史的和文化的環境制約的。

2. 科學的進步猶如動物形體的進化

彭加勒認為，科學是朝著統一性和簡單性的方向進步的[9]。科學進步雖然有危機和革命，但總的來說仍然是一個連續的而非絕然間斷的過程。誠如彭加勒所比喻的，科學的進步不能與拆舊

---

[9] 李醒民：〈評彭加勒的科學觀〉，《科學學研究》（北京），第 2 卷 (1984)，第 2 期，頁 19-29。

城而另建新城相提並論，也不是編織短命的珀涅羅珀之網，科學的進步猶如動物形體的進化，是有繼承性的。他明確指出，被真正的實驗精神所推動的科學是尊重過去的，它與那種易於被新奇的東西矇騙的、科學上的勢利行為針鋒相對。它是一步一步地前進的，但總是在相同的和正確的方向上（*L.E.*, p. 110）。在常規科學時期，科學理論的框架「沒有被打破，因為它們是有彈性的，但是它們擴大了。」（*V.S.*, p. 179）即使在科學危機與革命時期，理論框架變成了所謂的「廢墟」，可是每一種理論也不能完全消滅，它們的生命（經驗內容和數學方程）是永恒的。

彭加勒認為科學的發展是無止境的。他說：

> 科學不管把它的征服向前推進得多麼遠，科學的領域並非經常受到限制。其前沿的全線依然是很神秘的。其前沿推進得越遠，神秘的範圍擴展得越大。
>
> 今日的學者並未期望從自然界中一舉引出它的秘密。他們雖然知道，他們為之獻身的事業是偉大的，但是與此同時，他們也了解，這一事業是沒有終點的。⑩

彭加勒批評那些輕率地作預見的「不幸的預言家」。這些預言家認為，在科學中所有能夠解決的問題都已經被解決了，除了補遺之外，沒有留下任何值得解決的東西。彭加勒以數學史中的例子駁斥道：解這個詞的意義擴大了，對希臘人來說，好解就是只使用直尺和圓規的解，後來變為用求根法得到的解，接著人們又

---

⑩ ポアンカレ (H. Poincaré)：《科学者と詩人》，平林初之輔訳，岩波書店，1928 年，p. 198。

利用代數函數和對數函數。於是，「悲觀主義者發覺他們總是失敗，總是被迫退卻，我想現在不再有悲觀主義者了。」（*S. M.*, pp. 19-20）

科學實在論者的一個共同信念是，科學變化總的來說是進步的，這種變化並不像反實在論者所宣稱的那樣是歷史和邏輯的簡單中斷（範式論、不可通約性、不可翻譯說即包含這樣的主張），而是連續的、持續的、無止境的進化。彭加勒的論述是與此不謀而合的。

3. 競爭的或相繼的科學理論都蘊涵著眞關係

史密斯指出實在論的一個重要主張是，競爭的或相繼的科學理論言說的是同一事物⑪。勞丹則認爲，可接受的新理論必須保留它們成功的前任理論的理論內容（或擴展的範圍）中有意義的部分，這是實在論者爲達到其認識目的而提出的方法和規則之一⑫。從彭加勒關於科學理論的陳述中也可以窺見到類似的觀點。

彭加勒把科學視爲一種「關係的體系」（*V. S.*, p. 266）。在他看來，19 世紀末競爭的幾個色散理論同時是眞實的。這不僅是因爲它們使我們預見相同的現象，而且也因爲它們預先表述了眞實的關係（吸收關係和反常色散關係）。在這些理論的前提中，眞實的東西就是對所有作者都是共同的東西；這就是一些事物之間的某種關係的證實，至於物的名稱則隨作者而異（*S. H.*, pp. 191-192）。彭加勒也看到，科學史向我們表明.，舊理論

---

⑪　同前注⑤，頁2。

⑫　L. 勞丹：《科學與價值》，殷正坤等譯，福建人民出版社（福州），1989 年第 1 版，頁 135。

不斷地被新理論替代。 然而， 在舊理論中總有某些東西倖存下
來。

> 如果一種理論能使我們認識到眞實的關係，那麼人們最終
> 會得到這種關係，而且會發現，這種關係再次以新的僞裝
> 出現在另一種取代了舊理論而居於統治地位的理論之中。
> (*V.S.*, pp. 268-269)

比如當人們採納麥克斯韋的光的電磁理論時，菲涅耳的波動說的
大多數結論依然不變。這是由於菲涅耳的光學融合到更寬廣的整
體中、融合於更高級的和諧中，因而它依然是充滿活力的。它的
各部分繼續有效，各部分的相互關係還是相同的。唯有我們描述
這些關係的語言變化了；另一方面，在光學的不同部分和電學領
域之間，麥克斯韋向我們揭示出以前未曾料到的其他關係(*S.H.*,
p. 247)。彭加勒甚至還洞察到，某些料想被拋棄了的、最終被實
驗宣告不適用的理論會突然死灰復燃並獲新生。這正是因爲它們
表達了眞關係；而且還因爲，由於各種各樣的理由，當我們感到
有必要用另一種語言陳述同一關係時，它們並沒有停止這樣作。
因此，它們保持了一種潛在的生命 (*S.H.*, pp. 193-194)。正
是這種眞關係構成了理論更替中的「不變性」，從而成爲理論之
間翻譯可能性的基礎。

(四)

　　彭加勒的哲學思想是比較龐雜的（恰當地講是「比較豐富

的」）。但是，無論怎麼說，約定論、經驗論和理性論畢竟是他的哲學思想的主要構造「元素」。要知道，這幾種構造元素都包含著非實在論的乃至反實在論的成分。那麼，這些異質要素是怎樣與他的科學實在論思想進一步協調起來的呢？

1. 彭加勒的約定論與科學實在論

按照一般哲學辭書的解釋，約定論是指這樣一種哲學觀點：科學理論或定律並不是對世界的爲眞的描述，而只是科學家出於方便考慮而作出的隨意的約定，因而它們並不具有眞理性。這種觀點顯然是與科學實在論格格不入的。

但是，彭加勒的約定論卻是一種相當溫和的約定論，並不像上述觀點那麼激進，那麼極端。在彭加勒看來，科學中的約定雖然是「我們精神的自由活動的產物」，但是這種自由並不是「完全任意的」，並不是「放蕩不羈」、「胡思亂想」，否則約定將毫無結果了。他特別指出，我們只是把約定強加於科學——沒有它們便不可能有科學——但並沒有強加於自然界；科學家們所思考、所發現的世界並不是他本人的任性所創造（*S. H.*, pp. 3, 163）。彭加勒所謂約定的選擇出於「方便」，除了生物學實用意義上的方便外，也指邏輯簡單性意義上的方便。尤其是，他還提醒人們，我們在所有可能的約定中進行選擇時，既要「受實驗事實的引導」，又要「受到避免一切矛盾的必要性的限制」，尤其是實驗能「指導我們辨明最方便的路徑」（*S. H.*, pp. 4, 66）。在這裏，彭加勒對約定的提出和選擇作了本體論的、經驗的和邏輯的限定。

彭加勒也對約定在科學中的轄域作了必要的嚴格限定，他強

烈地批評了唯名論者的極端約定論觀點（全部科學都是約定）。
在彭加勒看來，數學中的公理是約定；由於沒有把它應用於自然
界，談論其眞假或眞理性是無意義的。在物理科學中，約定雖然
佔有一席之地，但卻是另外一種情況。物理科學中有幾類假設，
但僅有一種是約定。一些假設是可以檢驗的，它們一旦被實驗確
證後就變成富有成效的眞理（卽定律）；另一些不會使我們誤入
歧途，它們對於堅定我們的思想可能是有用的（卽中性假設）；
其餘的只是表面看來是假設，它們可以化歸爲僞裝的定義或約
定（S. H., p. 2）。另外，在彭加勒的科學理論三層次結構中，
科學事實是由未加工事實翻譯而成的科學語言的陳述，它保留著
事實的經驗內容；定律是由這些經驗事實歸納而成的，是近似眞
理。科學事實和定律雖有一定的約定成分，但它們不是純粹人爲
的創造，不能說它們是約定的；如果把所有的定律都轉變爲約定
式的原理，科學便會一無所獲。唯有物理科學中的基本原理，旣
非先驗的眞理，亦非經驗的事實，它們原來是約定。按照彭加勒
的觀點，約定的和普遍的原理是實驗的和特殊的定律的自然而直
接的推廣：

> 當一個定律被認爲由實驗充分證實時，我們可以採取兩種
> 態度。我們可以把這個定律提交討論；於是，它依然要受
> 到持續不斷的修正，毋庸置疑，這將以證明它僅僅是近似
> 的而終結。或者，我們也可以通過選定這樣一個約定，使
> 命題肯定爲眞，從而把定律提升爲原理。（V. S., p. 234）

實驗定律被大膽提升爲原理後，我們精神便把絕對的價值歸於它

們，它們看起來好像是從眞正的普遍性得到高度的可靠性。此時，它們便免受經驗的衝擊，實驗再也不能推翻它們。當然，如果原理不再多產，經驗卽便不與之矛盾，仍將直接宣布它無用。彭加勒的約定論正是通過以上諸種限制，從而與科學實在論協調起來，形成一種新奇的實在論的約定論(realistic conventionalism)。維也納學派的領袖石里克 (M. Schlick, 1882-1936) 早期的哲學思想就是如此⑬，這也許與彭加勒的影響不無關係。

2. 彭加勒的經驗論與科學實在論

科學實在論認爲，物理實在不依賴於觀察而存在，人們通過外展推理可以從可觀察物達到不可觀察物，從而獲得不可觀察物的知識。而經驗論則與之截然相反：不依賴觀察的物理量是不存在的，外展推理的合法性不適用於不可觀察物，知識不能擴展到不可觀察物。

彭加勒承認定律出自實驗，科學由事實來建造，他像一般自然科學家一樣，也處於經驗論傳統之中。但是，他的經驗論不同於休謨 (D. Hume, 1711-1766) 和穆勒的經驗論：他不僅強調個人經驗的意義，並且也強調祖先經驗的重要性。尤其是，他的經驗論並不那麼狹隘和極端——他用思考平衡觀察，用理論補償實驗，用理性論中和經驗論——從而並不與他的實在論思想衝突。他一方面認爲，實驗是眞理的唯一源泉，一切定律都出自實驗；唯有實驗能夠告訴我們新東西，唯有實驗能夠給我們可靠

---

⑬ Don Howard, Realism and Conventionalism in Einstein's Philosophy of Science: The Einstein-Schlick Correspondence, *Philosophia Naturalis*, **21** (1984), 616-629.

性，這是毋庸置疑的兩點；夢想排斥實驗，夢想依靠某些不成熟的假設構造整個世界，是根本行不通的。另一方面他又認爲，只有觀察還是不夠的，我們必須用我們的觀察資料，去作我們必須的推廣工作，並用精妙、準確的數學語言表述它們 (*S. H.*, pp. 167-168; *V. S.*, pp. 140-141)。他既指明達到基本現象的最好方法顯然是實驗， 又指明實驗並非總是可能的和充分的， 有時思想要超過實驗才行 (*S. H.*, p. 185)。他尤爲鞭辟入裏地指出：

> 如果不從理論與實驗符合出發，我們能夠從何處揭示宇宙的和諧呢? ……理論與實驗……二者都是必不可少的。捨其一而取其二是愚蠢的擧動。脫離實驗的理論是空洞的理論，脫離理論的實驗是盲目的實驗; 使二者分離，每一個都會無用，都沒有什麼好處。(*S. M.*, p. 298)

由此可見，彭加勒並未囿於經驗論的狹隘性，他甚至很不贊成當時流行的極端經驗論即感覺論和實證論，這二者都極力把不可觀察物這樣的「形而上學」問題排除到科學之外。彭加勒的這種態度也充分體現在他的研究活動中。他對不可觀察的分子的實在性和原子論的態度前已述及，另外還有兩件事實在這裏值得一書。彭加勒把物理和數學理論大膽地外推到無限大範圍的空間變量和時間變量，以解釋太陽系的起源、月球的生成、行星軌道的長久周期性、地球旋轉的持久性以及整個宇宙的來龍去脈及最終命運等疑難問題，這是一些當時無法觀察的或原則上不能直接觀

察的假設性事件⑭。當彭加勒發表關於宇宙演化的思想時，他的
許多同事是持謹慎態度的。按理說，聰明的數學家應該避免談論
宇宙遙遠的過去和未來，尤其是科學家當時還拿不準，他們的基
礎理論是否適合於實驗室中能够研究的現象。把這些理論在空間
和時間上無限外推，顯然是危險的、不明智的。更何況，經驗論
的變種實證論19世紀末在法國依然根深蒂固，科學家都不敢提出
和接受超出他們直接觀察的關於世界本性的理論。

　　另一件事是彭加勒對以太實在性的態度。1898年，彭加勒對
以太進行了比較基本的論證：

> 　　以太是否眞正存在，並沒有什麼關係；這是形而上學家的
> 事情。對我們來說，主要的事情是，一切都像以太存在那
> 樣發生著，這個假設對於解釋現象是方便的。

他雖然說「以太在某一天卻要被作爲無用的東西被抛棄」，但又
認爲把以太作爲本體論承諾而建立的方程和理論「總是有用的」
(*S. H.*, p. 246)。由此可見，彭加勒此時還拿不準以太是否眞
實存在，但無論如何他認爲以太作爲中性假設在方法論上還是有
意義的。到 1902 年，他已把以太概念列入了他的知識論：

> 　　我們不需要以我們感覺到的、我們觀察其運動的通常的物
> 質爲滿足。或者我們將假定，這種普通物質是由原子構成

---

⑭　S.G. 布拉什：〈彭加勒和宇宙演化〉，《科學與哲學》(北京)，
　　1982年第 2 輯，頁 52-72。

的，我們無法知道原子的內部運動，唯有整體位移能為我
們的感官所感受。或者我們將設想某些微妙的流體，叫它
們以太也好，叫其他名字也好，它們在物理學理論中總是
起著如此巨大的作用。

他接著討論了科學家當時的以太觀（有人把以太看作唯一的原始
物質或眞實物質，有人把普通物質視爲凝聚的以太或以太奇點的
幾何軌跡），考察了以太信念的起源（作爲光傳播的媒質，作
爲一種補償機制）。儘管彭加勒覺得「我們似乎用手指接觸到以
太」，「還可以構想出使我們更密切地接觸到以太的實驗」，但
他對自己提出的「以太實際存在嗎？」的問題並沒有正面作出十
分肯定的回答（*S. H.*, pp. 197-200）。可是到 1905 年，他對
以太的存在已有明確的答案：

可以說，以太並不比任何外部物體更不眞實；說這個物體
存在著，就是說在這個物體的顏色、味道、氣味之間存在
著一種牢固而持久的內部結合劑；說以太存在著，就是
說在所有光學現象之間存在著一種自然的親緣關係，這兩
種說法無論哪一個也不比另一個更沒有價値。（*V. S.*, p.
270）

此後，在爲他的著作的英譯本《科學的基礎》所寫的序言中，
他甚至把以太看得比通常的物質更根本：「正是未知的以太解釋

已知的物質；而物質卻不能解釋以太。」⑮

　　不管在科學上以太的實在性如何，彭加勒對以太的看法從哲學上講無疑是實在論的而非經驗論的。總而言之，由於彭加勒把實驗（廣而言之是經驗）看作是眞理的唯一源泉和檢驗標準，因此也可稱他的這種觀點爲「經驗論的實在論」(empirical realism)。因爲經驗論的實在論可以定義爲：理論的經驗適當性的證據是它的眞理性的證據。這個主張在邏輯上獨立於理論事實上是近似眞理的主張，或獨立於科學的目的是什麼的主張。要知道，已知的資料本體可以看作是理論的經驗適當性的健全證據，而不能看作是理論眞理性的健全證據──當理論與物理學衝突、包含不確定的量、缺乏被證明的預言能力等時情況就是如此⑯。

3. 彭加勒的理性論與科學實在論

　　典型的理性論者過分誇大理性在認識中的作用，並使其脫離感性經驗。在他們看來，只有理性才能提供具有普遍性、必然性的可靠知識。更爲極端的理性論者甚至堅持天賦觀念說和先驗論。在哲學史上，理性論是與經驗論長期對立的兩大派別。彭加勒雖然也是一位理性論者，但是由於他在理性論和經驗論之間保持了必要的張力，從而削弱了典型的和極端的理性論的上述特徵，使其理性論思想與實在論達到了協調一致，形成了他的理性論的實在論 (rationalistic realism) 思想。

---

⑮　H. Poincaré, *The Foundations of Science*, The Science Press, New York and Garrison, N.Y., 1913, p. 7.

⑯　M.R. Gardner, Realism and Instrumentalism in Pre-Newtonian Astronomy, in *Testing Scientific Theories*, J. Earman ed., Minneapolis: University of Minnesota, 1983.

　　作爲一位數學家和理論科學家，彭加勒成爲理性論者似乎是
順理成章的。他充分肯定了理性在科學中的地位，肯定科學理論
的重要作用和意義。卽使在他爲經驗的至高無上地位辯護時，他
依然認爲理論是人類理智的自由創造，實驗事實更多地是引導而
不是限制科學家作出選擇。在彭加勒看來，知識不是赤裸裸的經
驗贈品，甚至也不是僅僅由經驗構成的，精神創造的能動性在數
學乃至在以實驗爲基礎的物理科學中表現得都很明顯。

　　彭加勒明確指出：

　　　宗教具有擺布信仰者的巨大威力，但是並非所有的人都是
　　　它的信徒。信仰只能強加給少數人，而理性卻會給一切人
　　　留下烙印。我們必須致力於理性。……(*L.E.*， p. 102)

他這樣斷言：

　　　經驗並非一切，而且學者也不是被動的，他沒有等待眞
　　　理跑來找它，或者期待眞理碰到他鼻子尖上的機會。他
　　　必須去迎接眞理，正是他的思考向他揭示出通向眞理的道
　　　路。❼

正因爲如此，他才一方面主張，達到基本現象的最好方法顯然是
實驗了，應當用實驗設法分離出自然界向我們提供的一團複雜的
亂絲，仔細研究盡可能多的孤立要素。可是很不幸，這樣作既非

―――――――――
　❼　同前注❺，頁5。

總是可能的，亦非總是充分的。因而他又主張，有時思想要超過實驗，而且必須超過實驗才行（*S. H.*, pp. 185-186）。他尖銳地批評那些「最藐視理論的人」，指出他們「天天吃理論的食糧而不自知」。他說：「假若失去這種食糧，進步會立卽中止，我們將會像古老的中國那樣，不久便會停滯不前。」（*V. S.*, p. 138）

在世紀之交物理學危機時期，非理性主義和反理智主義者似乎找到了他們思想的適宜氣候和溫床。他們大肆宣稱：作爲知識的實在形式，作爲眞理源泉的科學破產了；與理智和理性的方法極不相同的其他方法，如神秘的感覺，是合理的。

作爲一位堅定的理性論者，彭加勒站出來迎擊這一流行的思潮。他在肯定理性巨大威力時表明：科學家的建築並非像肥皂泡一樣美麗而短暫，只能使我們歡娛一時，旋卽就破碎了；科學是在牢固地建設，它已建成了天文學和物理學，今天它正在建設生物學，明天它將以同樣的過程建設倫理學；科學的法規將毫無爭議地處於支配地位，沒有一個人將能夠違背它們（*L. E.*, p. 120）。他在批評勒盧阿的非理性主義和反理智主義時說：「如果他把理智看作是完全無能爲力的，那只不過是把更大的地盤讓給其他認識源泉，例如感情、情緒、本能、信仰。」他指出，感情、本能可以指導理智，但卻不能使理智變得毫無用處；感情、本能可以指揮眼睛之所向，但卻不能代替眼睛。「理智將保持『思維之箭』的優勢，這也是一種並未受到輕視的最高權力。」（*V. S.*, pp. 215-217）他對那些僅憑本能行事，不愛動腦筋思考問題的人大爲不滿：

現在，大多數人都不愛思考，當本能引導他們時也許是僥倖的，最通常的情況是，當他們追求直接的、永遠相同的目的時，本能引導他們比理性指導純粹的智力更為得宜。但是，本能是慣例，如果思想不使之豐富，人類便不會比蜂蟻有更多的進步。於是，對於那些不愛思考的人來說，有必要去想想，……(*S.M.*, p. 9)

尤其值得注意的是，彭加勒還洞察到，正確的科學思想體系一旦出現，便具有相對的獨立性、自主性和自我增殖能力。他說：

正像個別人死去而人類不死一樣，個別的思想即使消滅了，而真理依舊永存。這是因為，正像人可以生育一樣，思想也可以產生思想。⑱

但是，彭加勒並未把理性論推到極端，正如我們從前面的論述中多次看到的，他在經驗和理性、實驗和數學、事實和理論之間保持了適當的平衡，而沒有固執於一極而排斥另一極。他不贊成康德的先驗論。他一方面認為康德的先天範疇並不是不變的，而是隨着人的進化和科學的發展而變化的，他用約定論思想把康德的「先驗的」沖淡為「約定的」。另一方面，他不同意康德的天賦觀念論，尤其是康德的幾何學先驗論，而是用進化認識論對它加以詮釋。他指出，人類之所以採用最有利的、最方便的幾何

---

⑱　同前注⑩，頁 37。

學，這是自然選擇使我們精神本身適應了外部世界的條件。乍看
起來這似乎是人們的先驗直覺，實際上是「祖傳的經驗」在人類
精神上長期的積澱。(*S. H.*，p. 109) 我們在幾何學中的一切本
能的東西主要是種族的獲得物，而不是個人的獲得物，前者佔壓
倒優勢。這些獲得物越是必要，自然選擇就越迅速地導致之。這
些獲得物必定在年代上相當久遠，因爲沒有它們，生物體的防禦
是不可能的。(*S. M.*，p. 107)

　　彭加勒就這樣用經驗論和約定論對極端理性論作了必要的限
定和補充，並把理性論與實在論有機地結合起來。這種結合集中
體現在下述思想上：世界是統一的、和諧的、有規律的，它具有
理性的結構，是人的理性可以把握的。

　　彭加勒堅信自然的統一性。他說：

　　　　至於統一性，不存在什麼困難。如果宇宙的各部分不像一
　　物的各部件，它們就不會相互作用，它們就不會彼此了解；
　　尤其是，我們只能知其一部分。因此，我們不去問自然
　　是否是一個整體，而要問它爲何是一個整體。(*S. H.*，p.
　　173)

他注意到，能量守恒和轉化的發現揭示了力的統一，光、電、磁
原先分開的領域現在合爲一體，他眼看著陰極射線、X射線、
鈾射線和鐳射線形成一個「人們未曾料到的完整世界」。而對這
種科學的歷史和現狀，更增強了他的自然統一性的信念：「我不
相信它們將消滅這普遍的統一性；我想它們將進一步改善它。」
(*S. H.*，p. 210)

彭加勒也往 往把自然 的統一性等同 於自然的和諧 性或規律性。對於自然的和諧性或規律性，注意觀察天象的古代巴比倫的迦勒底人就有這樣的感受了。他們看到，如此眾多的發光點並非烏合之眾， 而像紀律森嚴的軍隊。 他們當然不了解這種紀律的準則，但是繁星點點的夜空的和諧壯觀足以給他們以規律性的印象。仰觀如是，俯察亦然。我們小小的地上的世界表面看來是無序的，未經訓練的眼睛也許看到的只是混亂，只是偶然和任性的統治。不過，它也是有規律的，我們也能再次發現天體研究向我們揭示的和諧。因此，彭加勒斷言：

> 自然服從規律，剩下的只是了解規律是什麼；為此，他們只需要耐心，他們有權要求懷疑論者應該信任他們。(*V. S.*, pp. 159-161)

彭加勒認爲「世界內部和諧」的「最好表達方式就是定律（規律）」。他意味深長地寫道：

> 定律是人類精神最近代的產品之一，還有人生活在永恒的奇蹟中而不覺得奇怪。相反地，正是我們，應當爲自然的規律性而驚奇。人們要求他們的上帝用奇蹟證明規律的存在，但是永恒的奇蹟就是永遠也沒有這樣的奇蹟。因此，世界之所以是神聖的，正因爲它是和諧的。(*V. S.*, p. 7)

如果我們回想 一下彭加勒把世界的和諧視爲唯一 眞實的客觀實在，那麼他的上述言論不正是從本體論上把理性論與實在論結合

起來了嗎?

　　自然的統一、和諧、有序，也表明自然具有人的理性可以把握的理性的結構。彭加勒這樣寫道:

> 數學的真理是用一連串無懈可擊的推理從少數一目瞭然的命題推演出來的，這些真理不僅把它們強加於我們，而且強加於自然本身。可以說，它們支配著造物主，只容許他在比較少的幾個答案中選擇。因此，為數不多的實驗將足以使我們知道他作了什麼選擇。(*S. H.*, p. 1)

在談到重形式而輕內容的數學精神（它是典型的理性精神）時，他說: 這種精神站得最高，看得最遠，教導我們辨識眼睛看不到而理性卻能推測的、真正的和深奧的類似，足以使我們洞察自然的秘密。他這樣贊頌人的理性的偉大: 人的理性能够包容星漢燦爛、茫無際涯的宇宙，並且享受到它的無聲的和諧 (*V. S.*, p. 157)。他明確指出: 天文學日漸精確的預言糾正了自然不可理解的謬論 (*V. S.*, p. 161)。彭加勒就這樣從認識論上把理性論與實在論結合起來了。

　　「錦江春色來天地，玉壘浮雲變古今。」彭加勒窮理盡性，諳古通今，博採善思，崇實尚理; 他的綜合科學實在論是熔實在論的實在觀、真理觀、科學觀於一爐，並以關係實在論為本體論，以實在論的約定論為方法論，以近似實在論、經驗論的實在論和理性論的實在論為認識論，以作為實在的「關係」貫穿始終，從而熔鑄或化合成一種新的「合金」或「化合物」，因而具有不同於構成它的單個「元素」或成分的優良的特性或本性。這

種綜合實在論不僅在各種不同的或異質的哲學思潮和流派之間保持了必要的張力，而且也在古老的哲學傳統和新穎的科學思想之間保持了必要的張力，從而成爲一種卓有成效的認識論和方法論武器。可以認爲，綜合實在論像經驗約定論一樣，也是彭加勒的主導哲學思想。這些富有啟發性的思想顯然對彭加勒在眾多學科和領域取得開創性的成就大有裨益，而且它們對現代科學思想和哲學思潮已產生並 將繼續產生不 可低估的影響 。 唯有哲人科學家， 才能對人類的精神寶庫作出如此重大的雙重貢獻。

第六章 美的旋律和創造的神韻
—— 彭加勒的科學方法和
數學發明心理探秘

隱隱飛橋隔野煙，

石磯西畔問漁船。

桃花盡日隨流水，

洞在清溪何處邊？

—— 桃花溪

唐·張旭

　　作爲一位超級哲人科學家，彭加勒在進行科學理論探索的過程中，同時也十分重視科學方法的探索。因爲他深知，要進行創造性的科學研究，首先需要創造方法，因爲沒有一個方法會自行產生($S.M.$, pp. 12-13)。他把自己的一本科學哲學著作命名爲《科學與方法》，足見他對科學方法的重視程度。在本章我們僅僅論述一下他的諸多方法中較重要的兩種——假設和科學美。

　　彭加勒的思想並沒有只停留在他的專業領域的概念上。他通過對自己數學發明的體驗的考察，已深入到一個更加困難的問題，即科學思維的本性問題，數學發明的心理機制或創造心理學的問題，得出了一些引人入勝的猜測和結論。現在，讓我們領略

一下彭加勒的美的旋律和創造的神韻吧。

（一）

關於假設,在彭加勒之前,許多科學家在科學實踐中都自覺或不自覺地運用過，也有的對這種科學方法作了不同程度的論述。彭加勒的貢獻在於: 他不僅充分肯定了假設在科學中的地位和作用（他甚至把他的第一部科學哲學著作取名爲《科學與假設》），尤其是他對假設進行了有啟發性的分類，並深入探討了其內涵。

彭加勒認爲: 「人們略加思索， 便可以察覺到假設起的作用; 數學家沒有它便不能工作，更不用說實驗家了。」($S.$ $H.$, p. 2）假設「能迫使我們設想感官能夠向我們揭示的大得多或小得多的對象，我們不再存有束縛我們前輩的那些顧忌了，前人只是因爲害怕假設，才妨礙了他們去發現某些眞理。」($V.S.$ ， p. 165）因此，我們不要對假設簡單地加以責難， 更不應認爲假設是荒誕不經的東西。懷疑建築在假設之上的科學是否牢固，是否吹一口氣會使之傾倒，這種懷疑是淺薄的。仔細審察一下假設在科學中的地位和作用，我們將認識到: 「假設不僅是必要的，而且它通常也是合理的。」($S.H.$, p. 2）於是彭加勒斷言: 「沒有假設，科學家將永遠寸步難行」❶ 。

值得注意的是，彭加勒對假設進行了分類研究 ($S.H.$, pp. 3-4, 178-181）。他把假設按其特性和功用分爲三類: 極其自然的假設、中性假設和可檢驗的假設。

---

❶ H. Poincaré, *The Foundations of Science*, The Science Press, New York and Garrison, N.Y. , 1913, p. 6.

在彭加勒看來，第一類假設是極其自然的，人們幾乎不能避免它。例如，我們不得不假定十分遙遠的物體的影響完全可以忽略不計，小位移遵循線性定律，結果是原因的連續函數，對稱性所給予的條件等等。這類假設只在表面看來是假設，實質上它們可化歸爲僞裝的定義和約定。這類假設在數學及其相關的學科中遇到，它們形成了數學物理學所有理論的公共基礎，這些學科正是由此獲得了嚴格性。這類假設是最後才能被捨棄的東西，只有到萬不得已時，我們才用另外一些方便的、多產的假設代替它們。

第二類假設是所謂的中性假設。例如，在大多數問題中，解析家在計算之初就假定，或者物質是連續的，或者相反，物質是由原子構成的（人們從原子假設借用了兩件事：能量守恒原理和方程的線性形式，這是小運動的普遍規律）。他可以作相反的假定，而不改變他的結果，只是所得結果的難易程度不同而已。在光學理論中，引入了兩種矢量，其一被看作速度，其二被看作漩渦。這裏還是一個中性假設，因爲採取正好相反的假設也能得到相同的結論。因此，實驗成功也不能證明第一個矢量實際上是速度；實驗只能證明一件事，即它是矢量。只要這些中性假設的特徵不被誤解，它們就永無危險，不會使我們誤入歧途。這類假設或者作爲計算的技巧，或者有助於我們理解具體的圖象，或者可以堅定我們的思想，從而沒有排除它們的機會。由此可見，彭加勒在某些方面似乎是把中性假設當作模型來看待的。這類假設有時具有隱喻的意義。與詩人不禁用隱喻一樣，科學家也不應該禁用這類假設。因爲它們是有價值的，對於精神的某種滿足而言

可能是有用的。 倘若它們是中性假設， 它們就不是有害的（*S. H.*, p. 193）。

第三類假設是眞正的推廣，它們是實驗必須證實或否證的假設。這類假設總是應該盡可能早、盡可能經常地受到檢驗。當然，如果它們經不起這種檢驗，人們就應該毫無保留地抛棄它。若實驗證實了它們，它們就會成爲富有成效的眞理；若實驗否證了它們，它們也不是沒有用處的。在彭加勒看來，科學家在抛棄被實驗否證的假設時， 不僅不要有病態情緒， 而且應當感到高興，因爲它從中正好找到了未曾料想到的發現機會。由於科學家的假設並不是在毫無考慮的情況下作出的， 他顧及了可能參與該現象的所有已知因素。如果經驗不支持它，那肯定是遇到了未曾料到的、非同尋常的東西，正是在這裏，存在著有待發現的新奇事物。這樣看來，被抛棄的假設遠不是無用的，可以說它比眞實的假設貢獻更大。它不僅是判決性實驗的誘因，而且若不作此假設，只是偶爾作了這個實驗，則人們將一無所獲，至多不過是把一件事實編入目錄中，不能從中得出應有的結果。由此可見，彭加勒不僅看到了這類假設的正面助發現作用，而且也看到它的反面助發現作用。

在彭加勒論述的啟示下，瑪麗・妮厄（Mary Jo Nye）根據假設在科學知識體系中所起的作用，把假設分爲「說明性假設」（保留在物理學理論中，是一種協調手段，有益於提示不同現象之間的相互關係）、「啟發性假設」（不具有存在的意義，僅有建議、觀察或探索綱領的聯接方式中的信息的啟發意義）、「實在論假設」（具有實在論的或存在的意義，並能由實驗直接地或

間接地加以驗證）❷。這種分類方法盡管名稱與彭加勒的不同，但卻具有大致相同的內容。

　　彭加勒提醒人們注意：「重要的是不要過分地增加假設，只能一個接一個地作假設。」(*S. H.*, p. 179) 他多次指出，最好把不同假設的數目減到最小限度，只引入少數基本假設，而不要引入多數特設假設或輔助假設。堆積一大堆假設是無用的，而且會帶來麻煩。例如，假使我們在若干假設的基礎上構造理論，如果實驗否證這個理論，我們前提中的哪一個假設必須改變呢？這是我們無法知道的。相反地，如果實驗成功了，我們也不能認為一舉證明了所有假設，至多只能說實驗與它們不矛盾。也正是在這種意義上，彭加勒認為沒有所謂的「判決性實驗」。

（二）

　　毋庸置疑，美完全統治著藝術領域，但是美的王國卻遠遠延伸到藝術領域之外，它也囊括了人類精神生活的其他領域。正像在藝術創造活動中一樣，科學創造活動也深深地打上了審美的烙印。可以毫不誇張地說，在精密科學的重大發現和理論評價當中，科學美（或它的最抽象、最集中的體現：數學美）是啟迪思想和明晰思想的最有效的工具之一。

　　彭加勒對科學美尤有濃厚的興趣和深刻的感受。他深有體會地說：「一個名副其實的科學家，尤其是數學家，他在他的工作

---

❷　M. J. 妮厄：〈十九世紀關於原子的爭論與一種「中性假設」的二難推論〉，鄭玉鈴譯，《自然科學哲學問題叢刊》（北京），1980 年第 4 期，頁 56-66。

中體驗到和藝術家一樣的印象，他的樂趣和藝術家的樂趣具有相同的性質，是同樣偉大的東西。」❸ 科學家所體驗到的這種印象就是和藝術美可以相提並論的科學美。彭加勒曾這樣繪影繪聲地描寫數學行家在數學研究中所獲得的類似於繪畫和音樂所給予的樂趣：

> 他們讚美數和形的微妙和諧；當新發現向他們打開了意想不到的視野時，他們驚嘆不已；他們感到美的特徵，儘管感官沒有參與，他們難道不樂在其中嗎？……對所有傑出的藝術家來說，情況難道不也是這樣嗎？(V. S., p. 139)

在彭加勒看來，科學美根源於自然美。正因爲如此，「數學家把重大的意義和他們的方法與他們的結果的雅致聯繫起來」的作法才「不是純粹的淺薄涉獵」(S. M., p. 25)；正因爲如此，我們才毋需擔心「這種本能的和未公開承認的偏見將使科學家偏離對眞理的追求」(S. M., p. 16)。但是，科學美並不是自然美，即「不是給我們感官以印象的美，也不是質地美和表觀美」。彭加勒認爲他並不是小看自然美，而是這種美與科學無關。科學美是「比較深奧的美」，是「潛藏在感性美之後的理性美」。「這種美在於各部分的和諧秩序，並且純粹的理智能够把握它。正是這種美使物體，也可以說使結構具有讓我們感官滿意的彩虹般的外表。沒有這種支持，這些倏忽卽逝的夢幻之美結果就是不完美的，因爲它是模糊的、總是短暫的。相反，理性美可

---

❸ ポアンカレ (H. Poincaré): 《科学者と詩人》，平林初之輔訳，岩波書店，1928 年，p. 139。

以充分達到它自身」，它能「使理性變得可靠、有力」。(*S. M.*, pp. 15-17)

作爲理性美的科學美，其基本含義和內容是什麼呢？這得從美的定義說起。關於美，甚至在古代就有兩種定義：一種定義說，美是部分同部分，部分同整體的固有的協調；另一種定義認爲，美根本不涉及到部分，而是「一」的永恒光輝透過物質現象的朦朧的顯現。一般說來，科學家所謂的科學美似乎兼容了這兩種定義的內容，但他們彷彿比較偏愛第一種。

彭加勒就持有這樣的觀點。他雖然對科學美沒有下一個完整的、明確的定義，但卻把「雅致」、「和諧」、「對稱」、「平衡」、「秩序」、「統一」、「方法的簡單性」、「思維經濟」等賦予科學美。彭加勒說：

> 在解中，在證明中，給我們以雅致感的實際上是什麼呢？是各部分的和諧，是它們的對稱、它們的巧妙平衡；一句話，雅致感是所有引入秩序的東西，是所有給出統一、容許我們清楚地觀察和一舉理解整體和細節的東西。

這種科學美也起因於「方法的簡單性和提出的問題的複雜性之間的懸殊差別」，而且「這種審美的滿足與思維經濟密切相關」(*S. M.*, pp. 25-26)。不過，在這形形色色的含義中，彭加勒最強調的還是「和諧」，他甚至把其他含義和內容也包容於和諧之中，有時則乾脆認爲，「普遍和諧是眾美之源」(*V. S.*, p. 10)。他還說過：

運用數學符號就像運用物理實在一樣；正是在比較事物的不同方面的過程中，我們能夠領悟它們的內部和諧，唯有這種內部和諧才是美的，從而值得我們努力追求。(*V. S.*, p. 149)

也正是由於和諧是眾美之源，因此審美感「並不是由感覺的質的本身所激起，而是由我們經受無意識的印象的感覺關係的和諧組合所激起。」(*V. S.*, p. 264)

科學美是一種理性美，而理性美必須由人的理智來把握和感受，因此科學美必然是主客觀的統一，必然帶有強烈的主觀色彩，必然只能為具有特殊審美感的科學家深深體驗到。彭加勒正是這樣看問題的。他說：「美的事物是其本身最適合於我們理智的事物，因此它們同時是這種理智最了解如何使用的工具。」(*S. M.*, p. 17)。「簡言之，數學雅致感僅僅是由於解適應於我們精神的需要而引起的滿足，這個解之所以能夠成為我們的工具，正是因為這種適應。」(*S. M.*, p. 26) 科學美「只有少數有特權的人才能充分享受。」(*V. S.*, p. 139)

科學美在科學研究和科學探索活動起著不容忽視的作用，概括彭加勒的觀點，大致有以下三個方面。

第一，科學美是激勵科學家忘我工作的強大動力。彭加勒說：

科學家研究自然，並非因為它有用處；他研究它，是因為他喜歡它，他之所以喜歡它，是因為它是美的。如果自然不美，它就不值得了解；如果自然不值得了解，生活也就

毫無意義。……科學家之所以投身長期而艱鉅的勞動，也
許爲此緣故甚於爲人類未來的福利。(*S. M.*, p. 15)

在彭加勒看來，科學是眞、善、美的統一：對科學美的追求不會
偏離對眞的追求，這種追求能使人變得更完善，因此爲眞理本身
的美而忘我追求眞理是合情合理的 (*S. M.*, pp. 16-17)。在這
裏，彭加勒是一位摒棄短視的實用主義，高揚高遠的理想主義的
人。他希望數學家不要期待直接的效用，而必須像藝術家那樣去
工作。

第二，科學美是選擇事實和評價理論的重要標準。彭加勒
說：

> 正是對這種特殊美，卽對宇宙和諧的意義的追求，才使我
> 們選擇那些最適合於爲這種和諧起一份作用的事實。
> 正因爲簡單是美的，正因爲壯觀是美的，所以我們寧可尋
> 求簡單的事實、壯觀的事實；我們樂於追尋星球的壯觀路
> 線；我們樂於用顯微鏡觀察極其微小的東西，這也是一種
> 壯觀。

科學家也往往給方法和結果雅致的理論賦予重大的意義，而且一
般說來，這些作法並不會使科學家偏離眞理。(*S. M.*, pp. 16,
25)

第三，科學美是科學發明的神奇工具，這是科學美的最重要
的功能。彭加勒以數學發明爲例說明科學美的這種作用。在他看
來，數學發明就是在大量的數學組合的集合中進行選擇，具有審

美感的科學家能一眼洞察到整體和細節。事實上，我們越是清楚地、越是一目了然地觀察這個集合，我們就越是徹底地覺察到它與其他鄰近對象的類似性，從而我們就有更多的機會推測可能的推廣。在意外地聚合了我們通常沒有匯集到一起的對象時，雅致可以產生意想不到的感覺；在這裏，它再次是富有成果的，因為它這樣便向我們揭示出以前沒有辨認出的親緣關係。甚至當它起因於方法的簡單性和提出的問題的複雜性之間的懸殊差別時，它也是富有成效的，而且每每促使我們看到，偶然性並不是原因，它必定能在某個未曾料到的定律中找到 (*S. M.*, pp. 25-26)。彭加勒得出結論說：「正是這種特殊的審美感，起著微妙的篩選作用，這就充分地說明，缺乏這種審美感的人永遠不會成為眞正的創造者。」(*S. M.*, p. 59)

(三)

彭加勒關於數學發明及其心理機制的描述是十分有趣的。他於 1908 年 5 月在巴黎普通心理學研究所以〈數學發明〉為題發表了講演，同年 6 月該會會刊《通報》刊載了他的講演稿，幾個月後彭加勒把這篇講演收入到他的《科學與方法》 (*S. M.*, pp. 43-63) 一書中，標題變成〈數學創造〉。正是這篇講演，後來直接成為數學家阿達瑪 (J. Hadamard, 1865-1963) 研究數學發明創造的動因和資料源泉，促使他在 1954 年出版了《數學領域中的發明心理學》一書。

當時，由萊桑 (Laisant) 和費爾 (Fehr) 在瑞士編輯出版的《數學教學》雜誌也著手調查數學家的思想習慣和工作方法。

這家雜誌提出了三十個問題，分送給參加海德堡和聖·路易斯國際會議的數學家以及其他知名的數學家（共一百餘人）。在1905年至 1908 年，這些回答材料以適當的摘要形式發表了，在1909年收集起來以單行本的形式出版。在這些調查結果發表時，彭加勒已完成了他的講演稿的草稿，因此不可能利用這些調查結果。但是，大多數數學家的答覆材料卻證實了彭加勒的結論。下面，我們擬以彭加勒的這篇講演為主，闡述一下他關於數學發明及其心理機制的觀點。

彭加勒認為數學創造實質上即是數學發明，而數學發明則是識別、選擇。為了弄清這個含義，我們不妨走遠一點，分析一下科學創造究竟是「發現」還是「發明」。

關於「發現」和「發明」二詞的涵義，《辭海》的解釋是這樣的：「發現」意指「本有的事物或規律經過探索、研究才開始知道」；而「發明」則意指「創制新的事物，首創新的製作方法」。在西文中，「發現」一詞（英 discovery, 德 Entdeckung, 法 découverte）也包含著「使原來隱蔽著的東西顯現出來」的語義，而「發明」一詞（英 invention, 德 Erfindung, 法 invention）則意味著「想出、設計出或製作出某種新事物、新過程」。可見，中、西文對「發現」和「發明」的含義的理解大體上是一致的。因此，人們一般把在科學上創造新理論稱為「發現」，而把在技術上創造新事物稱為「發明」，故有「科學發現」和「技術發明」的慣用稱謂。

在科學家和哲學家中間，一些人也堅持這種傳統的看法。他們認為理論始終存在於可觀察的對象之中，科學家發現它，就像哥倫布發現新大陸一樣。科學家不是發明家，科學家用感官看見

可觀察的現象，而用「思想之眼」洞見理論。另一些人則堅持認為，理論是科學家發明的，在科學家找到它之前，它並不「存在」。

現代科學大革新家愛因斯坦就持有後一種觀點。他認為：「概念和基本原理都是人類理智的自由發明。」他在批評馬赫的認識論和科學觀時指出：

> ……我看他的弱點正在於他或多或少地相信科學僅僅是對經驗材料的一種整理；也就是說，在概念的形成中，他沒有辨認出自由構造的元素。在某種意義上他認為理論是產生於發現，而不是產生於發明。❹

由此可見，是發明還是發現理論的問題，涉及到經驗材料對科學家思維影響的程度。所謂發明，愛因斯坦意指精神跨越以感覺和材料為一方，以概念和公理的創造為另一方這二者之間的鴻溝；所謂發現，則意指按照現存的模式或智力圖象整理經驗材料。儘管愛因斯坦有時也混用「發明」和「發現」這兩個詞彙，但他始終認為發明是通向創造性思維的道路。

美國科學史界的後起之秀阿瑟・米勒 (Arthur I. Miller) 在他的專著中指出：

> 科學中的創造性活動強調發明高於發現，而知識的結構則強調發現高於發明。發明類似於符號遊戲，在這種遊戲

❹ 《愛因斯坦文集》第一卷，許良英等編譯，商務印書館(北京)，1976 年第 1 版，頁 314, 438。

中，伴隨著對資料的想像，這些資料被吸收到圖式之中，資料僅稍微與圖式有關；……❺

米勒通過對科學史大量案例的研究所得出的結論是有一定道理的。這樣看來，發明就是一種再現認識行爲的概念框架的設定，是思維自由的創造性的活動；而把發現理解爲「使原來隱蔽著的東西顯現出來」，就容易使人認爲發現不是創造性行爲。

其實，彭加勒早就具有上述有關見解，儘管他的某些表述還不是那麼十分清楚的。在彭加勒看來，數學創造是人類精神的能動性的最大體現，在這種能動性中，人類精神從外部世界取得的東西最少，人類精神只是自行活動或按照自己的意志活動。因此，心理學家對數學創造十分感興趣，因爲他們在研究數學思維的步驟時，可以期望達到人類精神的最本質的東西。

數學創造實際上是什麼呢？彭加勒的回答是：「數學創造並不在於用已知的數學實體作出新的組合。任何一個人都會作這種組合，但這樣作出的組合在數目上是無限的，它們中的大多數完全沒有用處。創造恰恰在於不作無用的組合，而作有用的、爲數極少的組合。」正由於這樣，「發明就是識別、選擇。」（*S. M.*, p. 48）彭加勒認爲，數學工作不是簡單的機械工作，它不能用機器去完成，無論如何不能用機器圓滿地完成。這不僅僅是應用法則的問題和按照某一固定的規律作出許多可能的組合的問題。這樣得到的組合爲數極多，但卻是無用的、麻煩的。發明者的眞正工作就在於在這些組合中進行選擇，以便消除無用的組

---

❺　Arthur I. Miller, *Imagery in Scientific Thought*, Birkhauser Boston Inc., 1984, p. 130.

合，或者更確切地講，避免使他們陷入困境，而且必須使指導這種選擇的法則極其精巧、極其微妙。這是只可意會而難以言傳的，在這種情況下，怎麼能夠設想一個機械地應用它們的篩子呢？

如何進行這種選擇呢？在彭加勒看來，值得加以研究的數學事實是這樣一些事實，通過它們與其他數學事實的類比，能夠導致我們了解數學定律，正像實驗事實能夠導致我們了解物理學定律一樣。這些事實能夠向我們揭示出其他事實之間的意外關係，而在此之前我們卻錯誤地認為，那些早就知道的其他事實彼此之間是毫無聯繫的。彭加勒進而指出，在所選擇出來的組合中，最富有成果的組合是從相距很遠的領域取來的元素所形成的組合。但是，這並不意味著把盡可能相異的對象收集到一起就足以作出發明，這樣形成的大多數組合都毫無成果，不過它們之中的某些極稀有的組合卻是最富有成果的。

彭加勒唯恐別人誤解他的「發明就是選擇」的意思，他趕緊作了說明：「選擇」這個詞也許不十分嚴格。選擇並不是像採購員那樣，面對眼前陳設的大量貨樣，逐個審視它們，以便從中挑選。這裏的貨樣多得不可勝數，他花費一生的時間和精力也難以把它審查完畢。選擇的實際過程根本不是這樣。無結果的組合甚至不出現在發明家的思想中。除了他拋棄的一些組合——儘管它們也在某種程度上具有有用組合的特徵——之外，在他有意識作出的組合的範圍內，彷彿實際上從來也沒有無用的東西。這一切就好像發明家是一位複試主考人，他只詢問已經通過初試的候選人。

怎樣在大量的組合中識別、選擇最富有成果的組合呢？這就

要靠直覺，這是一種難以定義的微妙的感覺。具有直覺的人，儘管他們沒有超常的記憶力，也可以成爲創造者，其成功之大小取決於這種直覺在他們身上發展程度之大小。因此，並非每一個人都能作出發明，因爲並非每一個人都具有這種直覺。

（四）

彭加勒通過自己發明富克斯函數的切身體驗，說明了數學發明的心理機制，從中我們可以比較深刻地洞察到數學家的心靈究竟發生了些什麼。彭加勒發明富克斯函數的經過像九幕戲劇一樣，栩栩如生地呈現在我們的面前。彭加勒是這樣向我們敍述的：

> 我曾用十五天時間力圖證明不可能存在任何類似於我後來稱之爲富克斯函數的函數。我當時一無所知；我每天獨自一人坐在我的辦公桌前，待一兩個小時，嘗試了大量的組合，什麼結果也沒有得到。（第一幕）
>
> 一天夜晚，我違反了我的習慣，飲用了黑咖啡，久久不能入睡。各種想法紛至沓來，我感到它們相互衝突，直到成對地結合起來，也就是說，造成了穩定的組合。（第二幕）
>
> 到第二天早晨，我已確立了一類富克斯函數的存在，它們來源於超幾何級數；我只能寫出結果，僅花費了幾個小時。接著，我想用兩個級數之商把這些函數表示出來；這種想法完全是有意識的和深思熟慮的，與橢圓函數的類比指導著我。我問我自己，如果這些級數存在，它們必須具

有什麼性質，我毫不費力地獲得了成功，形成了我所說的
θ富克斯函數。（第三幕）

恰恰在這時，我離開了我當時居住的卡昂，參加了礦業學
校主辦的地質考察旅行。沿途的景致使我忘卻了我的數學
工作。到達庫唐塞後，我登上公共馬車去某個地方。當我
的腳踩上踏板的一剎那，一種想法湧上我的心頭，即我通
常定義富克斯函數的變換等價於非歐幾何學的變換，在我
先前的思想中，似乎沒有什麼東西為它鋪平道路。我沒有
證明這一想法；我坐在公共馬車的座位上，繼續進行已經
開始的談話，但是我感到它是完全可靠的。（第四幕）

回到卡昂，為了問心無愧起見，我抽空證實了這一結果。
然後我把注意力轉向一些算術問題的研究，表面看來沒有
取得許多成果，也沒有想到它們與我以前的研究有什麼關
係。我為我的失敗而掃興，於是前往海濱消磨幾天時間，
想一些其他事情。（第五幕）

一天早晨，當我正在懸崖邊散步時，一種想法浮現在我
的心頭，即不定三元二次型的算術變換等價於非歐幾何學
的變換，它正好同樣具有簡潔、突然和直接可靠的特徵。
（第六幕）

返回卡昂後，我深思了這個結果，推導出一些結論。二次
型的例子向我表明，存在著富克斯羣，這些羣不同於與超
幾何級數對應的羣；我看到，我可以把θ富克斯級數理論
應用於這些羣，從而存在著一些富克斯函數，它們不同於
當時我知道的從超幾何級數得到的函數。我自然而然地讓
我自己構造這一切函數。我向它們發起了系統的攻擊，一

個接一個地攻克了所有的外圍工事。有一處外圍工事無論
怎樣進攻還是歸然不動，只有攻陷它才能占領整個陣地。
但是，我的全部努力乍看起來只是使困難清楚地呈現在我
的面前，事情實際上就是這樣。所有這些工作完全是有意
識的。（第七幕）

緊接著，我要去瓦萊里昂山服軍役；這樣，我便從事截然
不同的工作。一天，我正在大街行走，曾經使我感到困難
的答案突然浮現在我的眼前，我無法立即探討它。（第八
幕）

只是在服役結束後，我才開始繼續研究這個問題。我已有
全部元素，只需排列和整理它們。就這樣，我一舉寫出了
我的最後的論文，絲毫沒有感到有什麼困難。（第九幕）

　　請原諒我們冗長的引用吧！彭加勒身歷其境的敍述太逼真、
太生動了，以致我們不忍心隨意對它加以剪裁、取捨。其實，在
彭加勒的另外的研究工作中也有類似的情況。彭加勒認爲，這一
個例子已能够完全說明問題，多舉了也無用，其他數學家在《數
學教學》雜誌中所給出的意見只會證實它們。

　　在彭加勒發明富克斯函數的經過的敍述中，最引人注目、最
使人感興趣的是第二、四、六、八幕，它們是直覺式的頓悟或靈
感的顯現，這是先前長期無意識（unconscious，也可譯潛意識）
工作的明顯徵兆。彭加勒認爲,在數學發明中，這種無意識工作的
作用似乎是不可否認的，卽使在其他不太明顯的情況下，也可以
發現它的踪跡。當人們研究一個艱難的問題時，在第一次進攻中
往往達不到良好的效果。於是人們或長或短地休息一下（像彭加

勒的睡覺、旅行、散步、逛街），坐下來重新工作。在起初半小時內，像以前一樣，什麼也找不到，然後一個決定性的想法突然浮現在腦海。在頓悟之前的有意識工作之所以富有成效，是因為它被打斷了，休息使思想生氣勃勃、精力飽滿。但是，這種休息並不是大腦停止了活動，而是充滿了無意識的工作，它給數學家揭示了難題的答案。這種揭示可以在輕鬆的散步或旅行時發生，也可以在有意識的工作期間發生，不過它與有意識的工作無關；有意識的工作至多起了興奮劑的作用，猶如它是一種刺激物一樣，它激發了在休息時已經達到的結果，但這種揭示依然是無意識的，儘管它採取了有意識的形式。

關於這種無意識工作的條件，彭加勒作了如下說明：

> 如果一方面有意識的工作期間在它之前，另一方面有意識的工作期間又尾隨其後，那麼它就是可能的，而且肯定是富有成果的。(S. M., p. 54)

這些突如其來的靈感（已經引用的例子充分證明了這一點）只有在有意識地努力工作了若干天之後才會出現，儘管這些努力好像毫無成果，從中也沒有得出什麼好東西，而且所採取的路線似乎也是完全錯誤的。然而，這些努力並不像人們設想的那樣一點結果也沒有；它們驅動著無意識的機器，沒有它們，無意識的機器就不會運轉，也不會產生出任何東西。至於靈感之後的第二個時期的工作的必要性，是比較容易理解的。必須使靈感的結果成形，從它們之中推導出直接的結論，整理它們，用語言表達出證明，而且必須驗證這一證明。從靈感或頓悟中，即從無意識工作

的成果中，人們可望得到的僅僅是一個出發點。至於其後的驗證、運算、推導、證明等，則是相當嚴格、相當複雜的，它們要求紀律、注意力、意志，因而要求意識。從彭加勒的例子我們可以看到，在四次靈感或頓悟（飲用黑咖啡夜晚久久不能入睡時，腳踩上公共馬車踏板的一刹那時，正在懸崖邊散步時，服軍役正在大街上行走時）的前後，都是有意識的工作，其中第三幕和第五幕是承前啟後的有意識的工作。但是，無意識的工作並不必要由物質的刺激物（如黑咖啡）引起。在這樣的情況中，人們在他無意識的工作中呈現出的東西似乎可以部分地被過分激動的意識所領悟，可是這並不改變無意識的工作的本性。彭加勒的這一切論述說明，不願付出艱苦的勞動，僅乞望靈感從天而降，無異於守株待兔。但只是苦幹而沒有靈感的閃光，也不能作出數學發明。

　　彭加勒指出，伴隨著靈感的產生，我們對頓悟到的結果有絕對確實性的感覺，這種感覺不是騙子，而且它通常的確不會騙人。但是，不能認為這個法則沒有例外，這種感覺有時顯得很逼真，也往往會欺騙我們，只有當我們企圖證明時，才會發現這一點。由此可見，靈感之後的有意識的工作是多麼重要了：它使靈感的正確結果成形，它使靈感的錯誤結果廢棄。但是，在數學發明中，頓悟的顯現或靈感的產生畢竟起著關鍵性的突破作用，它自然受到發明家的特別關注。彭加勒就這樣說過：當我早晨或晚上躺在床上處於半睡眠狀態時，常有一些想法浮想聯翩，我特別注意這一事實。

　　為了探討在數學發明中無意識工作和有意識工作的心理機制，彭加勒引入了無意識的自我（the unconscious self）或閾下

的自我 (the subliminal self，也可譯爲潛在的自我) 以及有意識的自我 (the conscious self) 的概念。他認爲，無意識的自我或閾下的自我在數學創造中起著舉足輕重的作用。他說：

> 閾下的自我決不在有意識的自我之下；它不是純粹機械的；它能夠識別；它機智、敏銳；它知道如何選擇、如何憑直覺推測。……它比有意識的自我更清楚地知道如何憑直覺推測，因爲它在有意識的自我失敗了的地方獲得成功。一句話，閾下的自我難道不比有意識的自我優越嗎？(S. M., p. 56)

彭加勒認爲，可以肯定，在無意識的工作延續了一段時間之後，以一種頓悟的形式呈現在我們腦海裏的組合，一般說來是有用的、多產的組合。其實，這只是初次印象的結果，確切地講，閾下的自我也形成了許多毫無興趣的組合。這種看法是必要的，因爲有意識的自我嚴格地受到限制，至於閾下的自我，我們不知道它的限制，它是自由的，它在短時間內作出的各種組合，也許比有意識的自我在整個一生所能完成的組合還要多。假使它僅僅產生一小部分組合，我們從中能夠選擇、可以發現的有效的組合的機遇就會很少。在閾下意識所形成的大量組合中，只是有趣的組合才能闖入意識領域。也就是說，在我們無意識活動的無數產物中，只有一些被召喚通過閾限，其他的依舊在閾限之下。這種特權並不是簡單的偶然性給予的。在我們感覺到的所有刺激物中，只有最強的才能引起我們的注意。有特權的無意識現象，卽容許變成有意識的現象，就是這種能引起我們注意的最強的刺激

物，它直接或間接地最深刻地影響了我們的情感。這種情感是一切真正的數學家都知道的真實的審美感，卽數學的美感，數和形的和諧感，幾何學的雅致感。

在彭加勒看來，被我們賦予美和雅致這一特徵的、能在我們思想上激起一種審美情感的數學實體是這樣的實體：它們的元素和諧地配置，以致精神能夠毫不費力地包容它們的整體，同時又能認清細節。這種和諧同時是我們審美需要的滿足以及支持、指導我們思想的助手。而且，一個秩序井然的整體擺在我們的雙目之下，促使我們預見數學定律。由此可見，有用的組合恰恰是最美的組合，最美的組合能使數學家的審美感著迷。

在這些分析的基礎上，彭加勒得出結論說：

> 在由無意識的自我盲目形成的大量組合中，幾乎所有的都毫無興趣、毫無用處；可是正因為如此，它們對審美感也沒有什麼影響。意識永遠不會知道它們；只有某些組合是和諧的，從而同時也是有用的和美的。它們能夠觸動我剛才所說的數學家的這種特殊情感，這種情感一旦被喚起，便會把我們的注意力引向它們，從而為它們提供變為有意識的機會。(*S.M.*, pp. 58-59)

為了解釋閾下的自我所進行的無意識的工作和有意識的自我所進行的有意識的工作之機制，彭加勒把組合中的未來元素想像為伊璧鳩魯 (Epicurus, 前 342?-?270) 的帶鉤原子。在精神完全休眠時，這些原子是不動的，也可以說，它們鉤住了牆壁，這種完全休眠可以無限延續下去，沒有相遇的原子，從而在它們

之間也沒有任何組合。可是，在表面上的休眠和無意識的工作期間，它們中的某些原子脫離牆壁並開始運動。它們通過封閉它們的空間向各個方向傳播，猶如一羣蚊蟲，或者說像物理學的氣體運動論中的分子。它們相互碰撞可以產生新的組合。初期的有意識的工作的作用在於，它使這些原子中的某一些可以運動，它把它們從牆壁上卸下來並使它們自由活動。在此期間，我們之所以沒有作出有效的組合，是因爲要把這些原子集合起來，就要使它們以無數不同的方式運動，即便如此還是找不到滿意的集合。但是，通過我們的自由意志使這些原子開始運動之後，它們就不會返回到它們的初始狀態，它們自由地繼續它們的運動。但是，我們的自由意志並非隨意地選擇它們，它追求一個完全確定的目的。因此，可動的原子並非無論什麼樣的原子，它們是我們可以合理地期望從中得到所要求答案的原子。於是可動的原子經受碰撞，從而使它們進入它們之間的組合，或者與在它們的進程中撞擊到的其他靜止的原子形成組合。不管情況如何，有形成機遇的組合中的元素至少有一個是由我們的自由意志自由地選擇出的那些原子之一。在這些組合中，可以找到所謂的有效的組合。彭加勒認爲，他的這一比喻是很粗糙的，但他不知道如何用其他方法使自己的思想得到人們的理解。

現代心理學已經證明，所有的認識都是長時間的事情，在意識內容可以由理性加以系統表述出來之前，長時間地伴隨著處於無意識狀態的種種過程；它又把注意力轉移到了認識的前意識的廢而不用的階段。在這一階段中，清晰的概念被具有強烈情緒內容的表象所替代，這些表象不是思想，而是彷彿在心靈的眼睛前面圖畫般地看到的東西。這些表象表現在一種猜測的但卻仍然未

知的事態範圍內，根據容格(C. G. Jung, 1875-1961) 提出的符號定義，它們也可以稱爲象徵性的。這些原型作爲在這個象徵性的表象世界中的調整控制器和造字要素，實際上起著感覺和理念之間有效的橋梁作用，因而也是形成科學理論的必要的先決條件。然而，必須注意把這一直覺的知識轉移到意識之中，使它與特殊的、在理論上可以系統表示的理念聯繫起來❻。

（五）

　　彭加勒關於他自己如何發明富克斯函數的詳盡描述，尤其是關於數學發明心理機制卽兩種自我的工作方法的探討是十分有趣的，這顯示出彭加勒並非十分外行的心理學家的形象。

　　彭加勒對數學發明反省的最爲獨特之處是關於無意識工作和閾下的自我的精彩描述。這可能根源於他熟悉心理學家夏爾科(J. M. Charcot, 1825-1893) 和讓內 (P. Janet, 1859-1947) 的著作。他也熟悉他的妹夫、哲學家布特魯 (E. Boutroux, 1845-1921)，而布特魯是美國第一流心理學家威廉·詹姆斯 (William James, 1842-1910) 的朋友。他也經常在巴黎出席弗洛伊德 (S. Freud, 1856-1939) 的一位密友和堅定支持者博納帕特 (M. Bonaparte) 的晚會，對弗洛伊德的學說肯定比較了解。在這些心理學家當中，除夏爾科比彭加勒長一輩之外，其他三位和彭加勒都屬同一輩人。

---

　　❻ 這段話是量子物理學家泡利 (W. Pauli, 1900-1958) 在一篇論文中講的，泡利是心理學家容格的朋友。參見《自然科學哲學問題叢刊》（北京），1982 年第 1 期，頁 46。

詹姆斯關於無意識、意識的選擇性、意識流的論述也許對彭加勒有所啟示。在詹姆斯看來，有關潛意識或無意識的精神生活問題是心理學中的極其重要的問題，有效的刺激可能只有一小部分進入意識，意識流中的大量東西是模糊的、支離破碎的、不可捉摸的。思想包含的不僅有中止處，那是容易觀察到的，而且有過渡狀態，那是非常模糊的、疾飛般掠過的和不確定的東西，躲過了大多數心理學家的注意。心理學家曾在思想流的實質點截取橫斷面，他們忽略了那些飛速而過的、稍縱卽逝的東西❼。

夏爾科是彭加勒的同胞，讓內和弗洛伊德是夏爾科的得意門生。1889 年，讓內在他的博士論文〈心理的不自主運動〉中就提出了無意識的概念，這要早於弗洛伊德，但他對這個概念並沒有進行系統的論述。弗洛伊德最有創造性的貢獻之一就是對於無意識或潛意識的分析。在弗洛伊德看來，無意識並不是權宜之計，並不是有名無實的東西，只要認識了無意識，就爲世界和科學的一個決定性的新傾向鋪平了道路。他宣稱精神分析派的第一個論斷就是肯定精神過程都是無意識的，而那些有意識的精神過程只不過是一些孤立的動作和整個精神生活的局部。他認爲無意識不是當時處於潛伏狀態的那種東西的名稱，無意識是一個特殊的精神領域，它具有自己的願望和衝動，自己的表現方法以及它所特有的精神機制。爲了解釋這種機制，弗洛伊德把人的精神活動區分爲三個系統：無意識系統、下意識系統或前意識系統、意識系統。前兩個系統也可以並稱爲無意識系統。他認爲無意識系統是心理分析的深層基礎，不受客觀現實調節，是人的生物本能、欲

---

❼ G. 墨菲等：《近代心理學歷史導引》，林方等譯，商務印書館（北京），1980 年第 1 版，頁 269。

望和其他奇妙的東西的儲藏庫。這些東西具有強烈的心理能量的
儲備，總要爲自己尋找出路，表現出來。下意識或前意識系統是
位於意識系統和無意識系統之間的一個邊緣部分，其中無意識的
衝動、願望、感情，很容易轉移到意識系統中去❽。

　　彭加勒很可能或多或少地了解這些著名心理學家的思想，加
之他本人對數學發明的心理狀態也有切身的體會，難怪他的描述
是那樣維妙維肖，分析是那樣引人入勝。不用說，彭加勒對數學
發明的心理機制的深層解釋僅僅停留在粗糙的比喩上，而缺乏精
密的科學論證。這也難怪，因爲時至今日，腦科學、思維科學、
認知心理學等學科的發展，也無法對此作出令人信服的解釋。人
腦對大至宇宙、小至基本粒子的客觀對象已具有不少的知識，但
是人腦對人腦的認識卻實在是太膚淺了。

　　在心理學家的眼裏，彭加勒的形象又是如何呢？1895年，心
理學家圖盧茲（E. Toulouse）著手從事一項雄心勃勃的計畫，
他想用臨床醫學方法和心理學實驗方法來審察在他們的工作中顯
示出優越精神的人。他和彭加勒在1897年談了話後，寫出了《昂
利·彭加勒》一書，該書經由彭加勒的認可於1910年出版了。這
是通過與大科學家面對面交談而完成的唯一系統的心理學傳略。

　　據圖盧茲敍述❾，彭加勒是中等身材（ 5 英尺 4 英寸，約
1.65米），較肥胖（154 磅，約 57.4 公斤），稍微有點駝背，
外表看來漫不經心，有傳奇色彩。即便在他參加巴黎科學院、法
蘭西學院或巴黎大學全體教職員會議時，他不是畫草圖（通常是

❽ 轉引自周義澄：《科學創造與直覺》，人民出版社（北京），1986
年第 1 版，頁 215-216。
❾ 關於圖盧茲和西蒙的看法，參見前注❺，頁 235-241。

對稱繪製），便是在備忘錄上寫數學，甚至隨便找個信封之類的
東西就在背面亂畫亂寫起來。據美國科學史家米勒考證，彭加勒
是一個積習很深的亂寫亂畫的人，他一再畫對稱的圖形，這從他
在巴黎綜合工科學校上學時的筆記本就可以看出。

　　圖盧茲說，彭加勒從上午十點工作到正午，然後由下午五點
工作到七點，晚上留出時間看雜誌。彭加勒患有輕度失眠症，他
把失眠與慢性消化不良聯繫起來。他一般從晚上十點到第二天早
晨七點都躺在床上，實際有效睡眠時間只有七個鐘頭，甚至最輕
微的噪聲也能驚醒他。據彭加勒講，在進入熟睡之前，他的腦海
裏浮現出十分逼真的假設性的視覺圖象，他事後無法清楚地回憶
它們，它們通常牽連到動來動去的默不作聲的人。（請注意：彭
加勒在「數學發明」的講演中提到，當他早晨或晚上躺在床上處
於半睡眠狀態時，常有一些想法浮想聯翩）進入較深度的睡眠
時，這些不合意的圖象便會被根本無法回憶的夢所替代。彭加勒
肯定地認為，他從來也沒有在熟睡和作夢時解決數學問題。

　　圖盧茲把彭加勒對於各種試驗（例如記數的順序、記字母
的順序、記文章等）的反應與小說家左拉（Emil Zola, 1840-
1902）和雕塑家達盧（Jules Dalou, 1838-1902）的反應作了比
較。圖盧茲向三個受試者每人讀一段文章，然後請他們重新寫出
來。左拉完成得最好，幾乎逐字逐句地重寫出了那段話。達盧許
多細節出了錯，但卻自由地重新安排了句子並簡化了文字。彭加
勒一些細節出了錯，但卻按事件的邏輯順序重寫了它，即他保存
了文章的形式。圖盧茲得出結論說，彭加勒不會死記硬背地學
習。但是，他並沒有斷言彭加勒記憶力差。彭加勒力圖硬記住數
與詞的集合，並力圖使它們符合圖式。圖盧茲繼續說，彭加勒往

往記不住實驗室儀器的個別功用或數學公式，但卻力圖從第一原理推算它們。這些結果與彭加勒一眼就能把握數學證明的能力是一致的。不過，圖盧茲認爲彭加勒的意象（imagery）是「聽覺式的」。米勒不贊同圖盧茲的這一結論，他指出「聽覺式的」東西並沒有引起彭加勒的創造性思維，例如詞或聲音並沒有在彭加勒發明富克斯函數中起作用。彭加勒的意象是借助於「感覺式的」東西。彭加勒不是認爲自己是直覺主義者嗎？

圖盧茲關於「天才問題」的結論在於，存在著達到徹悟的恰當的綜合傾向，該傾向在把知識場的元素聯繫起來時起了重要作用。圖盧茲說，彭加勒把這種無法表達清楚的過程稱之爲無意識的工作。

諾貝爾經濟濟學獎獲得者、美國人工智能理論奠基人之一西蒙（H. A. Simon, 1916- ；他自取中文名字司馬賀）猜想，彭加勒的思維是由兩種機制構成的，他分別稱其爲「通曉」和「有選擇的忘卻」。通曉是有意識的工作，它是利用資料沿著一個決策樹的節和枝到達目標。在有選擇的忘卻或潛伏中，決策樹從記憶中消失了，隱藏在下一個嘗試中，這是下一個通曉週期的節點。

不管怎樣，彭加勒的感覺意象和創造性思維能夠使他在數學中達到令人驚訝的結果，在這裏他把提供嚴密性的任務留給了其他人。另一方面，在物理學中，他得心應手的工作則是批判、精製和提供嚴密性，當然他在這方面也有天才的直覺能力。

第七章 學派相同而「主義」迥異
——馬赫、彭加勒哲學思想異同論

獨憐幽草澗邊生，

上有黃鸝深樹鳴。

春潮帶雨晚來急，

野渡無人舟自橫。

—— 滁州西澗

唐·韋應物

恩斯特·馬赫 1838 年生於奧地利帝國邊境上的一個小鎮。他 22 歲時畢業於維也納大學並獲得博士學位。1864 年，馬赫受命任格拉茨大學數學講座職位，後又任物理講座。1867-1895 年，他在布拉格大學任實驗物理學教授，並兩次擔任校長職務。1895 年，馬赫應聘到母校擔任專為他設立的「歸納科學的歷史和理論」講座，成為世界上第一位科學哲學教授。1898 年馬赫不幸中風，右半身癱瘓。1901年退休，繼續從事著述工作。1916 年因患心臟病去世。馬赫在哲學方面的主要代表作是《力學史評》（1883 年初版，主要是一部科學思想史著作）、《感覺的分析》（1886年初版，也是一部心理學著作）、《認識和謬誤》

（1905年初版）等。

彭加勒比馬赫小 16 歲， 而馬赫卻比彭加勒晚去世 （ 1916
年） 4 年。從現有的資料來看， 他們二人之間似乎沒有見過面，
好像也沒有什麼直接交往。他們的聯繫恐怕主要是學術上和思想
上的： 彭加勒在他的著作中多次公開表示贊同馬赫的某些觀點，
並在一些論述中使用了馬赫的術語； 馬赫在《感覺的分析》俄文版
序言中以及在其他地方也表示他同彭加勒在某些方面是一致的。
由於這種表白，加上馬赫和彭加勒都是批判學派的領袖人物， 這
就給那些未深究馬赫和彭加勒哲學思想的人造成一種錯覺： 彭加
勒是馬赫主義者。有人甚至用很不文明的語言指責馬赫、彭加勒
等人「一鼻孔出氣」， 「是一丘之貉」❶ 。

其實， 情況並非如此。馬赫和彭加勒的主要相同之點在於他
們同屬一個學派； 在哲學上， 二人卽使在有關見解接近時也同中
有異， 更不必說主導哲學思想大相逕庭了。一言以蔽之， 馬赫和
彭加勒是在學派上相同而在「主義」上迥異。

$$（一）$$

19 世紀後期， 當動搖經典理論的新實驗和新發現還未大量
湧現時， 當物理學家還沉浸在盲目樂觀的情緒之中時， 馬赫就洞
察到經典力學理論框架的局限性。 他在其具有強烈「反形而上
學」色彩的名著《力學史評》中， 立足於經驗論哲學和邏輯， 批
判了牛頓力學的基本概念和基本原理。馬赫對牛頓絕對時空觀的

---

❶ 陳元暉： 〈彭加勒和他的著作「科學的價值」〉，《自然辯證法
研究通訊》 （北京）， 1960 年第 1 期， 頁 54-58。

批判尤為精粹。他指出：絕對時間無法根據比較運動來量度，無法與經驗觀測相聯繫，因此「它既無實踐價值，也無科學價值」，「是一種無用的形而上學概念」。絕對空間和絕對運動概念不能演繹出可觀察的事物，它們是「純粹的思維產物，純粹的理智構造，不能產生於經驗之中」，只不過是一種「乾巴巴的概念」而已。馬赫的批判矛頭也指向當時居統治地位的力學自然觀。他斷言：力學並不具有凌駕於其他學科之上的特權，力學自然觀是毫無道理的。「把力學當作物理學其餘分支的基礎，以及所有物理現象都要用力學觀念來解釋的看法是一種偏見。」

馬赫的批判像一股清涼的風，對一代物理理學家產生了巨大的影響。甚至那些自命為馬赫反對派的人，也像吮吸母親的乳汁一樣汲取了馬赫的思考方式。馬赫的著作起到了振聾發聵的啟蒙作用，馬赫的懷疑批判精神激勵了後來人，馬赫的科學和哲學思想啟發了愛因斯坦等年輕的物理學家，從而為日後物理學的大變革掃清了思想障礙。正是在這種意義上，馬赫對經典力學的批判成為物理學革命行將到來的先聲❷。

繼馬赫之後，在法國，卡利努 (A. Calinon) 在他的《力學研究批判》（1885年）中也對經典力學進行了批判。卡利努在法國科學和哲學團體的外圍工作，名氣不是很大，但住得離彭加勒的故鄉南錫很近。1886年8月8日，他們在南錫地區會過面，第二天卡利努便向彭加勒寄去了他一年前出版的書。卡利努是法國物理學界第一個對力學進行批判性研究的人，他把運動學和動力

---

❷　李醒民：〈物理學革命行將到來的先聲——馬赫在「力學史評」中對經典力學的批判〉，《自然辯證法通訊》（北京），第4卷（1982），第6期，頁 15-23。

學分開，認為把力定義為運動變化的原因是不充分的，並對時間和同時性概念作了區分。卡利努認為，時間的定義是一個定量問題，而同時性卻是一個定性問題，因為同時性與觀察者的位置和坐標的選擇無關。彭加勒把這些結果寫進他的〈時間的測量〉一文中，並在《科學與假設》介紹了卡利努和昂德拉德（J. Andrade）的著作《力學物理學教程》。昂德拉德是著名的法國科學家，他致力於分析和批判科學的基礎❸。另外，在德國，赫茲這位代表新潮流的哲人科學家也於 1894 年出版了他的批判性著作《力學原理》。正是這部著作，促使彭加勒思考並發表他對於經典力學基礎的觀點。

　　正是在馬赫等人的著作和思想的影響下，彭加勒也在世紀之交對經典力學進行了批判，並逐漸形成了以馬赫、彭加勒、迪昂、奧斯特瓦爾德、皮爾遜等為代表的批判學派❹。與馬赫相同的是：他也肯定了經典理論的固有價值，但又否認物理學是經典力學的簡單繼續；他們都希望擺脫傳統的枷鎖，認為這種傳統過於狹隘、過於專橫了。與馬赫不同的是，他的批判性的分析不僅依據哲學（約定論等）和邏輯，而且還依據了當時大量的實驗事實；而且他還揭示出經典力學與經典物理學基本概念之間的一些矛盾。

　　早在 1898 年，彭加勒在〈時間的測量〉一文中就對牛頓的絕對時空觀表示不滿。他明確表示：

---

❸　A. I. Miller, *Albert Einstein's Special Theory of Relativity, Emergence (1905) and Early Interpretation(1905-1911)*, Reading: Addison-Wesley, 1981, pp. 26-27.

❹　李醒民：〈論批判學派〉，《社會科學戰線》（長春），1991年第 1 期，頁 99-107。

（1）沒有絕對空間，我們能够設想的只是相對運動；可是通常闡明力學事實時，就好像絕對空間存在一樣，而把力學事實歸諸於絕對空間。

（2）沒有絕對時間；說兩個持續時間相等本身是一種毫無意義的主張，只有通過約定才能得到這一主張。

（3）不僅我們對兩個持續時間相等沒有直接的直覺，而且我們甚至對發生在 不同地點的兩 個事件的同 時性也沒有 直接的直覺（*S.H.*, p. 111）。在彭加勒看來，絕對空間、絕對時間、絕對同時性這些概念本身並不是強加在力學上的條件，它們也不先於力學。正是爲了節略和簡化力學定律的闡述，人們才特意發明了這些約定。按照彭加勒的約定論觀點，當已有的約定在處理面臨的新問題不再方便、不再有效時，人們完全可以拋棄舊約定而另作新約定。

在分析慣性定律時（*S.H.*, pp. 112-119），彭加勒指出，當牛頓寫《自然哲學的數學原理》時，他完全以爲這個眞理是通過實驗獲得和證明的眞理。在他看來之所以如此，不僅是由於擬人說的影響，而且也受到伽利略工作的影響，甚至從開普勒定律本身起就是這樣了。實際上，情況並非如此，慣性定律並未受到決定性的檢驗。人們完全可以用其他假定代替它，而且同樣與充足理由律相容。至於擬人說，彭加勒承認它曾起過顯著的歷史作用， 也許它有時還將提供一種符號， 這對某些精神來說是方便的。不過，「它不能作爲眞正的科學創造者和哲學創造者工作的基礎。」（*S.H.*, p. 130）

關於加速度定律（*S.H.*, pp. 119-129），卽一個物體的加速度等於作用在它上面的力除以它的質量，彭加勒認爲，要用實

驗檢驗它，就必須測量在這個陳述中要計算的三個量：加速度、力和質量。卽使我們把測量時間的困難拋開，假定能够測量加速度，那麼還有力或質量的測量問題。可是，什麼是質量呢？它是牛頓所說的質量是體積與密度之積呢，還是威廉‧湯姆遜和泰特所說的密度是質量除以體積之商呢？什麼是力？它是拉格朗日所說的力是使物體運動或企圖使物體運動的東西呢，還是基爾霍夫（G. R. Kirchhoff, 1824-1887）所說的力是質量與加速度之積呢？不過，爲什麼不說質量是力除以加速度之商呢？這些困難是無法解決的。

要測量力，首先必須定義兩力相等，這似乎只有當它們施加於相同的質量並使之產生相同的加速度時，或當它們彼此相反而出現平衡時。可是，這種定義不過是贋品而已。我們不能使施加到一個物體上的力脫離而使它依附於另一個物體。而且，在定義兩力相等時，我們又不得不引入作用與反作用相等的原理。由於這一原因，這個原理不能再被看作是經驗定律了，而是一個定義。

要辨認兩力相等，僅有上述兩個法則（相互平衡的二力相等，作用與反作用相等）還是不充分的，我們還得求助於第三個法則，卽假定某些力，例如物體的重量，在大小和方向上均爲常數。但是，這第三個法則是經驗定律，它僅僅是近似眞實的，它是一個拙劣的定義。這樣一來，我們又被迫回到基爾霍夫的定義（力等於質量乘以加速度）。於是，牛頓定律本身便不能認爲是經驗定律，它現在僅僅是定義而已。不過，這個定義也不充分，因爲我們不知道質量是什麼。我們固然可以根據牛頓第三定律定義二質量之比，但是我們無法排除和辨認宇宙中其他質量所施加的力的影響，而且這還會把天體的引力質量牽扯進來。因此，我

們被迫退到這樣一個無能為力的聲明：質量是為計算方便而引入的係數。

彭加勒揭示出，之所以造成這些困難和混亂，主要在於下述事實：「有關力學的專著沒有明確區分什麼是實驗，什麼是數學推理，什麼是約定，什麼是假設。」(*S. H.*, p. 111)

彭加勒也對力學自然觀提出質疑。他看到，大多數理論家對於從力學或動力學中借用的解釋都有一種經常的偏愛，只要能對現象作出力學解釋，他們就會心滿意足。這實際上是想把自然界彎曲成某種形式，但是自然界並不是那麼柔順的。彭加勒通過分析得出結論說：

> 如果不能滿足最小作用原理，就不可能有力學解釋；如果能夠滿足，就不僅有一種力學解釋，而且有無數的力學解釋；由此可得，只要有一種力學解釋，就會有無數其他的力學解釋。(*S. H.*, p. 256)

而且，這還不够，

> 要使力學解釋是有效的，它必須是簡單的；要在所有可能的解釋中選取有效的解釋，除了作出選擇的必要性外，還應當有其他理由。可是，我們迄今還沒有一種滿足這個條件從而有某種效用的理論。

也許正是由於力學解釋的非普遍性、非唯一性和選擇的困難性，所以彭加勒才明確表示：我們追求的目標「不是機械論；眞正

的、唯一的目標是統一性。」（*S. H.*, p. 207）

彭加勒在《科學與假設》中還對力能學、熱力學、電學、光學、電動力學中的有關理論進行了批判性的審查和分析。例如，在批判電動力學時，他比較了安培（A. M. Ampère, 1775-1836）理論、亥姆霍茲理論、麥克斯韋理論和洛倫茲理論的優劣。針對洛倫茲的電子論，彭加勒儘管讚賞它，也指出它與實驗事實的某些不協調以及理論結構本身的缺陷（堆積假設）。他在《科學的價值》中也詳細審視了物理學的五大基本原理。

作爲批判學派首領的馬赫和彭加勒雖說屬於同一學派，但在一些重大的科學問題上卻既有接近之點，也有分歧之處，這明顯地表現在對原子論和相對論的態度上。

從 19 世紀後期起，科學界爭論的一個重大問題是：原子、分子是否存在？許多科學家都捲入了這場爭論，並發表了自己的看法，馬赫、彭加勒也不例外。馬赫對原子論的態度經歷了一個曲折的變化過程❺。從 1860 年作爲維也納大學的無公薪講師起，馬赫與大多數物理學家一樣，對自然現象採取徹底的機械論解釋，並且毫無保留地接受了原子論，承認建立在分子假設基礎上的氣體動力學理論，至少是把原子論當作有用的工作模型或工作假設。但是逐漸地，他對機械論和原子論失去興趣，並產生了某種疑慮。1872 年《功守恒定律的歷史和根源》的出版標誌著批判時期的開始，他認爲不能被感官感知的原子只不過是思維的東西，原子論不能適應統一科學的需要。在他一生的最後 20 年，馬赫試圖使他的觀點系統化，並且與新實驗證據一致，他再

---

❺ 李醒民：〈恩斯特·馬赫與原子論〉，《求索》（長沙），1989
年第 3 期，頁 54-59。

也沒有講過否定原子論的話，並多次提到原子論的經濟性，但是沒有充分理由表明，他爽快地承認了原子和分子的實在性。馬赫一度反對原子論並否認原子實在性的理由主要在於他的反機械論的立場、他的現象論的科學觀以及感覺論和實證論的哲學。

彭加勒從未反對過原子論，他的態度是有保留的，並在「中性假設」的前提下肯定了原子論的方法論功能。在佩蘭實驗後，他坦率地承認了原子和分子的實在性。這是因為，彭加勒的哲學是實在論的而非實證論的，他不贊成否認不可直接觀察物的實在性的感覺論（極端經驗論的一種形式）；他雖是一位關係實在論者，但他並不否認實體（分子、原子等）的實在性。

馬赫和彭加勒都是相對論的先驅。在創立狹義相對論的過程中，愛因斯坦從馬赫那裏獲得了批判性的思想，一舉把時間和同時性的絕對性從潛意識中排除出去，從而取得了決定性的進展。據霍耳頓（G. Holton）研究，在愛因斯坦 1905 年的相對論論文中，馬赫的思維方式顯著地表現在兩個相互關聯的方面。第一，愛因斯坦在論文一開始就堅持，只有對各種概念，尤其是對時間和空間的概念的意義進行認識論上的分析，才能理解物理學的基本問題。第二，愛因斯坦認為各種感覺，也就是各種「事件」所提供的東西等同於實在，而不是把實在放在感覺經驗之外或之後的位置上❻。在創立廣義相對論的過程中，馬赫對慣性本質的理解也使愛因斯坦深受啟發，愛因斯坦特意把它命名為「馬赫原理」予以強調。起初，馬赫對相對論是公開採納的，並表示滿意。他在《功守恒定律的歷史和根源》第二版（1909年）中寫

---

❻　G. 霍耳頓:《科學思想史論集》，許良英編，河北教育出版社，1990年第 1 版，頁 43。

道：「我贊同相對性原理，在我的《力學》和《熱學》這兩本書中，我也堅決支持了這個原理。」可是馬赫 1913 年 7 月在給他的《物理光學原理》（1921 年出版）寫序言時，斷然否認他是相對論的先驅，明確表示反對相對論，並認爲相對論變得越來越教條了。用馬赫自己的話來說，他反對相對論的原因是根據關於感覺生理學的考察，認識論的懷疑，尤爲重要的是他的實驗的洞察。其實，馬赫態度轉變的一個重要原因在於，他漸漸嗅出了相對論的思辨的、形而上學的氣味（尤其是在閔可夫斯基的工作之後），而這與他的感覺論的、實證論的科學框架是格格不入的。

與馬赫和洛倫茲相比，彭加勒可以說是首屈一指的相對論先驅和數學設計師，因爲他最先提出了狹義相對論的兩個公設和同時性的測量程序，最先給它披上了精緻的數學外衣，並在物理解釋方面比較接近愛因斯坦。但是，彭加勒從未對愛因斯坦的理論公開作出反應，他一直保持緘默。關於這個問題，我們將在下一章探討。

（二）

毋庸諱言，彭加勒與馬赫在哲學觀點上有一致或相近之處，但是人們往往忽略了二者同中有異。

爲了達到統一科學的目標，馬赫設想一個物理和心理共同的經驗「要素」，作爲統一解釋的基點。他說：

> 如果在最廣泛的、包括了物理的東西和心理的東西的研究範圍裏，人們堅持這種觀點，就會將「感覺」看作一切可

能的物理經驗和心理經驗的共同「要素」，並把這種看法
作為我們最基本的和最明白的步驟，而這兩種經驗不過是
這些要素的不同形式的結合，是這些要素之間的相互依存
關係。這樣一來，一切妨害科學研究前進的假問題便會立
即銷聲匿跡了。❼

正是從這一前提出發，馬赫提出了「物是感覺(或要素)的復合」
的命題。而彭加勒在談到外部對象或客體時說：

> 為了稱呼外部對象，人們發明了客體這個詞，外部對象是
> 真實的對象，而不是稍縱卽逝的現象，因為它們不僅是感
> 覺羣，而且是用不變的結合物粘接起來的羣，正是這種結
> 合物，而且只有這種結合物才是客體本身，這種結合物就
> 是關係。(*V.S.*, p. 266)

由此出發，彭加勒認為科學能達到的就是這種關係，而不是客體
本身。

在這裏，彭加勒提出了客體是「感覺羣」的命題。乍看起
來，這與馬赫的思想和用語完全相同。但是，彭加勒強調的卻
是，客體是「用不變的結合物粘接起來的羣」，客體是「關
係」，並進而認為事物之間的和諧關係是唯一的客觀實在（*V.
S.*, pp. 9-10）。因此，如果把馬赫的學說稱之為「要素說」的
話，那麼彭加勒的觀點則可以命名為「關係論」了。二者之間不

---

❼ E. 馬赫：《感覺的分析》，洪謙等譯，商務印書館（北京），
1986 年第 2 版，頁 V。

僅在用語上和涵義上有差別，更重要的差別在於：前者屬於感覺論哲學的範疇，而後者屬於實在論（關係實在論）哲學的範疇。

在科學觀方面，馬赫認為，科學主要由一大堆觀察到的事實和現象組成，它們再由若干定律和法則約束在一起，自然定律實際上只是為了記憶事實的方便和經濟起見而發展的人為的措施。馬赫斷言：「科學的對象就是現象之間的關係」❽，「科學的功能就是代替經驗」❾，「科學的任務不是別的，就是對事實作概要的陳述」❿。由此可見，馬赫的科學觀是描述主義的、知識靜態積累的科學觀。誠如愛因斯坦所中肯地批評的：「馬赫的體系所研究的是經驗材料之間存在著的關係；在馬赫看來，科學就是這些關係的總和。這種觀點是錯誤的，事實上，馬赫所作的是在編目錄，而不是建立體系。」⓫

彭加勒也具有相同或相近的看法：「科學首先是一種分類方法，是把表面孤立的事實匯集到一起的方法，儘管這些事實被某些自然的和隱秘的親緣關係約束在一起。換言之，科學是一種關係的系統。」(*V.S.*, pp. 265-266) 他進而強調指出：「科學僅僅是一種分類方法，而且分類方法不會為真，而只是方便的。」(*V.S.*, p. 271) 彭加勒雖然承認數學物理學具有毋庸置

❽ E.N. Hiebert, Ernst Mach, C.C. Gillispie, *Dictionary of Scientific Biography*, Vol. VIII, New York, 1970-1977, pp. 597-607.

❾ E. Mach, *The Science of Mechanics: A Critical and Historical Account of Its Development*, The Open Court Publishing Company, 6th ed., 1960, p. 586.

❿ 同前注❼，頁6。

⓫ 《愛因斯坦文集》第一卷，許良英等編譯，商務印書館(北京)，1976 年第1版，頁 169。

疑的作用，但這種作用只在於「編輯書目」，書目編得再好，也不能使圖書館的藏書豐富起來。而實驗物理學卻負買書之責，唯獨它能使圖書館豐富 (*S.H.*, p. 172)。顯然，彭加勒的科學觀也具有描述主義的傾向。

　　然而，彭加勒的科學觀畢竟比馬赫豐富得多、深刻得多。他雖然認爲科學是對經驗材料的分類和整理，但是並未僅僅停留在這一點上。他指出僅有觀察和實驗還不够，必須在事實的基礎上作推廣和預見 (*S.H.*, pp. 167-168)。彭加勒的科學理論結構是多層次的，精神的自由活動在逐級上升中的作用越來越大。他強調假設在科學中必不可少的作用，強調直覺和審美感在數學發明中的特殊地位。彭加勒雖然認爲科學進步是一種穩步的進化過程，但是也明確指出其間也有革命性的變革，描繪出科學發展的「危機—革命」圖象，後來這種觀點直接成爲愛因斯坦和庫恩科學革命觀的前導。彭加勒還洞察到，科學正在向統一性和簡單性進展，科學具有促進社會進步和人類文明的強大物質力量和精神力量，並針對當時時髦的實用主義和功利主義思潮，響亮地發出了「爲科學而科學」的吶喊。

　　在科學概念問題上，馬赫儘管認爲概念根本不是現成事物的表象，而是一種抽象，但他對概念的理解仍帶有唯象的、操作的特徵，他在《力學史評》中對質量、力等概念所作的定義就是如此。在馬赫看來，概念是一種確定的反映活動，這種活動使用新的感覺要素來充實事實的內容，並使經驗得以簡化。在這個過程中，人們的注意力遠離了許多感性要素，同時又轉向新的感性要素，任何抽象都是以突出一定的感性要素爲根據的。彭加勒在批判經典力學時，也以馬赫的操作論的概念觀作爲武器之一，認爲

任何不能告訴我們如何測量的概念的定義都是無用的。但是，他卻看到在概念形成過程中人爲因素的重大作用。他甚至認爲，像數學量這樣的基本概念，並不是我們在自然界中發現的，而是我們的精神在事實的引導下發明的，是我們把它們引入自然界的。未加工的事實和科學概念之間是有顯著差別的，後者實際上是在經驗引導下的約定。

馬赫的思維經濟原理是在 1868 年關於〈液體的形態〉的講演和其後的《功守恒定律的歷史和根源》（1872年）一書中首次明確提出的，馬赫後來在〈論物理研究的經濟本性〉（1882年）和《力學史評》（1883年）的一個專門章節中，重申並再次強調了思維經濟原理及其與數學推理、因果性、目的論、進化論和心理現象的關係。馬赫的思維經濟原理包含著這樣一些內容：思維的經濟，精力的經濟，功和時間的經濟，方法論的經濟，作爲數學簡單性的經濟，作爲簡化的經濟，作爲抽象的經濟，作爲不完善的經濟的邏輯，本體論的經濟，自然界中沒有經濟，語言的經濟。思維經濟原理的精神實質在於，思維經濟是科學的目的、方法論的原則、評價科學理論的標準和反形而上學的武器[12]。彭加勒對馬赫的思維經濟原理是贊同的，他說：「著名的維也納哲學家馬赫曾經說過，科學的作用在於產生思維經濟，正像機器產生勞力經濟一樣。這是十分正確的。」他認爲：「思維經濟是我們應該追求的目標」，「是科學的永恒趨勢，同時也是美的源泉和實際利益的源泉。」（*S. M.*, pp. 23, 28, 16）不過，彭加勒主要是從簡單性的角度理解和運用思維經濟原理的，他還給它賦予了

---

[12] 李醒民：〈略論馬赫的「思維經濟」原理〉，《自然辯證法研究》（北京），第 4 卷（1988），第 3 期，頁 56-63。

科學美的含義。

關於思維經濟原理的本體論地位問題，彭加勒的回答也與馬赫有所不同。彭加勒認為，自然界的簡單性問題是一個不容易回答的問題。自然界不一定是簡單的，但是我們卻可以相信它是簡單的而去行動。這是因為：第一，人們不能完全擺脫這一需要，卽使那些不相信自然規律是簡單的人仍舊不得不作為相信似地幹下去。由於這裏正是我們的唯一地盤，在這上面可以建設我們的一切推廣，否則全部推廣，最終乃至整個科學都不能成立。第二，任何事實都可以通過無窮的途徑來推廣，這裏就有選擇的問題，而選擇只能以簡單性作為指導。第三，在科學史中有兩種相反的情況：有時是簡單性隱匿在複雜的外表下，有時簡單是表面的，它隱藏著複雜的實在。儘管如此，通常認為定律總是簡單的，直到相反的東西被證明為止。第四，不管簡單性是眞實的還是它隱藏著複雜的實在，這並沒有什麼關係。是消除個體差異的大數影響也好，是我們可以忽略一些項的或大或小的數量的影響也好，無論在哪種情況下，簡單性也不是偶然的。這種簡單性或是眞實的，或是表觀的，總有一個原因。於是我們總是能夠遵循相同的推理過程，也就是說，如果一個簡單的規律在幾個特例中被觀察到，它必將在類似的情況下也是眞實的。總而言之，彭加勒的思想很明確：統一性是根本的，而簡單性則不過是期望得到的。(*S. H.*, pp. 173-178)

基於上述考慮，彭加勒認為，儘管我們的研究方法變得越來越深刻，使我們可以在複雜的東西之下發現簡單的東西，然後在簡單的東西之下發現複雜的東西，接著又在複雜的東西之下發現簡單的東西，如此循環不已，我們不能預見最後的期限是什麼。

但是，「我們必須停止在某個地方，要使科學是可能的，當我們找到簡單性時，我們就必須停下來。這是唯一的基礎，我們能够在這個基礎上建立我們的推廣的大厦。」(*S. H.*, p. 176) 他以天體力學爲例說明這個問題：

> ……只有耐心地分析感覺向我們提供的錯綜複雜的材料，人們才能達到事物的終極要素；……當人們達到這些終極要素時，他們在那裏將再次發現天體力學驚人的簡單性。(*V. S.*, pp. 173-174)

彭加勒從簡單性的角度領略馬赫的思維經濟，以及他對簡單性的闡釋是頗有見地的。這種思想經過愛因斯坦的發揚光大，直接影響了20世紀的自然科學家，在科學思想史上留下了不可磨滅的印記。

（三）

無論從哪個方面看，馬赫和彭加勒的主導哲學思想都是大相逕庭的。馬赫的主導哲學思想可以說是懷疑的經驗論或實證論，而彭加勒的主導哲學思想則是經驗約定論和綜合實在論。懷疑的經驗論與經驗約定論相差甚遠，而實證論與實在論也確實難以相容。

馬赫爲了達到統一科學的目標，他選擇了一條徹底的經驗論的路線。按照馬赫的這條路線，只有感覺經驗才是一切科學的基礎，科學的任務就在於對經驗要素作經濟的描述，科學不關心不

能由經驗檢驗的形而上學命題。在科學理論中，只應使用那些從可以觀察得到的現象的陳述中推斷出來的命題。馬赫覺得，不受經驗約束的科學「論據」，要麼適用於用作掩飾偽造的嚴密性的一種手段，要麼適用於求助所謂的純粹本能認識的高度權威。

馬赫的懷疑的經驗論既表現為一種實證哲學，也以啟蒙哲學的面目出現。馬赫哲學的啟蒙精神的核心就是反對對現存偶像的盲從和崇拜，提倡一種積極的懷疑精神和堅不可摧的獨立性，這充分表現在他同誤用概念進行毫不妥協的鬥爭上。弗蘭克在談到馬赫的這種作用時說：

> 物理學的每一個時期都有它的輔助概念，而每一後繼時期都誤用了它們。因此，為了清除這種誤用，每一時期都需要一種新的啟蒙。
> 正是這種永不息止的啟蒙精神使科學不至僵化成一種新的煩瑣哲學。如果物理學要變成一種宗教，馬赫會大聲疾呼：我不願被人稱為物理學家！ **⑬**

在《力學史評》中，馬赫正是基於這種懷疑的經驗論或實證論哲學，對牛頓力學進行了批判。馬赫認為，在力學中不存在先驗的知識，所有科學知識的基礎和源泉是感覺經驗。因此，一種嘗試的數學論證並不比觀察得來的結論更精確；這種結論既不替觀察增加任何內容，也不能告訴我們任何感覺經驗所無法告訴我們的有關客觀世界的內容。既然強調的是證實，看來只有證實而

---

⑬ P. Frank, *Modern Science and Its Philosophy*, Harvard University Press, Cambridge, 1949, pp. 95,100.

不是論證，才是建立科學結論或者確切地說建立任何有關自然界
合理結論的恰當方法。正因爲如此，全部力學的基本概念必須最
終地從感覺經驗中推導出來，並與感覺經驗發生聯繫。

例如，馬赫對牛頓絕對時空觀之所以不滿，就因爲它不是源
於感覺經驗，而是出自理智構造，且無法與經驗觀察相聯繫。在
馬赫看來，即使表面看來最簡單的力學定律，實際上也具有十分
複雜的特徵。這些定律停留在未完成的、甚至永遠也不會終止的
經驗上。決不應該把它們看作是數學上確定了的眞理，而寧可看
作不僅能够被經驗永恒支配，而且也需要由經驗來永恒支配的定
理。依馬赫之見，儘管力學原理從歷史的觀點來講是明白易懂
的，它的缺陷也是可以諒解的，並且在一個時期內具有重大的價
值，但是總的說來，它卻是一種人爲的概念。即使它們現在在一
些領域內被認爲是有效的，但是它們不會，也從來沒有不預先經
過實踐檢驗就被接受。沒有一個人敢擔保把這些原理推廣到經驗
界限之外。事實上，這樣的推廣是毫無意義的。

馬赫的主導哲學思想以及以此爲根據而對經典力學的批判，
在 19 世紀末這個特定的歷史條件下，起了破除迷信、解放思想
的作用。誠如愛因斯坦所說：馬赫把那些從經驗領域裏排除出去
而放到虛無縹渺的先驗的頂峰上去的基本觀念，一個一個地從柏
拉圖的奧林帕斯天堂拖下來，揭露出它們的世俗血統，從強加給
它們的禁忌中解放出來。愛因斯坦承認，馬赫的《力學史評》衝
擊了力學自然觀和力學先驗論的教條式的信念，這本書給了他深
刻的影響。他認爲，「馬赫的眞正偉大，就在於他的堅不可摧的
懷疑主義和獨立性⑭。」

⑭ 同前注⑪，頁 10。

　　但是，馬赫的主導哲學思想畢竟帶有強烈的狹隘經驗論的色彩，他確實低估了科學，特別是現代科學的高度的人為特徵。他沒有正確闡明思想中，特別是科學思想中本質上是構造的和思辨的性質；因此，正是在理論的、構造的、思辨的特徵赤裸裸地表現出來的那些地方，他卻指責了理論，比如在原子運動論中就是這樣。愛因斯坦在批評馬赫的懷疑的經驗論哲學時寫道：「它不可能產生出任何有生命的東西，它只能消滅有害的蟲豸。」[15]愛因斯坦的話儘管說得有點絕對，但他畢竟道出了懷疑的經驗論和實證論是一種破舊有餘而立新不足的哲學。

　　與此不同的是，彭加勒的主導哲學思想之一的經驗約定論儘管也具有經驗論的因素，但畢竟擺脫了狹隘經驗論的羈絆，順應了科學發展的大趨勢，從而成為一種具有建設性作用的哲學。

　　不錯，彭加勒的經驗約定論包含有經驗論的成分（但卻是合理的內核），然而它在認識的起點和終點，對經驗的作用卻作了相當大程度的限制。在認識的起點，經驗對基本概念和基本原理的形成僅起引導作用，而不是起決定作用；概念和原理是精神的自由創造，是自由選擇的約定，而不是由感覺經驗直接給予或強加於我們的。在認識的終點，原理已是約定的公設，它免遭經驗的否證；而且，所謂的判決性實驗也是不可能的。事實上，彭加勒的經驗約定論不僅是對康德極端理性論（先驗論）的反叛，而且也是對馬赫狹隘經驗論的反叛。

　　馬赫的狹隘經驗論以實證論或感覺論的形式出現。馬赫的實證論否認不能直接感知的事物的實在性，也要從科學中排除一切

---

[15]　同前注[11]，頁 106。

「形而上學」。對此，愛因斯坦曾一針見血地進行過批評。他指出馬赫沒有辨認出概念形成中自由構造的元素，從而認為理論的思辨性是不能容許的。事實上，這種思辨性或形而上學在科學中是不可排除的，因為凡是能夠思維的理論都具有。愛因斯坦在批評馬赫時進而指出：

> 他甚至走到這樣的地步：他不僅把「感覺」作為必須加以研究的唯一材料，而且把感覺本身當作建造實在世界的磚塊，因此，他相信能夠克服心理學同物理學之間的差別。只要他把這種想法貫徹到底，他就必然不僅否定原子論，而且還會否定物理實在這個概念。❶❻

由此可見，馬赫的實證論是一種非實在論乃至反實在論的哲學，這顯然與彭加勒的綜合實在論格格不入。而且，實證論所患的對「形而上學」的恐懼症也與彭加勒的約定論和理性論（理性論在馬赫那裏是比較缺乏的）難以調和，因為科學中的基本概念和原理並不是經驗材料的歸納，而是理性的創造和約定。在談及科學解釋時，彭加勒曾這樣說過：

> 也許到某一天，物理學家對那些不能用實證方法達到的問題毫無興趣，而把它拋給形而上學家。可是，這一天尚未來到；人們不會如此輕易聽命於對事物的根柢永遠無知的。(*S.H.*, p. 258)

---

❶❻　同前注❶❶，頁 438-439。

在 19 世紀末特定的科學背景中，馬赫的懷疑的經驗論或實證論是破除舊的教條主義的利劍，但是在 20 世紀初新的更為抽象的新理論的湧現中，它卻不是開墾處女地的合適的鏵犁。而彭加勒的約定論和理性論哲學，則比較富有建設性，從而成為愛因斯坦科學創造的哲學基礎的主要來源之一[17]。

綜上所述，可以看出，馬赫和彭加勒的主導哲學思想無論在實質內容上，還是在歷史作用上，都是大相逕庭的。這也能從愛因斯坦對二者的態度上略見一斑。愛因斯坦早期深受馬赫哲學的影響，廣義相對論的完成使他看清了馬赫哲學是難以適應現代科學需要的過時的哲學，並與馬赫斷然決裂，從而走向科學理性論[18]。愛因斯坦在從懷疑的經驗論向科學理性論轉變的過程中，借鑒和汲取了彭加勒的約定論和理性論思想，他的哲學思想在某種程度上有些接近彭加勒，但不用說有所拓展、深化和創造[19]。愛因斯坦深知彭加勒與馬赫的哲學的顯著不同，他認為馬赫是實證論者，而彭加勒則是「非實證論者」[20]。

（四）

----

[17] 李醒民等主編：《思想領域中最高的音樂神韻》，湖南科技出版社（長沙），1988 年第 1 版，頁 144-173。

[18] 李醒民：〈走向科學理性論——也論愛因斯坦的哲學歷程〉，《自然辯證法通訊》（北京），第 15 卷（1993），第 3 期，頁 1-9。

[19] 李醒民：〈論愛因斯坦的經驗約定論思想〉，《自然辯證法通訊》（北京），第 9 卷（1987），第 4 期，頁 12-20。李醒民：〈論愛因斯坦的綜合科學實在論思想〉，《中國社會科學》（北京），1992 年第 6 期，頁 73-90。

[20] 同前注[11]，頁 474。

由於列寧在《唯批》一書中認爲彭加勒是馬赫主義者[21]，在前蘇聯和中國大陸學術界，長期以來這成了不可動搖的公認的觀點。

我以爲，這一傳統觀點是值得商榷的。因爲彭加勒的主導哲學思想是與馬赫大相逕庭的，僅僅根據幾個觀點的接近（況且還同中有異）就斷言彭加勒是馬赫主義者是不能令人信服的。如果非要給彭加勒冠一個什麼「主義者」的頭銜的話，那麼稱他是經驗約定主義者或乾脆叫作彭加勒主義者，倒是比較切合實際的。

作爲科學家的哲學家（或哲人科學家），如馬赫、彭加勒、愛因斯坦，他們與職業哲學家（或尋求一個明確體系的認識論者）是很不相同的。職業哲學家總是傾向於按照他的體系的意義來解釋科學的思想內容，同時排斥那些不適合於他的體系的東西。但是，科學家的哲學家對認識論體系的追求卻沒有走得那麼遠，他們博採百家之長，盡一切可能吸收對自己有用的東西。一般說來，這不是用他們的立場不穩或思想混亂所能說明的，也不是他們著意要搞調和、折衷，而是經驗事實給他們規定的外部條件，不容許他們在構造他們的概念世界時過分拘泥於一種認識論體系。這也是具有哲學頭腦的科學家之所以能取得重大科學成果的真正原因。如果僅僅抓住這些哲人科學家的片言隻語，從自己所堅持的一個體系出發，來揣度這些言論，並以此給他們冠以某某主義的話，那麼他們的頭銜、名目可就五花八門了。如果我們不在詳盡掌握材料和細致分析的基礎上把握他們的思想，那就難免以偏概全，從而得出不恰當的結論來。

---

[21] 《列寧選集》第二卷，人民出版社（北京），1972年第 2 版，頁 184，297。

認爲彭加勒是馬赫主義者的關鍵論據在於，馬赫和彭加勒哲學思想的共同點是「唯心主義」或「精緻的信仰主義」。例如，列寧在《唯批》的同一個段落中兩次強調：馬赫、彭加勒等「之間的共同點『只有』一個：哲學唯心主義。他們都毫無例外地、比較自覺地、比較堅決地傾向於它。」在列寧看來，他們的唯心主義卽是「精緻的信仰主義」，「不過是隱蔽起來的、修飾過的鬼神之說」[22]。

其實，對馬赫的哲學，完全有可能作出並非唯心主義的理解。意大利學者奈格利在一篇論文[23]中比較詳細地研究了馬赫與唯物主義的關係。他說：馬赫雖然輕率地斷言，「世界僅僅是我們的感覺構成的」，因而「我們只感覺到自己的感覺」。然而，不容忽視的是，在馬赫術語的背後有一個前提，卽不能把任何同感覺有關的東西假設爲認識行動的一部分或認識的對象；因此，感覺到的東西就不再被提高到「第一性」的地位上。根據這樣的認識，被感覺的東西確實是某種實際上構成客體的東西。馬赫的作爲感覺複合的自我，自身中就包含著物的世界，它並不希望通過感知來觸及作爲實在的眞實，它本身就是眞實。這種自我概念實際上破壞了構成任何唯心主義理論結論的，尤其是最終墮落爲唯靈論唯心主義的自我。而且，馬赫認識論的大目標是要把認識論提高到新的科學實踐的高度，因此他必須克服「自我與世界、感覺與物體」的對立。的確，當事物分解爲一系列本能的感覺時，物的世界實際上就會喪失其堅實性；而當人們使這個物的世

---

[22]　同前注[21]，頁 310, 312, 184。

[23]　A. 奈格利：〈馬赫與唯物主義〉，《哲學譯叢》（北京），1982年第 1 期。

界處於一種絕對獨立於（唯一能够使之變得富有生氣的）感覺的狀態時，這個世界就會變成某種死氣沉沉的東西，這是因爲，只有感覺才能把物的世界改變成爲人的世界，因而也就是活生生的世界。奈格利得出結論說，馬赫的唯心主義只包含著很少的唯心主義，甚至同唯心主義相矛盾。

實際上，還在馬赫活著的時候，他的觀點就被人指責爲唯心論或唯我論。對此，馬赫本人的態度是鮮明的：「造成這種誤解的部分原因，無疑在於我的觀點過去是從一個唯心主義階段發展出來的，這個階段現在還在我的表達方式方面有痕跡，這些痕跡在將來也不會完全磨滅。因爲在我看來，由唯心主義達到我的觀點的途徑是最短的和最自然的。」儘管如此，馬赫還是對這種誤解「再三抗議」，反對人們把他的觀點與貝克萊（B. Berkeley, 1685-1753）的觀點「等同起來」。他對「唯我論是唯一的徹底的觀點」的說法感到「驚奇」，認爲唯我論只適於「沉思默想、夢中度日的行乞僧」，而不適於「嚴肅思維、積極活動的人」[24]。

馬赫的態度獲得了一些科學家的理解。奧斯特瓦爾德說：

像恩斯特・馬赫這樣一位明晰的、深謀遠慮的思想家，竟被看作是空想家，這是無法使人信服的，一個了解如何作出如此完善的實驗工作的人怎麼會在哲學上講一些令人生疑的昏話呢。[25]

---

[24] 同前注[7]，頁 278-279, 276。

[25] P. Frank, Ernst Mach and Union of Science, R.S. Cohen and R.J. Seeger ed., *Ernst Mach: Physist and Philosopher*, Humanities Press, New York, 1970.

愛因斯坦在談到這個問題時也說：

> 馬赫把一切科學都理解爲一種把作爲元素的單個經驗排列
> 起來的事業，這種作爲元素的單個經驗他稱之爲「感覺」。
> 這個詞使得那些並未仔細研究過他的著作的人，常常把這
> 位有素養的、慎重的思想家，看作是一個哲學上的唯心論
> 者和唯我論者㉖。

兩位科學家的辯護是有一定道理的。確實，馬赫的哲學研究同世界究竟是由感覺還是物質組成的這類問題毫不相干。這只不過是傳統哲學所慣用的提問題的典型方式，而馬赫大力反對的正是這種提問題的方式。在馬赫看來，唯心論和唯物論都是形而上學的命題體系，無法用經驗證實或否證。想要用科學成就來支持任何一方的企圖是注定要失敗的。其實，馬赫並不想排除日常生活中使用的粗糙的物質概念，也沒有否認樸素實在論，他認爲這二者都是自然地、本能地形成的。

把馬赫歸入唯心論是困難的，把彭加勒說成唯心論者，就更不容易了。從我們前些章的論證不難看出，彭加勒的主導哲學思想——經驗約定論和綜合實在論——都與唯心論沒有逕直的聯繫；情況也並不像列寧所說的那樣，彭加勒「純粹主觀主義地抹殺了客觀眞理」，「彭加勒的『獨創的』理論的本質就是否認（雖然他還很不徹底）自然界的客觀實在性和客觀規律性」㉗。只要稍爲仔細地回顧一下彭加勒的實在論的實在觀、眞理觀、科

㉖ 同前註⑪，頁 89。
㉗ 同前註㉑，頁 166。

學觀以及經驗約定論的內涵，就可以明白列寧的指控是沒有充分根據的。

　　傳統的關於唯心論和唯物論「兩大陣營」的劃分是依據恩格斯 (F. Engels, 1820-1895) 的一段經典論述。

　　恩格斯在〈路德維希・費爾巴哈和德國古典哲學的終結〉一文中說過：

> 全部哲學，特別是近代哲學的重大的基本問題，是思維和存在的關係問題。……哲學家依照他們如何回答這個問題而分成了兩大陣營。凡是斷定精神對自然界說來是本原的，從而歸根結底以某種方式承認創世說的人（在哲學家那裏，例如在黑格爾那裏，創世說往往採取了比在基督教那裏還要混亂而荒唐的形式），組成唯心主義陣營。凡是認為自然界是本原的，則屬於唯物主義的各種學派。

恩格斯接著強調指出：

> 除此之外，唯心主義和唯物主義這兩個用語本來沒有任何別的意思，它們在這裏也不能在別的意義上被使用。……如果給它們加上別的意義，就會造成怎樣的混亂。㉘

　　把彭加勒歸入唯心論的人往往陷入了兩個誤區。一方面，他們按自己的理解，僅記住了恩格斯的「劃界標準」的前一段話，

㉘　《馬克思恩格斯選集》第四卷，人民出版社（北京），1972年第
　　1 版，頁 219-220。

而忽視乃至忘卻了緊接著的強調。另一方面，他們對彭加勒的某些論斷不求甚解，望文生義，僅憑字面便「對號入座」，根本不把握彭加勒文本的意蘊，更無視彭加勒的主導哲學思想。乍看起來，彭加勒的某些言論確實像唯心論，但仔細深究一下，就可發現事情並非如此簡單。現在，我們擬把彭加勒三段有代表性的言論（列寧等人認為它們是唯心論的）列舉出來，並逐一加以分析和論述。

1. 物質客體的存在只是一種方便的假設而已。(*S. H.*, p. 246)

人類的理智在自然界中所發現的和諧存在於這種理智之外嗎？不能！毫無疑問，一個完全獨立於想像它、看見它或感覺到它的精神之外的實在是不可能的。(*V. S.*, p. 9)

這被認為是彭加勒的唯心主義的言論之一。

從第五章我們引用的彭加勒實在論的實在觀的言論中，我們可以看出，彭加勒把客體等同於用不變的結合物粘接起來的感覺羣，這種結合物即關係，也就是客觀實在，也就是世界內部的和諧，而客觀性只有在關係中才能找到。正是從這樣的前提出發，彭加勒達到以下的認識。

第一，保證我們生活的世界的客觀性就在於這個世界對於我們和其他思維者是共同的。由於我們與其他人相交流，我們從他們那兒接受了現成的推理；我們知道，這些推理並非來源於我們，同時我們也清楚地認識到，它們是像我們一樣的有理性的人的成果。因為這些推理看來好像適合於我們感覺的世界，所以我

們認為，我們可以推出這些有理性的人像我們一樣看到了相同的事物； 於是我們知道我們並沒有作夢 。 這就是客觀性的首要條件。客觀的東西必定對於多數精神是共同的， 換句話說， 除了對所有人都是同一的東西而外， 沒有什麼是客觀的。要判定是否同一， 就要進行比較， 就要能由一人傳達給其他人。 而要傳達，就得「交談」， 因此不交談， 就沒有客觀性 (*V. S.*， pp. 262, 264-265) 。可見客觀性卽是「主體間性」。

第二， 完全無序的集合沒有客觀的價值， 由於它是不可理解的； 卽使是有序的集合，如果它不與實際經驗過的感覺相對應，那麼它也不再具有客觀的價值。這是客觀性的又一個條件(*V. S.*, p. 265) 。此處客觀性卽是可理解性和經驗對應性。

第三， 由於其他人的 感覺對我們來說是 一個永恒封閉的世界， 我們無法驗證， 我稱之爲紅色的感覺與我的鄰人稱之爲紅色的感覺是相同的；因此感覺是不可傳達的， 或者毋寧說， 感覺的純粹的質是不可傳達的、永遠無法說明的。可是， 感覺之間的關係並非如此， 從而感覺之間的關係具有客觀價值。從這一觀點看來， 凡是客觀的東西都缺乏一切質， 僅僅是純粹的關係， 但卻不是純粹的量， 更不能說世界只不過是微分方程式而已。顯然客觀性應具有可傳達性和可說明性。

第四，科學並不能使我們認識到事物的眞實本性，科學只能使我們認識到事物的眞實關係。進一步講， 不僅科學不能使我們認識到事物的本性，而且無論什麼東西也不能使我們認識到它，卽使那一個神靈知道了它， 也無法找到描述它的詞彙。不僅我們不能揣摩出答案，而且卽使有人把答案給予我們， 我們也不可能理解它， 甚至我們很難說我們眞正地理解了這個問題。 (*V. S.*, pp. 266-267）。這裏講的是科學的界限。

把握了上述含義，可以明白，我們引用的彭加勒的言論並沒有「斷定精神對自然界說來是本原的」（從下面將要引用的一段話可以看出，他明確表示自然界先於人類而存在），更沒有「以某種方式承認創世說」。事實上，在彭加勒的關係實在論中，並沒有否認實體的實在性。況且，他在世紀之交也沒有不加思索地附和「物質消失了」的思想。他在《科學與假設》的增補章〈物質的終極〉中指出，「物質消失」之說是把物質和物質的主要特性（質量、慣性）混爲一談的結果。他這樣寫道：

> 近年來，物理學家宣布的最驚人的發現之一就是物質不復存在。我們要趕緊說這個發現還不是最終的。物質的主要特徵，就是它的質量和慣性。質量處處永遠不變，儘管化學變化改變了物質的一切可感知的特性，並且彷彿變成了另一種東西，但質量卻始終不變。所以，如果有人證明物質的質量和慣性實際上不屬於物質，而認爲這只不過是它的一種裝飾，甚至最永恆的質量也是可以改變的，那麼人們將肯定說，物質是不存在的，而人們所宣稱的，恰恰是這一點。（*S. H.*, p. 282）

彭加勒在評價了當時兩種物質觀——洛倫茲關於物質的原子由電子構成的觀點和朗之萬（P. Langevin, 1872-1946）關於物質也許是液化的以太的觀點——以及注意到考夫曼關於電子質量隨速度變化的實驗後指出：「一切都要覆滅了，而物質將會獲得存在的權力。」但是由於要作驗證這些理論的實驗是不容易的，

因此他認爲：「在今日想要作出最後的結論，還爲時尚早。」（*S. H.*, p. 289)由此可見，彭加勒並沒有一般地否認唯物論的基石——物質，不過他所謂的物質主要指的是物理學中的「有重物質」(ponderable matter)。

彭加勒並不是否認不可直接感知的事物的存在的感覺論者。作爲獲得必要的客觀性的手段，他認爲許多感覺都有外部原因。客體是「感覺羣」，但並非僅此而已。感覺是「用不變的結合物粘接起來的」，而且科學就是研究這種結合物或關係的。我們的感覺無論反映什麼，它都存在於包含關係的外部世界之中。科學雖則不是告訴我們事物的眞實本性，但卻可以揭示事物的眞實關係。科學的結論於是可以符合於這個世界，因爲科學能夠向我們提供它的結構的圖象，儘管不是它容納的事物本身的圖象。顯然，彭加勒的這種關係實在論思想並非唯心主義。

彭加勒的上述引文儘管有使人困惑之處，但確實說明他的思想早已涉及到當代科學哲學所關心的一些問題。普里戈金不是說過，我們今天的興趣正從實體轉變到關係，正從物質轉變到聯繫嗎？如果提及一下現代科學向傳統認識論和主客體關係提出的一些問題，也許有助於加深我們對彭加勒思想的了解。在面對量子力學的解釋問題時，玻恩 (M. Born, 1882-1970) 認爲，量子力學的認識論特徵只存在於 描述那些度量表現的概念 （符號）上，而那些由符號構成的結構，則是與自然界本身的規律同構的。玻恩指出，單一的符號無疑具有主觀性，但是在符號的關係中，則可形成種種可決定的、可檢驗的客觀結構。他大膽地說：我不怕把這種明確定義了的結構同康德的「自在之物」等同起來，因爲這些結構是純粹的形式，沒有任何感覺的質地

㉙。彭加勒在構造科學理論時，也「恒定地用簡單符號的系統來代替世界」。他說：「這不僅僅是一個數學家的職業習慣，我的課題的本性使這種研究方法成爲必要的。」(*L. E.*，p. 14) 其實，彭加勒早在玻恩之前就持有科學理論是與自然規律本身同構的觀點。

惠勒認爲：

> 在量子世界中，它不像一部秩序井然的機器。所得的答案依賴於所提出的問題、所安排的實驗以及所選擇的儀器。我們自身不可迴避地要介入「什麼將發生」這一問題。被我們稱之爲過去的那個時空，過去的那種事件，實際上是由前不久的過去以及現在所實現的選擇測量來決定的，由這些決定所實現的現象，可以影響到過去，直至宇宙之始。此時此地所用的觀察儀器，對於我們認爲是過去已經發生了的事情來說，確實有一個無可迴避的作用。說世界獨立於我們之外而孤立存在著這一觀點，已不再眞實了。在某種奇特的意義上，宇宙本是一個觀測者參與的宇宙。㉚

人擇原理也啟示我們，人所認識的宇宙在成爲認識對象時，也受到作爲認識主體的人的制約。正由於在這個世界上我們既是觀眾又是演員，正由於我們是嵌入在我們所描述的自然之中的，因此

㉙　M. 玻恩：《我的一生和我的觀點》，李寶恆譯，商務印書館（北京），1979年第 1 版，頁 98。

㉚　方勵之編：《惠勒講演集：物理學和質樸性》，安徽科技出版社（合肥），1986年第 1 版，頁 6，16。

誠如彭加勒所說，事物之間的關係及和諧「不能認爲存在於構想出它們的精神之外」。 (*V.S.*, p. 271)

進而言之，作爲揭示事物之間的關係和宇宙的和諧的自然科學，必然具有主觀性。也就是說，自然科學不是自然界本身，它是人和自然關係的一部分，因而它也取決於人，受人的信念、目的、需要、選擇、心理狀態等等的制約。也許在這樣的意義上可以說，一切關於自然的知識，不論其多麼完善，都不可能把對象的眞實本性給予我們。恩格斯的下述言論大概說的就是這個意思：

> 人的思維的最本質和最切近的基礎，正是人所引起的自然界的變化，而不單獨是作爲自然界的自然界……。[31]

在這裏，需要進一步說明的是，「拯救」或捍衞科學的客觀性是必要的（因爲客觀性畢竟是科學的鮮明特徵），但是不應由此走向客觀主義 (objectivism)。如果我們眞要把客觀主義貫徹到底，那就會導致一系列荒誕不經的結果。首先，客觀主義導致科學變得毫無意義。假如我們僅僅追求客觀主義，僅僅希望得到純客觀的眞理，那麼我們（作爲一個種族）事實上應該把我們的全部理智致力於研究星際塵埃，僅用若干分之一微秒研究我們自己和我們感興趣的事物（這裏包含著選擇，選擇必然有價值導向），因爲客觀地講，人類本身在事物的客觀序列中沒有宇宙學的意義！顯然，沒有一個人接受這種要求。其次，客觀主義導致神目觀 (view of God's eyes)。人由於種族的感覺器官的局限

---

[31] 恩格斯：《自然辯證法》，于光遠等譯，人民出版社（北京），1984 年第 1 版，頁 99。

以及知識背景和主觀意向的介入，總是帶著有色眼鏡看世界的，因而獲得的觀察資料不可能是純客觀的，更何況他在這個世界上既是觀眾又是演員。其結果，只有站在世界之外的、全智全能的上帝這位觀察者，才有資格「客觀地」看世界。這種客觀性的概念是神學的，不是科學的。再次，客觀主義導致體視鏡世界觀 (stereoscopic view of world)。它要求科學家是冷血的、無感情的、無個性的、被動的，要求科學家用鋼作邊緣的、高度拋光的體視鏡看原原本本的、一點也不走樣的世界。誰都知道，這是不切實際的幻想。

　　總之，我們需要的是科學的客觀性，而不是在人類之外的所謂客觀性（這樣的客觀性根本不存在，因為客觀性是相對於主觀性而言的）或客觀主義。客觀性使科學真正成為科學，而客觀主義則使科學非人化和非人性化，從而實際上取消了科學。要知道，沒有人就沒有客觀性，即使以客觀性為主要特徵的科學也是人為的和為人的。作為哲人科學家的彭加勒從科學實際出發而講的「客體」、「客觀實在」、「客觀性」，與我們上述議論是相通的。

　　2. 凡不是思想的東西，都是純粹的無。(*V.S.*, p. 276)

　　這被認為是彭加勒的又一唯心主義言論。
　　在彭加勒的原著中，他接著對他的命題作了辯護並進而下了斷語：

　　　　因為我們只能夠思考思想，因為我們用來談論事物的全部

詞語只能夠表達思想，因此斷言存在思想以外的某些事物是一種毫無意義的主張。

緊接著，他又對他的觀點作了解釋：

> 然而──對於相信時間的人卻存在著一個不可思議的矛盾
> ──地質史向我們表明，生命僅僅是兩個永恆死亡之間的
> 短暫的插曲，即使在這一插曲中，有意識的思想持續了並
> 且將只能持續一瞬間。思想只不過是漫漫長夜中的一線閃
> 光而已。但是，正是這種閃光即是一切事物。（*V.S.*, p.
> 276）

從彭加勒這一完整的論述中，我們可以達到以下認識：

第一，作爲一位科學家，彭加勒是了解自然史的，他當然知道地球是先於生命、先於有意識的思想而存在的，也就是說，他沒有斷定精神對自然界來說是本原的。這體現了彭加勒的樸素實在論或樸素唯物論思想。但是作爲一位思考思想和表達思想的大思想家，他不能停留在常識上樸素地看問題，他尤爲重視思想的意義、功能和重要性 —— 也許他把思想的地位強調到過分的程度，尤爲重視對思想的思想即反思。在這裏，彭加勒明顯地受到亞里士多德（Aristoteles, 前 384-323）的《形而上學》一書的影響。在亞里士多德看來，理智是神聖的，思想是至高無上的；最好的思想那就是思想它自己，思想就是對思想的思想；以自身爲對象的思想是萬古不沒的㉜。在這裏，彭加勒和亞里士多德的

㉜ 苗力田主編：《古希臘哲學》，中國人民大學出版社（北京），1989 年第 1 版，頁 562。

主旨一樣，都是強調思想的偉大和永恒。

第二，萊伊在談到彭加勒的思想的涵義時說：

> 在實用主義者看來，純粹直觀的大公無私的思想是不存在的，純粹的理性是不存在的。存在的只是這樣一種思想，它想掌握事物，為了這個目的並為了最大的方便而歪曲關於事物的觀念；科學和理性是實踐的奴僕。相反地，彭加勒所謂的思想在某種程度上具有亞里士多德所理解的意義。思想思維著，理性為了滿足自己而思考著，後來就超出了這個範圍：理性的無窮創造力的某些成果，除了純粹在精神上滿足我們外，還能對我們的其他目的有用。㉝

顯然，彭加勒強調思想的重要性，在當時有反對實用主義和功利主義思潮的用意。彭加勒的這一用意也集中體現在下面的論述之中：

> 如果我讚美工業的成就，那尤其是因為，當工業的成就使我們擺脫物質的牽累時，便會有一天給大家以思考自然的餘暇。我不說，科學是有用的，因為它教導我們製造機器。我要說，機器是有用的，因為它為我們做工，將在某一天給我們留下更充裕的時間從事科學。(V.S., p. 166)

第三，彭加勒的「凡不是思想的東西，都是純粹的無」的命

㉝ A. 萊伊：《現代哲學》。轉引自列寧：《哲學筆記》，中共中央黨校出版社（北京），1990年第 1 版，頁 594。

題，　也許與馬克思和列寧的下述思想有相通之處。　馬克思說：
「被抽象地理解的、孤立的、被認爲與人分離的**自然界**，對人說來
也是**無**。」「**作爲自然界的自然界，……就是無，即證明自己是
虛無的無**。它是**無意義的**，　或者只具有應被揚棄的外在性的意
義。」❸列寧針對黑格爾 (G. W. F. Hegel, 1770-1831)「自在
之物是擺脫了一切規定的抽象，是擺脫了一切對於他物關係的抽
象，即無」的言論批注道：「好極了!!」「這是非常深刻的。」❸
在這裏，幾位作者對「無」一詞的使用和理解也有相似或相近之
處。

第四，科學是科學家思想的產物，是一種思想的體系。科學
如實地反映、再現自然固然重要，但它對人的價值，與人的關係
更重要。我們置身於自己世界觀預設的世界內，創立科學的自然
圖景，創立意識形態的文化，將自己對象化於這種科學文化之
中，把自己的精神賦予世界，並在創造新世界中體現自己的本
質。作爲社會的一個子系統的科學，也「是人同自然界的完成了
的本質的統一，是自然界的眞正復活，是人的實現了的自然主義
和自然界的實現了的人道主義。」❸

3. 其次，有必要審查一下在我們看來好像是封閉自然界的框
架，我們稱這些框架爲時間和空間。在《科學與假設》
中，我已經指出，它們的價值如何是相對的；不是自然界
把它們強加於我們，而是我們把它們強加於自然界，因爲

---

❸　馬克思：《1844 年經濟學哲學手稿》，　人民出版社（北京），
　　1985 年第 1 版，頁 135,136。黑體字是原有的。
❸　同前注❸，頁 115-116。
❸　同前注❸，頁 79。

　　　　我們發覺它們是方便的。(*V. S.*, p. 6)

彭加勒的這段話被列寧視爲「唯心主義的結論」❸⑦。

　　列寧在《唯批》中兩次引用了彭加勒的這段話的一部分。列寧的引文是這樣的：

　　　　不是自然界把空間和時間的概念給予〔或強加於〕我們，
　　　　而是我們把這些概念給予自然界。❸⑧

列寧的引文是直接譯自彭加勒的法文原著的，可是譯文有明顯的錯誤：把彭加勒所說的時間和空間的「框架」錯譯爲空間和時間的「概念」了。

　　在法文原著中，彭加勒使用的是cadre（框架）一詞(*V. S.*, p. 6)。英譯本正確地譯爲 frame （框架）❸⑨，而沒有譯爲 concept （概念）或 notion （概念）。1927 年出版的田邊元的日譯本譯爲「框（形式）」❹⑩。1928 年出版的中譯本譯爲「套框」❹①。而列寧卻把它譯成 понятие （概念）❹②，這顯然是不對的，因爲在俄語中，框架一詞是 рама 或 рамка 。事實

---

❸⑦　同前注㉑，頁 259。
❸⑧　同前注㉑，頁 259,184。
❸⑨　H. Poincaré, *The Foundations of Science*, The Science Press, New York and Garrison, N.Y., 1913, p. 207.
❹⑩　ポアンカレ (H. Poincaré):《科学の価值》，田邊元訳，岩波書店，1927年，p. 18。
❹①　彭加勒：《科學之價值》，文元模譯，商務印書館（北京），1928年，頁5。
❹②　В.И.Ленин,*Материализм измпириокритицизм*,Москва,Издательство Политической Литературы,1979,cc.179,248.

上，列寧在《唯批》中引用弗蘭克 (P. Frank, 1884-1966) 的「經驗不過是填滿人生來就有的框架而已」❸ 時，其中「框架」一詞用的就是 рамка。

在 1981 年作碩士論文時，我通過查閱原始文獻，就已發現了這一錯譯。後來我在兩篇短文中公開申明了自己的觀點❹。我提出，「概念」和「框架」二者在詞義上截然不同，按彭加勒的原意，恐怕不能斷言他的結論是唯心論的。因爲如果把時間和空間的框架作爲容納或封閉自然界的容器來理解，彭加勒的原話並未否認時空的客觀實在性。

我的看法招致了中央編譯局負責人的反對，他們著文說：

> 列寧在引用彭加勒的話時確實把「空間和時間的框架」譯成了「空間和時間的概念」。從翻譯原則說，不必這樣譯，建議在出版《唯物主義和經驗批判主義》新版時在這裏作個注，說明原文是「框架」。但列寧是否歪曲了彭加勒的時空觀呢？我們認爲沒有。列寧這樣譯，是根據他對彭加勒的所謂「空間和時間的框架」的理解，在翻譯上作了靈活處理。……〔二者〕在意思上是相通的。至於列寧批評彭加勒在時空問題上作出唯心主義的結論，我們認爲，批評是正確的。因爲，彭加勒認爲時間和空間的框架

---

❸ 同前注㉑，頁 166。

❹ 李醒民：〈對「唯物主義和經驗批判主義」兩處譯文的商榷〉，《教學與研究》（北京），1983年第 4 期，頁72；該雜誌發表此短文（原稿僅 2000 字）時有顧慮，故砍去一半（主要是說理和議論部分）。兩年後，我發表了原稿，即李醒民：〈關於「唯批」的兩處譯文〉，《光明日報》（北京），1985年 5 月27日哲學版。

「不是自然界強加給我們的，而是我們強加給自然界的」，這就否定了時間和空間的客觀實在性，顛倒了主客體的關係。㊺

　　對於這種說法，我當然不敢苟同。我在答辯文章中指出，上述解釋是難以令人信服的，所謂的「靈活處理」是不妥當的，彭加勒的本意與列寧的譯意在意思上並不相通，因爲「框架」與「概念」二詞其意相差甚遠。「框架」恐怕科學意義重一些，「概念」恐怕哲學意義重一些。如果譯成「框架」，人們大概很難從彭加勒的那段引文中得出它是唯心主義的結論，而譯成「概念」，假如不作深究的話（人們往往就是這樣作的），也許能夠「自然而然」地按照傳統習慣斷言它是唯心主義的。這是不是列寧在翻譯時的旨意，讀者可以仔細推敲㊻。

　　退一步講，即使是「概念」（按列寧的譯文），就彭加勒那段話而言，似乎也不能斷言它是唯心主義的結論。因爲按照彭加勒的約定論哲學，像時間和空間這樣的基本的科學概念，都具有約定的特徵，它們是科學家在經驗事實引導（而不是強加！）下所作出的約定，是我們精神的自由（並非任意！）活動的產物。在彭加勒看來，科學中的概念並不是我們在自然界中發現的，而是我們自己把它們引入自然界的。只要把我們感覺到的未加工的事實和粗糙的材料與科學中極其複雜、極其微妙的概念比較一下，

㊺　顧錦屏、李其慶：〈也談「唯物主義和經驗批判主義」的譯文——與李醒民同志商榷〉，《光明日報》（北京），1985 年 10 月 14 日哲學版。

㊻　李醒民：〈關於彭加勒的時空觀及其哲學思想——兼答顧錦屏、李其慶同志〉，《光明日報》（北京），1986年 3月 3日哲學版。

我們便不得不承認一種差別。「我們希望把每一事物強行納入的框架原來是我們自己所構造；但是我們不是隨意創造它的。可以說，我們是按尺寸製造的，因此我們能够使事實適應它，而不改變事實的基本東西。」(*S. H.*, pp. 4-5)

關於時間和空間概念的形成，彭加勒同樣肯定了經驗所起的「指示」和「提供機會」的作用，但是他尤爲強調認識主體的自主性和主觀能動性。這種體現了現代科學精神氣質和方法論傾向的思想，現在已滲透到科學家的研究活動中，日益顯示出其固有的魅力和威力。的確，概念不僅不能由經驗（更不必說赤裸裸的自然界了！）給予我們，甚至也不能從經驗中推導出來。愛因斯坦正是在這種意義上說：「世界並不是由我們的感覺給予我們的」，「我們的感覺所給予我們的東西，只有通過一種概念的構造，才能變成一種世界觀。」他稱讚彭加勒說：「現在我們來看一下我們關於空間的概念和判斷。這裏也必須注意經驗對於我們概念的關係。我以爲，彭加勒在他的《科學與假設》這本書裏所作的闡述，已清楚地認識到這個眞理。」㊼

按照注㊺中作者的邏輯（學術界以往都是這樣認爲的），似乎只要把彭加勒的結論「顚倒」一下，主客體關係就擺正了，就是唯物論的結論了。其實，很難設想，自然界會把空間和時間的概念給予（或強加於）我們。果眞如此，原始人豈不早就該有古代文明人的時空概念？古代文明人豈不早就該有近代人或現代人的科學時空觀？情況根本不是如此。試問，同一個自然界，爲什麼給予牛頓的是絕對時空概念，給予馬赫的是相對時空概念，給予彭加

㊼ 《愛因斯坦文集》第三卷，許良英等編譯，商務印書館(北京)，1979年第 1 版，頁 384；以及前注⑪，頁 157。

勒和閔可夫斯基的是四維時空連續區，而給予愛因斯坦的卻是彎曲時空概念呢？卽使是同時代的牛頓和萊布尼茲（G.W.F. von Leibniz, 1644-1716），他們的時空概念爲什麼也有很大的差異呢？顯然，面對同一個自然界和同樣的經驗材料的復合，人們完全可以用不同的概念來描述同一對象，認識主體在這裏起著舉足輕重的作用。這充分地說明，在某種意義上，正是我們把時間和空間的概念給予自然界（當然概念的約定要有經驗事實的引導），而不是自然界把它們強加於我們（不過彭加勒也讓人們時時注意約定的實驗根源）。

　　彭加勒的時空理論是相當豐富的，而且具有啟發意義，他就時間及其測量、幾何空間與知覺空間、空間的相對性、空間的三維性、空間和經驗等論題都發表了有趣的見解⑱。彭加勒的時空觀並不是建立在唯心論的基礎上，因爲他不認爲時空概念是我們心靈固有的先驗形式（在這方面他顯然不贊同康德的先驗觀點）；當然也不是建立在經驗論的基礎上，因爲時空概念也不是自然界或經驗材料強加給我們的眞理，儘管感覺和經驗在它們形成中起了必不可少的作用。彭加勒的時空觀的哲學基礎是經驗約定論，並帶有明顯的進化認識論的色彩。

　　至於說馬赫和彭加勒的共同點是精緻的信仰主義或隱蔽起來的、修飾過的鬼神之說，就更沒有事實根據了。馬赫不僅不相信宗教，而且是宗教的激烈反對者。他在《力學史評》第四章第四節的一個長腳注中譏諷唯靈論者和神學家時說：

---

⑱　李醒民：《理性的沉思》，遼寧教育出版社（瀋陽），1992年第1版，頁 134-155。

對於唯靈論者和由於不知道把地獄安放在什麼地方而感到為難的許多神學家說來，第四維空間是非常合時宜的發現，唯靈論者就是這樣利用第四維空間的。

但是，我希望沒有人會利用我在這個問題上所說的和所寫的東西替任何鬼神之說辯護。

馬赫的《力學史評》的主旨，就是戳穿力學神話的，破除對力學教條的信仰的。彭加勒也是堅決反對信仰主義的，他說：

> 宗教能對信仰者有巨大的威力，但是並非所有的人都是它的信徒。信仰僅能夠強加於少數人，而理性卻會給一切人留下烙印。我們必須致力於理性，……。(*L.E.*, p. 102)

由此可見，認爲馬赫和彭加勒的共同點是唯心主義（或精緻的信仰主義），這種結論是難以立足的；以此爲根據而把彭加勒看作是馬赫主義者，也是不能成立的。退一步講，卽使認爲馬赫和彭加勒的共同點是唯心主義，那也不能構成「彭加勒是馬赫主義者」的充分必要條件，因爲唯心主義也是形形色色的，各個人物和流派的差別也是相當大的，不見得能扯到一起。否則，馬赫同時代的及後來的所謂唯心主義者，豈不都是馬赫主義者了？

（五）

馬赫、彭加勒是世紀之交頗負盛名的科學大師和哲學大師。

他們的科學思想是20世紀新科學的先導，他們的哲學思想是20世紀新科學哲學的先聲。馬赫的懷疑的經驗論（實證論）爲現代科學的發展掃清了思想障礙，彭加勒的經驗約定論和綜合實在論則在某種程度上爲現代科學的發展鋪設了道路，而且它們都成爲從經典科學哲學通向現代科學哲學的橋梁。如果說馬赫的科學哲學還未根本脫離經典科學窠臼的話，那麼彭加勒的約定論和較強的理性論則具有現代科學的哲學意向。

馬赫是一位啟蒙哲學家和自由思想家，是具有人文主義的科學家，馬赫的一些精闢的見解和睿智的預見至今仍然具有發人深省的力量[49]。彭加勒也是一位有思想、有見地的哲人科學家。他們的一些思想精髓都是人類精神的寶貴遺產，是人類文化發展的一個有機組成部分，理應置入人類的思想寶庫，並使之發揚光大。但是，遺憾的是，以往大陸的學人只知墨守「經典」，不敢越雷池一步，武斷地批判馬赫、彭加勒的言論都是唯心主義的胡說，任何一句話都不可相信。他們自以爲這樣就大功告成、勝利凱旋了，實際上卻踐踏了人類的寶貴思想遺產，失去了借鑒的機會。這種唐吉訶德和阿Q式的愚蠢行爲難道還應該繼續下去嗎？

馬赫和彭加勒確有共同點。他們最大的共同點在於：他們屬於同一科學學派——批判學派（與之對立的是力學學派或機械學派），他們在肯定經典力學固有價值的前提下，堅定地批判了它的基本概念和基本原理，旗幟鮮明地反對力學自然觀（機械自然觀），他們是批判學派的代表人物和領袖。這個學派的代表人物

[49] 李醒民：〈恩斯特·馬赫：啟蒙哲學家和自由思想家〉，《大自然探索》（成都），第9卷（1990），第2期，頁118-124。董光璧：〈馬赫：一位人文主義的科學家〉，《自然辯證法通訊》（北京），第10卷（1988），第4期，頁1-8。

在批判經典力學上是一致的，但在科學觀點和哲學觀點上彼此都有較大的差異❺⓪，像馬赫和彭加勒，甚至在主導哲學思想上大相逕庭。彭加勒並不是馬赫主義者，馬赫和彭加勒的共同點也不是哲學唯心主義，列寧的斷言是沒有足够的事實根據的。關於列寧多次給馬赫、彭加勒及其學派羅織「反動」的罪名──「反動的哲學教授」，「反動現象」，「在反動市儈中享有盛名」，「是反動透頂的」❺①──其論據就顯得更爲蒼白了(甚至毫無根據)，因爲馬赫和彭加勒在政治和社會問題上是相當開明和進步的。至於罵德國科學家、思想家、實踐家奧斯特瓦爾德爲「糊塗蟲」，罵德國大生理學家、心理學家馮特 (W. Wundt, 1832-1920) 爲「老麻雀」❺②，就更不足爲訓了。把科學學派與哲學派別混同起來，給科學家和科學理論亂扣唯心論的「大帽子」，在科學學派之間人爲地製造「兩條哲學路線的鬥爭」，並進而「上綱上線」爲政治上的革命與反動(請注意：哲學的社會關係史的比較研究並未表明唯心論是爲反動的社會目的服務的，而唯物論是爲進步的社會目的服務的) 的鬥爭，在學術界和知識分子中間進行殘酷鬥爭、無情打擊。這種作法所釀成的悲劇和鬧劇，在前蘇聯和中國大陸導演得還少嗎？這種極左遺風現在難道徹底絕跡了嗎？該是認眞反省、正本清源的時候了！否則，誰又能擔保不會再出現「無可奈何花落去，似曾相識燕歸來」的情況呢?!

---

❺⓪　同前注❹。

❺①　同前注㉑，頁 349, 356, 364。要知道，「反動」一詞在大陸長期作爲一個很可怕的政治術語使用的，與之沾邊的人都沒有好下場。

❺②　同前注㉑，頁 45, 87。

第八章 心有靈犀一點通

—— 彭加勒對愛因斯坦
思想的影響

梅雪爭春未肯降，

騷人閣筆費評章。

梅須遜雪三分白，

雪卻輸梅一段香。

—— 雪梅二首（其一）

宋‧盧梅坡

　　愛因斯坦（1879-1955）生於德國烏耳姆市， 先後在德國的慕尼黑和瑞士的阿勞上中學。他於 1896 年考入蘇黎世聯邦工業大學師範系學習，1900 年畢業後卽失業。1901 年，愛因斯坦取得瑞士國籍。後經人介紹，於 1902 年受聘爲伯爾尼瑞士專利局的三級 技術員， 在這裏一直工作到 1909 年。 在其 間的 1905 年， 他一舉在物理學的三個領域（狹義相對論、光量子論和布朗運動理論）作出了驚人的發現， 全面地打開了物理學革命的新局面❶。 1909 年 10 月，他離開專利局， 擔任蘇黎世大學理論物

---

❶　李醒民：《激動人心的年代——世紀之交物理學革命的歷史考察和哲學探討》，四川人民出版社（成都），1983 年第 1 版，頁 133-185。

理學副教授，1911 年 3 月任布拉格德國大學理論物理學教授，同年 10 月底出席了第一屆索爾維物理學會議。1912 年 10 月他回母校任理論物理學教授，彭加勒在這一年去世。當時，愛因斯坦才 33 歲，他比彭加勒整整小 25 歲。

　　如果說彭加勒是現代科學和現代科學哲學的先驅的話，那麼愛因斯坦則是一位現代科學的創造者和現代科學哲學的奠基者乃至集大成者。他們二人都以第一流的科學家和哲學家的眼光，對科學及其基礎進行了全方位的、深層次的探討，發表了一系列的眞知灼見，對日後的科學和哲學進展產生了不可低估的影響。

　　剖析一下愛因斯坦的科學和哲學思想❷，我們不難發現，愛因斯坦在認識論、方法論、科學觀乃至主導哲學思想諸方面，都明顯受到彭加勒的影響。他們在思想上的一些相承、相通、相近，以及愛因斯坦對彭加勒某些觀點的拓展、深化和發揚光大，常使人有「身無彩鳳雙飛翼，心有靈犀一點通」的驚嘆！由於愛因斯坦善於博探眾家之長，又善於在前人的基礎上進行新的思考和創造，所以從總體上看，他的思想在廣度和深度上超越了他的先輩彭加勒。但是彭加勒在某些方面的論述仍具有獨特的優越地位。

（一）

　　愛因斯坦不僅和彭加勒有過直接交往，而且還在索爾維會議上會過面，這大概是他們二人唯一的會面機會。

　　索爾維物理學會議是由比利時知名的工業化學家和社會改革

---

❷　李醒民：《人類精神的又一峰巓──愛因斯坦科學和哲學思想探微》，遼寧大學出版社（瀋陽），1994 年將出版。

家索爾維出資贊助召開的國際會議，他委託柏林大學教授、著名
物理化學家能斯特（W. Nernst, 1864-1941）籌備這次會議。
經過能斯特等人的努力，會議終於在 1911 年 10 月 30 日如期
於布魯塞爾的大都會賓館召開了。會議爲期五天（11 月 3 日結
束），其中心議題是「輻射和量子論」。來自歐洲大陸和英國的
18 位第一流的物理學家出席了會議，會議主席是荷蘭的大物理
學家洛倫茲❸。

　　索爾維會議取得了成功，會議本身的直接影響和會後迅速出
版的會議錄（會後幾個月之內就出版了法文本，1913 年底出版
了德譯本），使量子概念從四面八方突破了德語世界的界限，而
成爲使物理學家共同感興趣的問題。大家都認識到，輻射定律、
比熱等問題所造成的理論狀況是不能讓人容忍的；原先相信量子
的人，對量子重要性的認識更深刻了；原先袖手旁觀的人，也捲
入到爭論和研究的行列裏來了；至於年輕一代的物理學家，一開
始就被吸引到量子問題上。正如能斯特所預見的，第一屆索爾維
物理學會議的確「在科學史上成爲一個里程碑」，大會的會議錄
對於現代思想史而言也具有非同尋常的意義。

　　當時，在布拉格當教授的愛因斯坦也應邀出席了會議，他以
「比熱問題目前的狀況」爲題作了報告，論證了輻射量子結構的
絕對不可避免性。愛因斯坦在會上的表現給人們留下了深刻的印
象，會議秘書林德曼（F. Lindemann, 1852-1939）後來回憶
道：「我和愛因斯坦相處得也不錯，也許除洛倫茲外，他給我留

---

❸ 關於索爾維會議的始末，讀者可參閱 J. Mehra, *The Solvay
Conferences on Physics*: *Aspect of the Development of
Physics Since* 1991, Boston, Reidel, 1975.

下的印象最深了。……他說他不大懂數學，也許正是由於這樣他才取得了巨大的成功。」❹ 這次會議之後一年半，來自柏林的與會者普朗克、能斯特、魯本斯 （H. Rubens, 1865-1922）、瓦爾堡 （E. Warburg, 1846-1931） 合力建議普魯士科學院採取一個非同尋常的步驟，把愛因斯坦選為科學院正式成員，並授予他教授職位。1913 年 7 月，普朗克和能斯特訪問了愛因斯坦，聘任他為柏林威廉皇帝物理研究所所長兼柏林大學教授，愛因斯坦於 12 月正式受聘，當時他年僅 34 歲。

在索爾維會議上，彭加勒也表現得相當活躍和明智。會議的報告和討論大大激勵了彭加勒的敏銳思想。從會議的活動紀錄來看，他積極地參與討論，而且嚴肅地、公開地進行爭論。他不僅把解釋的腳注自始至終地附在自己的評論中，而且還把它們添加到其他陳述中。事後，會議的科學秘書莫里斯・德布羅意 （Maurice de Broglie, 1875-1960）❺ 提到，在所有的與會者當中，唯獨彭加勒和愛因斯坦與眾不同。的確，彭加勒在討論中充分表現出他的思想的全部活力和洞察力，即使針對全新的物理學問題，他照樣侃侃而談。對量子論這一嶄新課題的熱情一直持續到他生命的最後一刻。

索爾維會議錄沒有記載關於相對論的討論，但幕後對這個主題卻展開了熱烈的辯論。愛因斯坦 1911 年 11 月 16 日在給倉格爾 （H. Zangger） 的信中談到，在索爾維會議的討論中，「總的來說，彭加勒只是進行對抗（反對相對論），他對這一切的尖

---

❹ M. J. Klein, Einstein, Specific Heats and the Early Quantum Theory, *Science*, **148** (1965), 173-180.

❺ 他是理論物理學家、物質波提出者路易・德布羅意 （Louis de Broglie, 1892-1990） 的哥哥，曾在X射線研究中多有貢獻。

銳態度表明他對形勢沒有什麼了解。」❻另外，普朗克也在會上對愛因斯坦的光量子論表示反對。會議對愛因斯坦工作的評價也比較客觀的反映在會議錄中。會議錄在簡短地敍述了愛因斯坦的狹義相對論後，繼續以這樣的筆調寫道：

儘管愛因斯坦的這一思想（狹義相對論）表明是物理學原理發展的基礎，可是它現在的應用還與測量的限制密切相關。他對於現在處於熱門的其他問題的研究已證明對實際的物理學具有重大的意義。這樣一來，正是他第一個表明了，對於原子和分子運動能量所作的量子假設的重要意義，從這一假設出發，便可推導出比熱公式。雖然這個公式還沒有充分詳細地予以證實，但無論如何它為新原子運動論的進一步發展提供了一個基礎。他通過建立能夠用實驗檢驗的新的有趣的關係，也把量子假設和光電的以及光化學的效應聯繫起來。他也是第一個指出晶體的彈性常數和光性質之間聯繫的人。一言以蔽之，人們可以說，在豐富了現代物理學的許多重大問題中，幾乎沒有一項愛因斯坦沒有作出某種顯著的貢獻。在他的科學生涯中，他有時也打錯了目標，比如他的光量子假設就是如此，可是這實在不能過多地責怪他，因為即使在最嚴謹的科學中，要引入一種真正的新思想不冒一點風險也是不可能的。❼

---

❻　A. I. Miller, *Albert Einstein's Special Theory of Relativity*, Reading: Addison-Wesley, 1981, p. 255.

❼　同前注❹。

會議錄的記載肯定了愛因斯坦的創造性的工作，儘管它對相對論的意義估計不足，對光量子論的看法是錯誤的。考慮到當時這兩種學說還未廣泛傳播，尤其是直到那時還沒有確鑿的實驗證據支持，應該說這樣的評價還是比較講究實際的。但是，愛因斯坦在 1911 年 12 月 26 日致貝索（M. Besso, 1873-1955）的信中，卻囿於自身的偏見，對索爾維會議基本持全盤否定的態度：

> 在電子論方面，我沒有進展。在布魯塞爾，人們懷著悲傷的情緒看到這個理論的失敗，找不到補救方法。那裏的大會簡直像耶路撒冷廢墟上的悲嚎。沒有出現任何積極的東西。我那些不成熟的見解引起很大的興趣，卻沒有認眞的反對意見。我得益不多，所聽到的，都是已經知道了的東西。⑧

不過，愛因斯坦最後一句話倒是合乎事實的，這大概也是他對會議沒有好感的原因。

關於彭加勒與愛因斯坦在索爾維會議上交往的細節，由於沒有確鑿的材料，我們不得而知。但是，愛因斯坦給彭加勒留下了較好的印象，這一點卻是查之有據的。在索爾維會議結束後不久，居里夫人和彭加勒給愛因斯坦分別寫了推薦信，推薦他擔任蘇黎世聯邦工業大學教授。居里夫人的信寫於 1911 年 11 月17

---

⑧ 《愛因斯坦文集》第三卷，許良英等編譯，商務印書館（北京），1979 年第 1 版，頁404。在本章，我們要經常引用此書，現約定在正文中簡寫爲 *E3*，例如 （*E3*, p. 404）。

日，即索爾維會議結束不到半個月，彭加勒的推薦信估計大約也是寫在這個時候（有可能在居里夫人之前）❾。

　　彭加勒的推薦信是這樣寫的：

> 愛因斯坦先生是我曾經認識的最富創見的思想家之一。他雖然年輕，卻已經在當代第一流科學家中間居有崇高的地位。我們應當特別讚賞他的是，他善於靈巧地適應新的概念並知道如何從這些概念引出結論。他不受古典原理的束縛，而且每當物理學中出現了問題，他很快就想像出它的各種可能性。這一點使得他在思想中立即能預言一些日後可由實驗證實的新現象。我的意思並不是說，所有這些預言都會滿足實驗的檢驗，如果有可能作這些檢驗的話。相反地，既然他是在各方面進行探索，我們就應當想到他所走的道路之中大多數是死胡同。不過，我們同時也應當希望他指出的方向中，有一個方向是正確的，那也就足夠了。這才是我們應當採取的作法。數學物理學的作用是提出問題，只有實驗才能回答問題。❿

考慮到彭加勒主要是一位經典物理學家，考慮到這是一位 57 歲的長輩給一位 32 歲的年輕人所寫的推薦信，我們不難看出，彭加勒對愛因斯坦的評價是夠高的了。當然，關於愛因斯坦「所走的道路之中大多數是死胡同」的估價，如果指的是探索的結果而

---

❾　J. Giedymin, *Science and Convention*, Pergamon Press, Oxford ed., 1982, p. 190.

❿　趙中立、許良英編：《紀念愛因斯坦譯文集》，上海科技出版社（上海），1979 年第 1 版，頁 238。

言，無疑是言過其實的。但是，如果它所指的是探索的過程，那麼這一估價對任何人都是成立的。何況彭加勒認爲只要有一個方向正確就足够了。何況彭加勒認爲方向正確與否的問題最終要由實驗作出回答。更何況愛因斯坦本人在 1934 年的一封信中也承認：「至於探索眞理，我從自己不時撞入死胡同的痛苦的探索中認識到，在朝著眞正有意義的事情方面每邁出一步，不管是多麼渺小的一步，都是難乎其難的⓫。」

關於彭加勒在索爾維會議上是否反對以及如何反對愛因斯坦的狹義相對論，我們手裏沒有可信的材料以資說明。據戈德堡研究⓬，彭加勒對愛因斯坦的狹義相對論從未作出公開的反應，這種緘默態度使人感到很神秘。戈德堡認爲，彭加勒並不是不了解愛因斯坦 1905 年〈論動體的電動力學〉的論文以及關於這個課題的後繼的文章，因爲彭加勒對德語十分嫻熟，而且他經常向科學院成員作德國當前電動力學發展狀況的報告，愛因斯坦的文章不用說與他對理論物理學的興趣直接有關。彭加勒也不是出於嫉妒，因爲彭加勒是一個誠實正直、寬於待人的學者，他不大關心優先權問題，從來也不願意把不屬於自己的榮譽強行拉到自己的頭上，他反倒把自己的發明用其他人的名字命名（如富克斯函數、克萊因函數、洛倫茲羣、洛倫茲不變量等）。戈德堡認爲，彭加勒恐怕不認爲愛因斯坦的理論是符合他所要求的簡單性、適應性和自然性的理論；也許在彭加勒看來，愛因斯坦的相對論是平凡的、不完善的，只是他和洛倫茲所完成的龐大理論中的微不

⓫ H. 杜卡斯等編：《愛因斯坦論人生》，高志凱譯，世界知識出版社（北京），1984 年第 1 版，頁 23。

⓬ S. Goldberg, Poincaré's Silence and Einstein's Relativity, *Bri. Jour. Hist. Sci.*, **5** (1970), 73-84.

足道的一部分。

　　戈德堡的最後一點看法是有道理的。的確，按照彭加勒的約定論的理論多元論思想，觀察上不可區分、數學形式相同的理論是等價的，這可稱之為約定論的理論等價原則或結構主義實在論的命題。因此，我們可以進一步這樣猜想：既然彭加勒認為愛因斯坦1905年的論文只是他和洛倫茲工作的一小部分，而愛因斯坦在論文中一句也沒有提及他們二人的工作，這也許使他多少感到有點快快不樂。作為一個有素養的大科學家，他沒有站出來公開爭奪優先權，而代之以緘默不語❸。這一點也表現在他對閔可夫斯基 1907 年的四維時空理論的態度上。據玻恩回憶，1909年4月 22 日到 28 日，彭加勒應格丁根學會的邀請舉行了「彭加勒宴餘講演會」。開頭五次講的是純數學問題，第六次講演的題目是「新力學」❹。最後這一次講演是關於相對論的通俗報告，沒有任何公式，只有極少的引證。報告中始終沒有提到愛因斯坦和閔可夫斯基，只提到了邁克耳孫、亞伯拉罕和洛倫茲，但他所用的推理方法正是愛因斯坦在 1905 年的論文中所引入的。這是不是意味著彭加勒比愛因斯坦先知道這一切呢？這是可能的，但奇怪的是，這次講演明確地給你一個印象，他在報告洛倫茲的工作❺。

　　玻恩對自己提出的問題的回答是符合事實的。彭加勒不僅先於愛因斯坦提出了相對論的兩個公設，而且也先於愛因斯坦和閔

---

❸　值得注意的是，彭加勒在給愛因斯坦寫的推薦信中說，愛因斯坦「善於靈巧地適應新的概念」，而沒有使用「創造新的概念」的說法。這是否包含有言外之意和弦外之音呢？

❹　這是以《科學與方法》中的第三編為基礎而作的講演。

❺　M. 玻恩：《我的一生和我的觀點》，李寶恒譯，商務印書館（北京），1979 年第 1 版，頁 230-231。

可夫斯基完成了相對論的數學表達式。 可是， 閔可夫斯基在他
1907 年所發表的成果中也一句沒有提到彭加勒的工作， 彭加勒
對此也只好保持緘默。

　　玻恩覺得彭加勒是在報告洛倫茲的工作， 這是有一定道理
的，但講的並不完全正確。彭加勒是欣賞洛倫茲的工作的，把洛
倫茲的「電子論」發展成「電子動力學」。但他也接近於愛因斯
坦的思想：他在 1897 年（〈赫茲關於力學的觀念〉）、1898年
（〈時間的測量〉）、1902 年和 1904 年就勾畫出具有相對論特
徵的新力學綱領的大致輪廓，並預言它必將實現。彭加勒的新力
學的特徵是：拋棄絕對空間和絕對時間，把相對性原理作為最高
公設之一，把光速作為速度極限，質量隨速度而變化，可以自由
選定方便的幾何學。由於愛因斯坦讀過彭加勒1902年出版的《科
學與假設》，他很可能會受到彭加勒思想的啟發。

　　吉戴明認為，洛倫茲雖在 1910 年的格丁根講演中，以及在
《電子論》（1909，1915）中說過愛因斯坦是相對論的唯一發現
者,但在其他著作中並沒有毫不含糊地支持這一點。例如，洛倫茲
曾經講過，他沒有證明相對性原理嚴格、普遍為真，但卻認為正
確的變換是由彭加勒,繼而由愛因斯坦和閔可夫斯基給出。他指出
彭加勒得到了電動力學方程的不變性並詳細闡述了相對性公設，
首次使用了這個術語，還導出了正確的速度和電荷變換公式⓰。

　　無論如何，洛倫茲理論和愛因斯坦的相對論在數學形式上是
等價的,在觀察結果上也是等價的,不同之處僅在於二者的物理解
釋不同（要注意， 彭加勒理論的物理解釋是比較接近愛因斯坦

⓰　同前注❾，p. 157。

的）。我們沒有理由要求一個科學創造者在作出理論發明時局限
於唯一的物理解釋，而排斥其他的物理解釋，也沒有理由要求科
學家只能採取逕直的途徑，而否定迂迴方法的必要性。在這裏需
要指出的是，兩種理論等價的概念是一個模糊的概念，兩種理論
等價的標準是屬於認識論範疇的，它要隨科學家和科學哲學家的
認識論標準而變化。只有理論內容的認識論標準和兩個理論等價
的標準選定之後，才能決定優先權問題。

　　撇開洛倫茲和彭加勒的理論與愛因斯坦的相對論是否等價的
問題不談，從歷史上看，愛因斯坦雖然部分地受益於洛倫茲和彭
加勒，但他的狹義相對論基本上還是獨立完成的。愛因斯坦的傳
記作家澤利希（C. Seelig）曾問愛因斯坦，他在伯爾尼時期哪篇
科學論文對他創立狹義相對論最有幫助？澤利希 1955 年 2 月19
日收到愛因斯坦的回信，信中這樣寫道：

　　　　毫無疑問，要是我們回顧狹義相對論的發展的話，那麼它
　　　在 1905 年已到了發現的成熟階段。洛倫茲已經注意到，
　　　為了分析麥克斯韋方程，那些後來以他的名字而聞名的變
　　　換是重要的；彭加勒在有關方面甚至更深入鑽研了一步。
　　　至於我自己，我只知道洛倫茲在1895年的重要工作[17]——
　　　〈麥克斯韋的電磁理論〉和〈動體中的電現象和光現象的
　　　理論嘗試〉——但不知道洛倫茲後來的工作，也不知道彭

---

[17]　洛倫茲1895年的長篇論文題為〈關於動體電現象和光現象的理論
　　　嘗試〉，它標誌著一階理論的完成，其中引入了地方時概念和對
　　　應態定理。而〈麥克斯韋的電磁理論〉一文發表於 1892 年，愛
　　　因斯坦誤認為它是 1895 年發表的。

加勒繼續下去的研究。在這個意義上說，我在 1905 年的
工作是獨立的 。 它的新特點在於理會到這一事實： 洛倫
茲變換的意義不僅在於它和麥克斯韋方程有聯繫，而且它
還一般地論述到空間和時間的本性。進一步的新結果是：
「洛倫茲不變性」是任何物理理論的普遍條件。這對我有
特別重要的意義，因為我以前已經發覺，麥克斯韋的理論
不能說明輻射的微觀結構， 因而不可能是普遍有效的。 ⑱

愛因斯坦的這一表白是可信的，他所得到的進一步的新結果是洛
倫茲根本沒有意識到的，也是彭加勒沒有明確覺察到的。這是愛
因斯坦思想和洛倫茲、彭加勒思想的本質差別之處。

　　彭加勒雖然與愛因斯坦有過直接的交往，但是這些交往對愛
因斯坦似乎沒有產生決定性的影響。彭加勒對愛因斯坦的影響主
要是間接的，卽通過他的著作影響了愛因斯坦的科學思想、科學
認識論和科學方法論。這種間接影響有時是十分顯著的，愛因斯
坦在 1952 年 3 月 6 日致貝索的信中也承認彭加勒的著作對他的
思想發展的影響。

　　在「奧林比亞科學院」時期（ 1902 年 3 月至 1905 年 11
月），愛因斯坦和他的摯友索洛文（M. Solovine）、哈比希特
（C. Habicht）曾利用晚上的業餘時間，一起研讀彭加勒的《科
學與假設》，並進行了熱烈的討論。據索洛文回憶，彭加勒的書
對他們的印象極深， 他們用了好幾個星期緊張地讀它。有時念一
頁或半頁，有時只念一句話，立卽就會引起強烈的爭論，當問題

---

⑱　轉引自前注⑮，頁 232-233。並根據前注⑥中的文獻作了修訂和
　增補。

比較重要時，爭論可以延續數日之久[19]。這部著作對愛因斯坦科學和哲學思想的成形起了舉足輕重的作用。

　　有理由認為，愛因斯坦也讀過或了解彭加勒的《科學的價值》和《科學與方法》。愛因斯坦所描繪的關於科學發展的「危機—革命」圖象，以及他關於「科學是為科學而存在的」(*E1*, p. 285) 表白，也許是他讀過或了解《科學的價值》的佐證。愛因斯坦讀過或了解《科學的價值》以及《科學與方法》這一事實，可以從他的下述言論得到印證：

　　　我同意昂利·彭加勒，相信科學是值得追求的，因為它揭示了自然界的美。這裏我要說的是，科學家所得到的報酬是在於昂利·彭加勒所說的理解的樂趣，而不是在於他的任何發現可以導致應用的可能性。(*E1*, p. 304)

愛因斯坦讀過《科學與方法》，也在他 1919 年 5 月 3 日寫給《康德研究》雜誌創始人和出版人的信中透露出來[20]。這些證據雖然不夠充分，但是我們很難設想，曾經得益於《科學與假設》的愛因斯坦，不了解或不去設法閱讀彭加勒後來的兩本科學哲學名著。要知道，這兩本名著被翻譯成多種文字出版（不用說有德文版和英文版），它們的名聲也許比彭加勒本人的名氣還要大，而愛因斯坦對科學哲學又一直興味盎然！

　　彭加勒的科學哲學思想集中體現在他的《科學與假設》等三

　[19]　《愛因斯坦文集》第一卷，許良英等編譯，商務印書館（北京），1976年第 1 版，頁 570。在本章，我們要經常引用此書，現約定在正文中簡寫為 *E1*，例如 (*E1*, p. 570)。
　[20]　參見《自然科學哲學問題》（北京），1980年第 3 期，頁 49。

本著作中。下面，我們擬在愛因斯坦知曉彭加勒有關思想的基礎上，分析一下彭加勒對愛因斯坦思想的影響。

（二）

彭加勒對愛因斯坦的認識論的影響主要表現在愛因斯坦明確地接受了彭加勒的經驗約定論的觀點，並對它作了進一步的闡釋與發展[21]。

愛因斯坦是通過兩種途徑接受彭加勒的經驗約定論的。其一是直接途徑，即通過閱讀彭加勒的科學哲學著作。其二是通過閱讀石里克的為理論和實在關係的觀點進行辯護的著作，但更重要的是他們從 1915 年到 1933 年進行了長達近20年的通信，石里克早期的實在論的約定論對愛因斯坦有重大影響（由於石里克後來堅持實證論，愛因斯坦與之分道揚鑣）[22]。把石里克和愛因斯坦吸引到約定論的是，約定論提供了把徹底的經驗論（所有科學陳述都向借助於經驗進行修正敞開著大門）和康德的洞察（科學的某些原理必然強加於我們經驗形成和理論形成的過程中）結合起來的途徑。

愛因斯坦曾多次坦率地表示，科學中的基本概念和基本原理既不是先驗的，也不是經驗的，而是約定的。他這樣說過：「概念體系連同那些構成概念體系的句法規則都是人的創造物。」

---

[21] 李醒民：〈論愛因斯坦的經驗約定論思想〉，《自然辯證法通訊》（北京），第 9 卷 (1987)，第 4 期，頁 12-20。

[22] Don Howard, Realism and Conventionalism in Einstein's Philosophy of Science: The Einstein-Schlick Correspondence, *Philosophia Naturalis*, **21** (1984), 616-629.

(*E1*, p. 5)「我們正在尋求的這個體系中，沒有一個特點、沒有一個細節能够由於我們思想的本性，而先驗地知道它必定是屬於這個體系的。關於邏輯和因果性的形式也同樣如此。我們沒有權利問科學體系必須怎樣來構造，而只能問：在它已經完成的各個發展階段上，它實際上曾經是怎樣建造起來的？所以，從邏輯觀點看來，這個體系的邏輯基礎以及它的內部結構都是『約定的』。」(*E3*, p. 368)它同時也這樣說過：「理論物理學的公理基礎真的不能從經驗中抽取出來，而必須自由地發明出來。」「一切概念，甚至那些最接近經驗的概念，從邏輯觀點看來，完全像因果性概念一樣，都是一些自由選擇的約定。」(*E1*, pp. 315, 316)

對於康德的先驗論和彭加勒的約定論，愛因斯坦看中後者而摒棄前者。他在評溫特尼茨 (J. Winternitz) 的《相對論和認識論》一書時寫道：

> 溫特尼茨和康德一起斷言，科學是由思維依據某些先驗的原則建立起來的某種體系。我們的科學大廈是而且應當是建築在某些原則基礎上的，而這些原則本身卻不是來自經驗，對此當然要毫不懷疑地加以接受。但是，當提出這些原則的意義問題，或者提出這些原則不能替代的問題時，我就發生懷疑了。是否可以認為，這些原則至少有一部分是被安排得使科學同這些原則的隨便改變不能並存呢？還是應當認為這些原則是純粹的約定，就像詞典裏詞的排列原則那樣呢？溫特尼茨傾向於認為，第一種觀點是正確的，而我認為，第二種觀點是正確的。(*E1*, p. 192)

他在康德《導論》讀後感中指出：必須把康德所謂的「先驗的」（卽槪念是預先存在於我們的意識中的）沖淡成爲「約定的」。（*E1*, p. 104)

愛因斯坦不僅贊成彭加勒的經驗約定論，而且根據他的科學創造的實踐，對此作了更爲深入、更爲明確、更爲嚴格的闡釋與發展。這主要表現在以下幾個方面。

第一，明確闡述了科學理論體系的結構，嚴格規定了約定僅在構築科學理論體系基礎中起重大作用。在愛因斯坦看來，完整的科學理論體系是由基本概念、被認爲對這些概念有效的基本假設以及由邏輯推理得到的結論（導出命題）這三者構成的。其中在邏輯上不能進一步簡化的基本概念和基本假設是理論體系的根本部分，它們是整個理論體系的公理基礎或邏輯前提（因此科學理論也可以看作是由兩部分構成的）。它們「都是自由選擇出來的」，「（在邏輯意義上）是自由的約定」（*E1*, pp. 22, 471)。很顯然，愛因斯坦僅肯定了從直接經驗上升到公理基礎時約定的作用，具體結論則是從公理基礎出發邏輯地導出的；而彭加勒則把科學理論分爲事實、定律和原理三個層次，認爲約定在逐級上升中都起作用，甚至在從未加工的事實過渡到科學事實時也起作用。因此，愛因斯坦的理論體系是通過探索性的演繹法自下而上（由直接經驗到公理基礎）、自上而下（從公理基礎到導出命題）構築的，彭加勒的理論體系實質上是立足於歸納法，通過約定式的推廣，逐級自下而上（由事實到定律，再由定律到原理）得到的。當然，彭加勒也認爲可以大膽地從事實直接提升到原理。

第二，響亮地提出了基本概念和基本原理是「思維的自由創造」、「理智的自由發明」（*E1*, pp. 409, 314)的命題，闡述

了從感性經驗到基本概念、基本假設的非邏輯途徑和二者的微妙關係。愛因斯坦認為，要從經驗得到基本概念和基本假設，只有通過那種以對經驗的共鳴的理解為依據的直覺，也可以通過「猜測」、「大膽思辨」、「創造性的想像」、「幻想」等思維跳躍的途徑達到。因此，基本概念、基本原理在邏輯上是獨立於直接經驗的，二者的關係不像肉湯同肉的關係，而倒有點像衣帽間牌子上的號碼同大衣的關係。但是，彭加勒在直接經驗與基本原理中間還加上了實驗定律這個中介層次，因此他的某些原理（由定律推廣以及在許多定律中尋求共同點而得到的原理）與經驗之間的關係似乎不是充分獨立的。

　　第三，形象地闡述了對基本概念和基本原理的選擇的自由是一種特殊的自由，並明確指出了選擇的雙重標準。愛因斯坦認為，「這種選擇的自由完全不同於作家寫小說時的自由。它倒多少有點像一個人在猜一個設計得很巧妙的字謎時的那種自由。他固然可以猜想以無論什麼字作謎底；但是只有一個字才真正完全解決了這個字謎。相信為我們的五官所能知覺的自然界具有這樣一種巧妙雋永的字謎的特徵，那是一個信念的問題。迄今科學所取得的成就，確實給這種信念以一定的鼓舞。」(*E1*, p. 346) 顯然，這種特殊的自由是在科學創造過程中的思維方式的自由，而作為思維最終成果的東西則應是客觀的。愛因斯坦提出的選擇公理基礎的外部標準即「外部的確認」（由公理基礎推導出的理論不應當同經驗事實相矛盾）和內部標準即「內部的完美」（基本概念、基本原理的「自然性」和「邏輯簡單性」）也是考慮到上述情況而提出的。愛因斯坦指出，儘管科學理論體系的邏輯基礎是約定的，但是「它們之所以能站得住腳，在於這個體系

在事實面前的有效性，在於它的思想的統一性，也在於它所要求的前提爲數很少。」(*E3*, pp. 368, 369) 總之，愛因斯坦在認識的起點和終點——是經驗總和的對應 (co-ordination)、確認 (confirmation)，而不是單個實驗的證實 (verification)——削弱了經驗論的成分，而加強了約定論和理性論的色彩。

第四，明確區分了作爲命題集的非解釋系統和與感覺經驗相聯繫的解釋系統，指出眞理概念僅適用於後一系統。他說：「『眞』這一概念不適合於純粹幾何學的斷言，因爲『眞』這個詞，習慣上我們歸根結底總是指那種同『實在』客體的對應關係；可是幾何學並不研究它所涉及的觀念同經驗客體之間的關係，而只研究這些觀念本身之間的邏輯聯繫。」(*E1*, p. 95) 他還就此發表了原則性的評論：「命題如果是在某一邏輯體系裏按照公認的邏輯規則推導出來的，它就是正確的。體系所具有的眞理內容取決於它同經驗總和的對應可能性的可靠性和完備性。正確的命題是從它所屬的體系的眞理內容中取得其『眞理性』的。」(*E1*, p. 6)

愛因斯坦主導的、頗有新意和特色的哲學思想是科學理性論 (scientific rationalism)，這種哲學思想的形成也受到彭加勒理性論思想（堅信自然界的統一性和和諧性，相信理性把握它的威力等）的影響[23]。愛因斯坦的科學理性論集中體現在下述見解中：

---

[23]　李醒民：〈走向科學理性論 —— 也論愛因斯坦的哲學歷程〉，《自然辯證法通訊》（北京），第 15 卷 (1993)，第 3 期，頁 1-9。

迄今為止，我們的經驗已使我們有理由相信，自然界是可以想像到的最簡單的數學觀念的實際體現。我堅信，我們能夠用純粹的數學構造來發現概念以及把這些概念聯繫起來的定律，這些概念和定律是理解自然現象的鑰匙。經驗可以提示合適的數學概念，但是數學概念無論如何卻不能從經驗中推導出來。當然，經驗始終是數學構造的物理效用的唯一判據。但是這種創造的原理卻存在於數學之中。因此，在某種意義上，我認為，像古代人所夢想的，純粹思維可以把握實在，這種看法是正確的。」（*E1*, p. 316）

　　愛因斯坦的這段表白展示了他的科學理性論的本體論、認識論和方法論的各個方面。而且，愛因斯坦的科學理性論具有以下特色：它是在現代科學的沃土上萌發的、成長的；它建立在科學實在論的根基上；它與經驗論保持了必要的張力，支點顯著地偏向理性論一極；它剔除了極端理性論中的先驗論因素和絕對論成分；它逃避了常識的「顯然性」；它把探索性的演繹法作為自己的方法論。愛因斯坦的科學理性論比彭加勒的理性論更為深廣、更為豐富，從而真正成為現代科學自身的哲學。

　　愛因斯坦也具有與彭加勒相似的綜合實在論哲學，但是二者之間也有諸多差異❷❹。相似之點在於：愛因斯坦的綜合實在論也是集實在論的實在觀、真理觀和科學觀於一體，熔實在論與理性論、約定論和經驗論於一爐的綜合物。差異之處在於：愛因斯

❷❹　李醒民：〈論愛因斯坦的綜合科學實在論思想〉，《中國社會科學》（北京），1992年第6期，頁73-90。

坦的實在觀有明確的關於獨立於人而存在的外部世界的本體論承諾，其實在概念由物理實體、物理事件、物理性質、物理實體與事件之間的空時關係、物理事件之間的因果關係諸範疇構成，並提出了物理實在的判據；他的真理觀明確斷言真理具有超乎人類的客觀性，進一步認識到真理判斷的複雜性，提出了科學理論評價的「雙標尺」標準（外部的確認和內部的完美），具有內在論的和整體論的精神；愛因斯坦的科學觀也有深化之處；愛因斯坦的綜合實在論是以理性論的實在論為主線，以約定論的實在論和經驗論的實在論為輔線而「編織」的，其理性論和實在論色彩比彭加勒的強，經驗論的色彩較弱，而彭加勒的綜合實在論的主線是實在論的約定論；愛因斯坦的綜合實在論包容了形而上學實在論、實體實在論、因果實在論、理論實在論、近似實在論、內在實在論、意圖實在論、辯證實在論、方法論的實在論、動機實在論的成分和因素，這些在彭加勒的綜合實在論中大都不具備。

　　總而言之，彭加勒的主導哲學經驗約定論和綜合實在論確實對愛因斯坦有較大的影響，但是愛因斯坦的主導哲學思想總的來說是自己形成的、是具有獨創性的，這就是「以科學理性論為特色的綜合實在論」。

（三）

　　愛因斯坦在自己一生的科學實踐活動中，靈活地、創造性地運用了多種多樣的科學方法，但是他的主要的科學方法無非是這樣四種：探索性的演繹法、邏輯簡單性原則、準美學原則和形象思維。在這四種科學方法中，我們或多或少都能窺見到彭加勒的

影響。

　　愛因斯坦的最主要的科學方法是探索性的演繹法，這是他創立相對論所運用的最重要的方法。這種科學方法與傳統的演繹法不同，也許正因爲如此，愛因斯坦在「演繹法」前加上了一個限制性的和修飾性的定語——「探索性的」，這個定語也恰當地表達了這一方法的基本特徵。在愛因斯坦看來，理論家的方法，在於應用那些作爲基礎的普遍假設或原理，從而導出結論。而發現原理則是探索性的演繹法最關鍵的一步，但是，作爲科學理論體系公理基礎或邏輯前提的基本概念和原理卻是一些自由選擇的約定，它們不能從經驗邏輯地推導出來，只能通過直覺去探索、領悟、發明。在談到公理基礎和直接經驗的關係時，愛因斯坦形象地圖示說：直接經驗 ε 是已知的，A 是假設或公理，由 A 通過邏輯道路可推導出各個個別結論 S，S′，S″ 等等，S 然後可以同 ε 聯繫起來（用實驗驗證）。從心理狀態方面來說，A 是以 ε 爲基礎的，但是在 A 和 ε 之間不存在任何必然的邏輯聯繫，而只有一個不是必然的直覺的（心理的）聯繫，它不是必然的，是可以改變的（$E1$, pp. 541-542）。也就是說，從 ε 到 A 只能借助思維的自由創造和自由約定來達到。愛因斯坦指出：

　　　　物理學構成一種處在不斷進化過程中的思想的邏輯體系，
　　　它的基礎可以說是不能用歸納法從經驗中提取出來的，而
　　　只能靠自由發明來得到。這種體系的根據（眞理內容）在
　　　於導出的命題可由感覺經驗來證實，而感覺經驗對這基礎
　　　的關係，只能直覺地去領悟。（$E1$, p. 372）

愛因斯坦的探索性的演繹法，不用說主要歸功於他在科學探索中的創造，但也不能忽略赫茲、玻耳茲曼、彭加勒等人的影響。尤其是彭加勒，他的經驗約定論，他給幾何學公理和物理學基本原理賦予的至高無上的地位，都有助於愛因斯坦的探索性的演繹法的形成。相對論大廈的建立，使愛因斯坦進一步清楚地看到，相對論是說明理論科學在現代發展的基本特徵的一個良好的例子。他充滿自信地斷言：「適用於科學幼年時代的以歸納為主的方法，正在讓位給探索性的演繹法。」($E1$, p. 262)

愛因斯坦的邏輯簡單性原則與彭加勒關於科學向簡單性邁進的觀點，以及力戒特設假設、僅用少數基本假設的思想有相通之處。愛因斯坦所追求的簡單性，是科學理論體系的基礎的邏輯簡單性，他說：

> 我們在尋求一個能把觀察到的事實聯結在一起的思想體系，它將具有最大可能的簡單性。我們所謂的簡單性，並不是指學生在精通這種體系時產生的困難最小，而是指這種體系所包含的彼此獨立的假設或公理最少；因為這些邏輯上彼此獨立的公理的內容，正是那種尚未理解的東西的殘餘。($E1$, pp. 298-299)

他甚至把追求理論基礎的邏輯簡單性視為「理論物理學的目的」（要以數量上盡可能少的、邏輯上互不相關的假設為基礎）和「一切理論的崇高目標」（使不能簡化的元素盡可能簡單，並且在數目上盡可能少，同時又不放棄對任何經驗內容的適當表示）($E1$, pp. 170, 314)。 愛因斯坦的邏輯簡單性原則在彭加勒的

關於簡單性的思想上前進了一步。

　　儘管彭加勒的簡單性思想和愛因斯坦的邏輯簡單性原則這個不可思議的信條在當時已由科學的發展給以驚人的支持，但是對於它的客觀基礎則看法不同。彭加勒認爲，自然界不一定是簡單的，但我們可以像它是簡單的那樣去行動。愛因斯坦則認爲：「我們的經驗已經使我們有理由相信，自然界是可以想像到的最簡單的數學觀念的實際體現。」(*E1*, p. 316) 他還提出了一個原則性的意見：「邏輯簡單的東西，當然不一定就是物理上眞實的東西。但是，物理上眞實的東西一定是邏輯上簡單的東西，也就是說，它在基礎上具有統一性。」(*E1*, p. 380) 愛因斯坦的這一答案顯然比彭加勒的答案更巧妙、要深刻，且更富有啓發性。

　　彭加勒關於科學美及其更深層次的數學美的論述，無疑對愛因斯坦有所啓示。愛因斯坦十分贊同彭加勒關於科學美的論述，他也賦予科學美以「統一」、「和諧」、「對稱」、「簡單性」等含義。也許可以認爲，愛因斯坦所謂的「統一」、「和諧」是從理論的內容美而言的，「對稱」是從理論的形式美而言的，而「簡單性」則是針對理論的邏輯基礎的質樸美而言的。

　　平心而論，愛因斯坦關於科學美的論述沒有彭加勒的論述那麼集中、那麼生動，但是他也有自己的獨創。這就是，他在科學活動中運用了定性概念形式的抽象對稱法和定量數學形式的協變對稱法，從而形成了他的準美學原則。

　　準美學原則是愛因斯坦行之有效的方法論原則之一。在創立狹義相對論時，他發現麥克斯韋電動力學應用到運動物體上時，就要引起似乎不是現象所固有的一些不對稱。爲了消除導體和磁體相對運動時理論解釋的不對稱，他把力學中的相對性原理提升

為公設，推廣到電動力學。為了消除力學和電動力學在各自的實體（粒子和場）方面存在的不對稱，他大膽提出了光量子假設。愛因斯坦還洞察到力學理論有一種內在的不對稱性，卽在運動定律中出現的慣性質量也在引力定律裏出現，但不在其他各種力的表示式裏出現，消除這種不對稱是他創立廣義相對論的一個直接動因。愛因斯坦在這裏運用的就是定性概念形式的抽象對稱法，他對此有強烈的審美意識：「對於沒有任何經驗體系的不對稱性與之對應的這樣一種理論結構的不對稱性，理論家是無法容忍的。」($E1$, p. 124) 關於定量數學形式的協變對稱法，是愛因斯坦在閔可夫斯基的工作之後意識到的。這就是狹義相對論的啟發性方法：「只有這樣的一些方程才有資格表示自然規律，那就是，在坐標用洛倫茲變換作了改變以後，這些方程的形式仍不改變（方程對於洛倫茲變換的協變性）。」($E1$, p. 264) 在處理引力問題時，這一原則又被發展成廣義協變原理，卽普遍的自然定律無論對於那種變換都是協變的。

愛因斯坦在科學探索活動中善於進行形象思維，尤其是擅長進行帶有形象思維特徵的思想實驗。據米勒研究，彭加勒形象思維中的意象是感覺意象 (sensual imagery)，卽一眼能夠看穿論據整體的能力，而愛因斯坦的意象則是視覺意象 (visual imagery)，卽用視覺圖象進行形象思維[25]。而且，愛因斯坦為了對理論基礎作批判性的思考，他也不得不涉及範圍更廣、困難更大的一些問題，如思維的定義、本性，語言同思維的關係，創造性思維的特徵等等。他的有些論述與彭加勒的思想有相近之處。例

---

[25] A. I. Miller, *Imagery in Scientific Thought*, Birkhäuser Boston Inc., 1984, pp. 233-248.

如，他認爲：「我們的一切思維都是概念的一種遊戲；至於這種
遊戲的合理性，那就要看我們借助於它來概括感覺經驗所能達到
的程度。」「我們的思維不用符號（詞）絕大部分也都能進行，
而且在很大程度上是無意識的。」（*E1*, p. 3）他在回答法國數
學家阿達瑪關於數學領域的創造心理的問題時寫道：

> 寫下來的詞句或說出來的語言在我的思維機制裏似乎不起
> 任何作用。那些似乎可用來作爲思維元素的心理實體，是
> 一些能夠「隨意地」使之再現並且結合起來的符號和多少
> 有點清晰的印象。當然，在那些元素和有關的邏輯概念之
> 間有著某種聯繫。也很清楚，希望在最後得到邏輯上相聯
> 繫的概念這一願望，就是用上述元素進行這種相當模糊活
> 動的情緒上的基礎。但是從心理學的觀點來看，在創造性
> 思維同語詞或其他可以與別人交往的符號的邏輯構造之間
> 有任何聯繫之前，這種結合的活動似乎就是創造性思維的
> 特徵。（*E1*, p. 416）

在這裏,愛因斯坦關於思維與語詞或概念的關係的觀點十分有趣,
但是他對無意識的探討和體驗遠不如彭加勒。

像彭加勒一樣，愛因斯坦也表示他相信直覺和靈感。他認
爲：「從特殊到一般的道路是直覺性的，而從一般到特殊的道路
則是邏輯性的。」（*E3*, p. 490）這很容易使我們想起彭加勒關
於「邏輯用於證明，直覺用於發明」的命題。總的說來，愛因斯
坦對直覺的論述要遜色於彭加勒。

（四）

把彭加勒的科學觀和愛因斯坦的科學觀㉖對照一下，可以看到彭加勒對愛因斯坦的科學觀的影響是多方面的。

彭加勒認爲科學向統一性邁進，其原因在於自然界是統一的；他還把約定論引進科學，指出科學中的主觀性色彩和人爲成分。愛因斯坦對此作了更爲明確的闡述。他認爲，科學作爲一種現存的和完成的東西，是客觀的；而科學作爲一種尚在制定中的東西和追求的目的，則是主觀的。他說：

> 當一個人在講科學問題時，「我」這個渺小的字眼在他的解釋中應當沒有地位。但是，當他是在講科學的目的和目標時，他就應當允許講到他自己。因爲一個人所經驗到的沒有比他自己的目標和願望更直接的了。（*E1*, p. 299）

因此，科學理論根本不可能是外部世界的「攝影」和「映像」，而是以客觀世界爲題材構思描繪的圖畫。這樣一來，科學理論就是一個極其艱辛的適應過程的產物：假設性的，永遠不會是最後定論的，始終要遭到質問和懷疑。科學的主觀性集中表現在科學家制定科學理論時所追求的目的之中。對於愛因斯坦來說，十分強有力地吸引他的特殊目標，是物理學的邏輯的統一。從愛因斯坦在《物理學年鑒》發表第一篇科學論文〈毛細管現象所得的推

㉖ 李醒民：〈評愛因斯坦的科學觀〉，《自然辯證法研究》（北京），第 2 卷（1986），第 4 期，頁 16-22。

論〉到晚年潛心於構築統一場論，他的科學研究工作無一不體現
了對邏輯統一性的追求。毛細管論文是爲了追求分子引力同牛頓
超距引力的統一；光量子論文是爲了追求光的微粒說和波動說的
統一；對於力學和電動力學關於運動相對性的統一的探求誕生了
狹義相對論，它進而導致了電場和磁場、質量和能量、時間和空
間的統一；後來，由於力求理解慣性和引力的性質而產生了廣義
相對論，像狹義相對論一樣，它也避免了那些在表述基本定律的
過程中由於使用了特殊坐標系而隱蔽著暗含的公理；至於統一場
論，則是他追求更高一級的邏輯統一性的努力。對愛因斯坦來
說，邏輯的統一實際上是邏輯的簡單性，而簡單性卽是美，所以
對邏輯的統一的追求也就是對科學美的追求。難怪愛因斯坦在完
成毛細管論文後，在給格羅斯曼 (M. Grossmann, 1878-1936)
的信（1901 年 4 月）中深有體會地說：「從那些看來同直接可
見的眞理十分不同的各種複雜的現象中認識到它們的統一性，那
是一種壯麗的感覺。」(*E3*, pp. 347-348)

　　彭加勒關於科學發展的動態圖象無疑對愛因斯坦有所影響。
愛因斯坦通過物理學的發展洞察到，科學的進步會引起它的基礎
的深刻變革。他說，這裏的基礎這個詞，並不意味同建築的基礎
在所有方面有什麼雷同之處。從邏輯上看，各條物理定律當然
都是建立在這種基礎上面的。建築物會被大風暴或者洪水嚴重毀
壞，然而它的基礎卻仍安然無恙；但是在科學中，邏輯的基礎受
到的來自新經驗或新知識的危險，總要比那些同實驗有較密切接
觸的分科來得大。基礎同所有各個部分相聯繫，這是它的巨大意
義之所在，但是在面臨任何新因素時，這也正是它的最大危險。

　　科學的基礎之所以發生變革，其一是因爲隨著科學的發展，

這個基礎抵抗不住新的實驗數據的衝擊，實驗事實與科學體系的不可調和的矛盾只能通過徹底變革科學的基礎才能消除。另一方面，人們爲了以邏輯上最完善的方式來正確地處理所知覺到的事實，即追求邏輯前提的統一性和簡單性，以消除各種理論體系之間的內在矛盾。這兩種矛盾的對立統一，正是科學自己運動和生命力的內在脈搏，正是科學的基礎發生深刻變革的強大動力。

科學基礎發生深刻變革的表現形式是科學的危機與革命。愛因斯坦向來反對歸納主義的科學發展觀，他認爲科學的最初的和最基本的步驟總是帶有革命性的。科學上的重大進步幾乎都是由於舊理論遇到危機，在實在與我們的理解之間發生劇烈衝突時誕生的。只是在這種衝突激化之前，當科學沿著已經開闢的思想路線繼續發展的時候，它才具有進化性。在愛因斯坦看來，麥克斯韋的電磁場理論是革命性的，世紀之交的物理學面臨的也是危機與革命的形勢。愛因斯坦關於科學基礎變革的「危機—革命」圖象可能溯源於彭加勒，而他關於科學發展的「進化—革命」圖象後來卻在庫恩的著作中得到了系統的發展。

彭加勒關於中心力物理學和原理物理學的論述可能導致愛因斯坦關於物理學中構造性理論和原理理論的劃分。中心力物理學要求發現宇宙的終極組成要素和隱藏在現象後的機制；原理物理學能使大範圍的經驗事實系統化，並對於不同的理論解釋是中性的，其目的在於形成數學原理。彭加勒在 1904 年正式提出了原理物理學的概念，以便與中心力物理學相區別。他在《科學的價值》中詳盡地論證了它們。其實，關於這樣兩種類型的理論（和理論家）之間的差異，彭加勒早在 1888 年至 1889 年以電和光爲題所作的講演中就指出了。

愛因斯坦也把 物理學理論分 成兩種不同的類型。 他認為其中大多數是構造性的。 這種理論「企圖從比較簡單的形式體系出發，並以此爲材料， 對比較複雜的現象構造出一幅圖象。」（*E1*, p. 109）例如，氣體分子運動論就是這樣力圖把機械的、熱的和擴散的過程都歸結爲分子運動，卽用分子運動假設來構造這些過程。當人們說他們已經成功地了解了一羣自然過程，其意是指概括這些過程的構造性的理論已經建立起來了。構造性理論的優點是完備、有適應性和明確。

但是，物理學還有第二類理論，這就是所謂「原理理論」。它們使用的是分析方法（在愛因斯坦那裏具體化爲探索性的演繹法），而不是綜合方法。形成這種理論的基礎和出發點的元素，不是用假設構造出來的，而是在經驗中發現到的[27]，它們是自然過程的普遍特徵卽原理，這些原理給出了各個過程或者它們的理論表述所必須滿足的數學形式的判據（*E1*, p. 110）。例如，熱力學就是這樣力圖用分析方法，從永動機不可能這一經驗到的事實出發， 推導出一些爲各個事件都必須滿足的必然條件。 原理理論的優點是邏輯上完整和基礎鞏固。相對論就屬於原理理論，「這個理論主要吸引人的地方在於邏輯上的完整性。從它推出的許多結論中，只要有一個被證明是錯誤的，它就必須被抛棄；要對它進行修改而不摧毀其整個結構，那似乎是不可能的。」（*E1*, p. 113）

愛因斯坦充分肯定了構造性理論的地位，但是他還是偏愛原

---

[27]　當時，愛因斯坦的思想還不夠徹底；後來他認爲，作爲理論的基礎和出發點的元素不是從經驗中推導出來的，而是「思維的自由創造」，「理智的自由發明」，「自由選擇的約定」。

理理論，因爲這種理論代表了 20 世紀精密科學的理論發展的趨勢。在世紀之交，物理學大師洛倫茲和彭加勒力圖以以太假設爲基礎，用構造性的努力構築電子論。他們的理論固然富麗堂皇，但畢竟只是經典物理學的最後建築物，由於不適應科學發展的總趨勢，還是被人們遺忘了，僅有歷史的價值。當時，愛因斯坦通過艱苦的摸索，看到僅靠個別的經驗事實進行歸納，是建立不了什麼嶄新的理論的，因爲實驗家的物理經驗不能把他提高到最抽象的領域中去。因此，他在普朗克的首創性工作以後不久，漸漸地對那種根據已知事實用構造性的努力去發現眞實定律的可能性感到絕望了。他確信，只有大膽地採用他後來稱之爲探索性的演繹法這一科學方法，才能得到可靠的結果。

關於原理理論的結構，愛因斯坦指出它是由概念、被認爲對這些概念是有效的基本原理，以及用邏輯推理得到的結論這三者所構成的。愛因斯坦同時又把基本原理稱之爲基本公理、基本假設、基本公設、基本定律、基本關係等，他有時也把基本概念和基本原理統稱爲基本觀念和科學觀念，並把它們看作是科學理論的邏輯前提或基礎。因此，原理理論的體系實際上是由兩部分組成：作爲其邏輯前提的基本概念和基本原理以及由此導出的具體結論（命題）。這與彭加勒把理論體系看作是由基本原理和實驗定律構成（把經驗事實不算在內）的設想大體是一致的。至於如何得到基本原理和實驗定律，他們的看法可就不大相同了。

彭加勒看到科學具有強大的物質力量和精神力量，科學能够促進社會進步和人類文明。科學的這些社會功能也爲愛因斯坦所注意。愛因斯坦認爲，科學對人類事務和歷史進程都能發揮巨大的影響，這表現在科學的物質作用和它對人們思想的作用。也就

是說，科學的第一種影響方式是它直接地、並且在更大程度上間接地生產出完全改變了人類生活的工具；第二種方式是教育性質的——它作用於心靈，乍看起來這種方式好像不大明顯，但至少同第一種方式一樣銳利。（*E3*, p. 135）

第一種方式是眾所周知的。科學最突出的實際效果在於它使豐富生活的東西的發明成爲可能，從而把人們從極端繁重的體力勞動中解放出來，解放了社會生產力，改善並豐富了人們的生活。愛因斯坦指出，科學的不朽的榮譽，在於對人類心靈的作用，它克服了人們在自己面前和自然界面前的不安全感，而在科學出現之前，人們則十分害怕超自然的和專橫的力量。科學研究能破除迷信，因爲它鼓勵人們根據因果關係來思考和觀察事物。科學研究中創造性的或者是領悟性的腦力勞動可以提高人們的精神境界。科學能在邏輯聯繫方面爲道德問題提供一定的規範，並在怎樣實現道德所企求的目標這個問題上提供一些方法。

但是，愛因斯坦並沒有陶醉於科學的勝利進軍中，他在看到科學使我們有可能生活得比以前無論哪一代人都要自由和美好的同時，也清醒地意識到，高度發展的科學和技術這份最寶貴的禮物，也使人類面臨著十分嚴重的問題和從未有過的巨大危險，人類的繼續生存有賴於這些問題的妥善解決。愛因斯坦的這些看法並非杞人憂天，因爲他畢竟生活在與彭加勒不完全相同的時代。

在科學探索的動機、科學家的信念等方面，愛因斯坦和彭加勒的看法還有一些相同及相近之處，我們就不在此一一贅述了。

（五）

彭加勒對經典力學的批判（尤其是對絕對時空觀的批判），彭加勒關於時間的測量的論述，彭加勒關於相對性原理的陳述等等，無疑對愛因斯坦構築狹義相對論有某種啟示作用。由彭加勒到閔可夫斯基的關於四維時空連續區的概念，也是愛因斯坦登上廣義相對論的一個階梯。

在這裏，我們著重要指出的是，彭加勒的幾何學思想對愛因斯坦產生了明顯的影響。

彭加勒的幾何學思想的要點是：第一，幾何學雖然起源於經驗，但幾何學本身卻不是經驗的科學，幾何學公理是約定或隱定義。第二，幾何學的公理（以及命題）無所謂眞假，經驗沒有告訴我們哪一種幾何學最眞實，而只是告訴我們哪一個最方便。第三，歐幾里得幾何學研究的對象是絕對剛性的理想固體，卽一種特殊的羣，而不是天然固體，後者是物理學的研究對象，因此幾何學的命題是絕對可靠的，而物理學的定律則是近似的，經常要受到實驗事實的修正。

愛因斯坦基本上是贊同上述觀點的，並且還提出了一些新見解，他在《狹義與廣義相對論淺說》和〈幾何學和經驗〉（*E1*, pp. 94-96, 136-148）一文中闡述了他的思想。在愛因斯坦看來，自然界的客體無疑是產生幾何學觀念的源泉，但幾何學公理本身卻是在純粹形式意義上來理解的，卽絲毫沒有任何直覺的或經驗的內容。這些公理是人的思想的自由創造卽約定。幾何學所處理的對象是由公理來定義的，因此公理也是隱定義。

愛因斯坦認爲，公理幾何學並不研究它所涉及的觀念同經驗客體之間的關係，而只研究這些觀念本身的邏輯聯繫。一個命題只要是按公認的邏輯程序從公理推導出來的，那麼它就是正確

的，但是真理這一概念並不適合於純粹幾何學的命題。爲了對實在客體（如天然固體）的行爲作出斷言，幾何學必須去掉它的單純的邏輯形式的特徵，應當把經驗的實在客體同公理幾何學的幾何概念的空架子對應起來，這樣一來，歐幾里得的命題就包含了實際固體行爲的斷言，這些斷言就是可供實驗檢驗的了，從而就可以合法地問它們的真理性了。這樣的幾何學被愛因斯坦稱爲實際幾何學，以區別於純粹幾何學或純粹公理的幾何學，它顯然是一種自然科學，即物理學的一個分支；這實際上也就是幾何學的物理化。

愛因斯坦是這樣理解彭加勒的觀點的特徵的：幾何（G）並不斷言實在事物的性狀，而只有幾何加上全部物理定律（P）才能做到這點。用符號來表示，我們可以說：只有（G）+（P）的和才能得到實驗的驗證。因此，（G）可以任意選取，（P）的某些部分也可以任意選取；所有這些定律都是約定。爲了避免矛盾，必須注意的只是怎樣來選取（P）的其餘部分，使得（G）和全部的（P）合起來能够同經驗相符合。而彭加勒則把選擇最簡單的純粹幾何學放在優先地位，然後相應地調整物理假定。不過，愛因斯坦認爲，從永恒的觀點來看，彭加勒是正確的。公理幾何學同已獲得公認地位的那部分的自然規律，在認識論上看來是等效的。

在愛因斯坦看來，如果人們不承認實際固體同幾何體之間的等效性（彭加勒就持這種態度，因爲實際固體並不是剛性的），那麼不管實在如何，要保留作爲最簡單的歐幾里得幾何，應當是可能的，而且也是合理的。但是，如果人們承認這種等效性，如果人們假定在既定的慣性系中，坐標就是用（靜止的）剛性桿作

一定量度的結果，那麼在這種解釋下，空間結構究竟是歐幾里得的，還是黎曼的，或者任何別的，就是一個必須由經驗來回答的物理學本身的問題，而不是一個只根據方便與否來選擇的約定的問題。愛因斯坦這裏包含著物理學幾何化的思想，廣義相對論就是幾何化的物理學理論。

正因爲數學命題所涉及的只是我們想像中的對象而不是實在的客體，所以它是絕對可靠的和無可爭辯的，而其他一切科學的命題在某種程度上都是可爭辯的，並且經常處於會被新發現的事實推翻的危險之中。因此，愛因斯坦得出了一個原則性的結論：只要數學的命題是涉及實在的，它們就不是可靠的；只要它們是可靠的，它們就不涉及實在。他認爲公理學所取得的進步，就在於把邏輯—形式同它的客觀的或直覺的內容截然劃分開來（這正是我們前面所說的非解釋系統和解釋系統）。愛因斯坦的這些看法在彭加勒那裏也可窺見一斑。

<h2 style="text-align:center">（六）</h2>

從馬赫到彭加勒再到愛因斯坦，形成了一個值得注意的紐帶。這個紐帶既代表了現代科學發展的潮流，也代表了與之相伴的科學哲學發展的潮流。

這個潮流不僅極大地影響了本世紀 20 年代興起的第一個眞正的科學哲學運動（維也納的邏輯經驗論學派），而且也影響到當代科學哲學的某些方面。當代科學的發展也打上了他們的認識論和方法論的烙印。

馬赫、彭加勒、愛因斯坦就是這個紐帶上的紐結。但這並

不意味著彭加勒是馬赫主義者，正如愛因斯坦不是彭加勒主義者
（如果可以這樣稱呼的話）一樣。當然，可以肯定，後者對前者有
所繼承；更重要的是要看到，後者對前者有所突破、有所發展、
有所創新。

尤其是彭加勒和愛因斯坦，他們二者都是以第一流的科學家
和哲學家的眼光，對科學及其基礎進行全方位的、根本性的研究
的榜樣。

他們懷有堅定的信念、充沛的激情、執著的追求，在科學前
沿忘我地進行開拓性的探索，力圖以最適當的方式勾畫出一幅簡
化的和易於領悟的世界圖象，力圖譜寫出思想領域中最高的音樂
神韻。

他們以敏銳的頭腦、明晰的思想、深刻的眼力，經常對科學
理論的基礎作批判性的思考，他們的思考已深入到一個相當困難
的問題，卽科學創造的心理機制和日常思維的本性問題。

彭加勒活躍於世紀之交，愛因斯坦在本世紀伊始嶄露頭角。
他們一身二任，他們使科學與哲學密切結合、相互促進，這種傳
統對後來年輕一代的科學家（如海森伯等人）和哲學家（如當時
維也納學派的青年人）產生了舉足輕重的影響，這也是當代科學
和哲學發展的一個值得注意的動向。

彭加勒和愛因斯坦的榜樣也說明，偉大的科學家，特別是那
些長期在科學前沿進行理論探索的科學家，最有條件成為有新見
解的、有影響的哲學家。這主要是因為，作為哲人科學家，他們
的哲學思想萌生於科學的沃土，深深紮根於科學的大地，又與人
文文化相溝通。可以預期，隨著時間的推移，那些對科學一竅不

通或一知半解的所謂偉大哲學家將會銷聲匿跡，而偉大的科學家卻會越來越多地成爲偉大的哲學家。

1993年 4 月完稿於北京中關村

主要參考書目

專 著

[1] H. Poincaré, *La Science et l'Hypothèse*, Paris: Ernest Flammarion, 1902.

[2] H. Poincaré, *La Valeur de la Science*, Paris: Ernest Flammarion, 1905.

[3] H. Poincaré, *Science et Méthode*, Paris: Ernest Flammarion, 1908.

[4] H. Poincaré, *Dernières Pensées*, Paris: Ernest Flammarion, 1913.

[5] H. Poincaré, *The Foundations of Science*, translated by G. B. Halsted, The Science Press, New York and Garrison, N.Y., 1913.

[6] ポアンカレ (H. Poincaré): 《科学者と詩人》，平林初之輔訳，岩波書店，1927年。

[7] H. Poincaré, *Oeuvres de Henri Poincaré*, 11 Vols., Paris: Gauthier-Villars, 1934-1953.

[8] E. T. Bell, *Men of Mathematics*, Dover Publications, New York, 1937.

[9] H. Poincaré, *Mathematics and Science: Last Essays*, translated by J. W. Bolduc, New York: Dover, 1963.

[10] G. Holton, *Thematic Origins of Scientific Thought*, Harvard

University Press, 1973.

〔11〕《愛因斯坦文集》第一卷，許良英等編譯，商務印書館（北京），
1976年第 1 版。

〔12〕M. 克萊因：《古今數學思想》，上海科學技術出版社（上海），
1980-1981 年第 1 版。

〔13〕A. I. Miller, *Albert Einstein's Special Theory of Relativity,
Emergence (1905) and Early Interpretation (1905-1911),*
Reading: Addison-Wesley, 1981.

〔14〕本多修郎：《現代物理学者の生と哲学》，未來社，1981年。

〔15〕J. Giedymin, *Science and Convention,* Pergamon Press, Oxford
ed., 1982.

〔16〕李醒民：《激動人心的年代──世紀之交物理學革命的歷史考察和
哲學探討》，四川人民出版社（成都），1983年第 1 版，1984年第
2 版。

〔17〕A. I. Miller, *Imagery in Scientific Thought,* Birkhäuser
Boston Inc., 1984.

〔18〕広重徹：《物理學史》，李醒民譯，求實出版社（北京），1988年
第 1 版。

〔19〕H. 彭加勒：《科學的價值》，李醒民譯，光明日報出版社（北
京），1988年第 1 版。

〔20〕李醒民：《理性的沉思》，遼寧教育出版社（瀋陽），1992年第 1
版。

論 文

〔21〕R. C. Archiband, Jules Henri Poincaré, *Bull. Am. Math.
Soc.,* **22** (1915), 125-136.

〔22〕Vito Volterra, Henri Poincaré, *Rice Institute Pamphlet,* **1**

(1915), 133-162.

[23] R. McCormmach, Henri Poincaré and Quantum Theory, *ISIS*, **58** (1967), 37-55.

[24] S. Goldberg, Henri Poincaré and Einstein's Theory of Relativity, *Am. Jour. Phys.*, **35** (1967), 934-944.

[25] C. Curaj, Henri Poincaré Mathematical Contributions to Relativity and the Poincaré Stresses, *Am. J. Phy.*, **36** (1968), 1102-1113.

[26] S. Goldberg, Poincaré's Silence and Einstein's Relativity, *Bri. Jour. His. Sci.*, **5** (1970), 73-84.

[27] J. Giedymin, Geometrical and Physical Conventionalism of Henri Poincaré in Epistemological Formulation, *Stud. Hist. Phil. Sci.*, **22** (1991), 1-22.

[28] J. Giedymin, Conventionalism, the Pluralist Conception of Theories and the Nature of Interpretation, *Stud. Hist. Phil. Sci.*, **23** (1992), 423-443.

關於參考文獻的説明

〔1〕的英譯本是 H. Poincaré, *Science and Hypothesis*, translator unknown, New York: Dover, 1952.

〔2〕的英譯本是 H. Poincaré, *The Value of Science*, translator by G. Halsted, New York: Dover, 1958.

〔3〕的英譯本是 H. Poincaré, *Science and Method*, translator Maitland, New York: Dover, n. d.

〔4〕的英譯本是〔9〕,〔9〕的中譯本已由我譯出，商務印書館將於近期出版。

〔5〕是〔1〕,〔2〕,〔3〕的英譯合集。在正文頁22腳注⑱中有所説明。

〔6〕在大陸沒有見到有英譯本，也查不到法文本，僅見到有日譯本。

〔7〕是彭加勒的 11 卷全集，無英譯本。

〔19〕是〔5〕的中譯本，並依據〔1〕,〔2〕,〔3〕作 3 校對。

索　引

　　該索引按詞目首字筆畫爲序；畫數相同者以起筆筆形、（點）
—（橫）｜（直）ノ（撇）乛（折，包括亅乛乚く等筆形）爲序；
首字相同者以字數爲序；字數相同者以第二字筆畫和起筆筆形爲
序；餘類推。

二　畫

四　畫

八　畫

九　畫

十 一 畫

十 三 畫

十 八 畫

十 九 畫

二十一畫

二十二畫

二十三畫

二十四畫

二十五畫

308　彭　加　勒

其　他

作者後記

應憐屐齒印蒼苔，
小扣柴扉久不開。
春色滿園關不住，
一枝紅杏出牆來。
　　── 游小園不值
　　　　宋・葉紹翁

　　從 1981 年作碩士論文〈彭加勒與物理學危機〉時起，我對彭加勒的研究斷斷續續地延宕了十餘年。我翻譯了彭加勒的四本科學哲學名著，發表了一批不同於傳統觀點的研究論著，在國內外學術界引起了較大的反響。其間，我還針對世紀之交的物理學革命的歷史考察和哲學探討、愛因斯坦思想研究、批判學派代表人物（馬赫、彭加勒、奧斯特瓦爾德、迪昂、皮爾遜）個案研究和總體研究、《唯批》第五章研究、兩極張力論、科學發展與科學革命、科學說明與科學理論評價、科學本性和科學價值等課題，下了較多的工夫，這些工作對彭加勒的研究也起到直接或間接的促進作用。由於彭加勒是列寧在《唯批》中著力批判的對象之一，因此這個課題的研究是極為敏感的，在變幻莫測的政治氣候中是有較大風險的。卽使我有實事求是的科學良心和「貞松不改柯」的理論勇氣，但是我的研究成果也完全有可能給主持公

正、維護學術自由的人帶來麻煩。因此，我十分感謝在困難的條件下鼓勵、理解我的學術研究的同行，十分感激使我的學術成果得以面世的出版界人士榮開明、何祚榕、李景瑞、何越、俞曉羣、謝華、劉黃諸君。我欽佩他們「直如朱絲繩，清如玉壺冰」的高風亮節和高尚人格！

相形之下，在大陸學術界，至今還有那麼幾個「左得可愛」的人。他們一有風吹草動便使出渾身解數，拉大旗作虎皮，包著自己去嚇唬別人。他們懷著某種不可告人的目的，總想撈到學術之外的「好處」，以彌補自己真才實學之不足。他們總是裝得一貫正確，從來不知道什麼叫錯誤，更不知道什麼叫臉紅（大概上帝沒有給他們設計這種程序和功能）。搞這些「小動作」也不能完全歸咎於他們個人品德之低下，這也是在大陸特定的「政治生態環境」下長期「人工選擇」的產物。可慶幸的是，隨著社會的進步和民眾的覺醒，這種「可炸麻現象」越來越沒有市場了！

我認為，要徹底根絕謬種流傳，最有效的辦法就是要實行真正的政治民主和學術自由。記得 1989 年 3 月 24 日，中國科學院自然辯證法通訊雜誌社為紀念「五四」運動 70 週年，在北京召開了「民主、科學與中國現代化」專題學術討論會。我在會上作了題為〈把民主和科學精神變為國民的自覺意識〉的發言，該發言稿由於眾所周知的原因未能公開發表。儘管這篇短稿是從一個更廣闊的視野看問題的，但它對我們剛剛提到的話題也有直接的關係，而且至今仍未失去其現實意義。在這裏，我願把它抄錄於下，立此存照：

　　70年前，「五四」運動的先哲們慧眼識真金，從西方

請進了德謨克拉西 (democracy)和賽因斯 (science) 兩位先生，以期救治中國經濟上、政治上、思想上、文化上的一切黑暗，把中國引向光明的世界。儘管許多志士仁人為此前仆後繼，但由於中國舊的封建勢力和封建傳統積重難返，以敵視民主和科學為主要特徵的專制思想根深蒂固，以致民主精神和科學精神未能在古老的中華大地上生根發芽、開花結果，中國依然處於經濟貧窮、文化落後的狀態。近十年來，改革開放無疑取得了令人矚目的成就，但仍有許多事情未能盡如人意。政治改革步履艱難，部分黨政官員腐敗墮落，不正之風無孔不入，教育危機迫在眉睫，知識貶值日益加劇，卽是其中之首要者，追根溯源，根本原因之一就在於「五四」運動所倡導的民主精神和科學精神未能深入人心。

　　「五四」的先哲們早就洞見到，西方所謂的民主是以人民為主體，卽林肯 (A. Lincoln, 1809-1865) 所謂的「由民」(by people) 而非「為民」(for people)。中國儒家學說中的民視民聽、民貴君輕、仁民愛民、民為邦本等思想，皆以君主之社稷為本位，此乃民本主義，而非民主主義。我們多年奉為「法寶」的羣眾路線、集中民主、專政民主，以及新近冒出的所謂新權威主義，儘管在字面上聽起來多麼「辯證」，多麼動聽，其實質均以不受制衡和防範的領導者的個人意志為本位（只要稍微回顧一下歷次政治運動的惡果和各個歷史時期重大決策的失誤就可想而知了），很難說是真正的民主。其實，中文「民主」一詞的本來意義就是「民之主宰者」。這種語義上的強烈暗

示，也許已潛移默化爲中國人的「集體無意識」（容格
意義上的），成了中國人的「生活形式」（維特根斯坦
〔L. Wittgenstein, 1889-1951〕意義上的）。近年屏幕上
屢屢出現的「好皇帝」、「大淸官」（死去的和活著的，
古代的和現今的）形象，報紙上著力宣傳的「伯樂相馬」
和「士爲知己者死」，就是這種集體無意識的生活形式的
眞實寫照。因此，要讓民主精神駐足公衆的意識，顯然不
是輕而易舉的。

　　中國不是近代科學的誕生地，加之近代科學的引進又
主要著眼於器物和知識，從而眞正的科學精神始終未能成
爲國民的自覺意識。且不說封建士大夫曾頑固地把科學視
爲奇技淫巧，也不說洋務派僅僅仰慕西方的船堅炮利；卽
使在今天，人們也往往把科學等同於技術，把科學看作是
裝著精巧戲法的百寶箱，能夠變換出我們所需要的任何東
西。科學成了純粹功利主義的追求物質財富的工具（當然
這也是科學的重要社會功能之一）。這種對科學的工具論
態度無異於現代的貨物崇拜（cargo cult），它在一定程度
上扭曲了追求眞知、追求智慧（wisdom）的科學形象，
泯滅了科學精神的弘揚。要知道，卽使當年爲科學的功利
目的而大聲疾呼的弗蘭西斯·培根（他那樣做是適逢其時
的），他在宣傳科學的應用時也強調指出，首先是必須發
現事物原因的「啟發的實驗」，然後必須是把這種知識應
用於實際目的的「成果的實驗」。看來，功利性只是科學
（以技術爲中介而轉化的）副產品，而不是科學的主要的
和終極的目的。

　　簡而言之,科學精神集中體現在科學思想、科學方法和科學精神氣質 (ethos) 之中, 其首要者乃是理性精神和實證精神。借用英國哲學家吉爾伯特·賴爾 (Gilbert Ryle, 1900-1976) 的話來說, 科學的理性精神的精髓「並非在於它對原則問題毫無異議, 而在於從來不是毫無異議; 不在於固守馳名天下的公理, 而在於不把任何東西視為理所當然。」科學的實證精神也許集中體現在這樣的觀點上: 科學力圖按照宇宙的尺度, 而不是按照個人的尺度來看待世界。真正的科學理論(如牛頓力學、相對論、量子力學等)的發現者從來也不自命自己的創造是放之四海而皆準、用之何時都不變的真理, 而寧可把它視為工作假設或暫定的、可以被新的理論取代的東西。因此, 以理性為先導、以實證為根基的科學是一個「三無」世界──無偶像、無禁區、無頂峯。要知道,任何社會的最大危險莫過於盲目輕信, 而以理性和實證珠聯璧合的科學懷疑精神正是盲目輕信的有效解毒劑, 這才是科學之價值的深層意蘊。

　　沿著「五四」先驅們開闢的道路前進, 把民主精神和科學精神變為國民的自覺意識, 中國就會有一個光明的未來!

　本書稿的寫作、出版得到臺灣大學哲學系教授林正弘和中國社會科學院哲學研究所研究員葉秀山、助理研究員吳國盛的關照,「世界哲學家叢書」主編傅偉勳教授兩次從美國費城來信給以支持和鼓勵, 在此謹致謝忱之意。三民書局暨東大圖書公司為文化積累和學術繁榮, 為海峽兩岸學人的交流盡心竭力, 令人堪

佩不已。

　　寫完書稿，京華正是「草色青青柳色黃，桃花歷亂李花香」之時。我很想即景抒懷，賦詩言志，無奈百思不得其辭。既然江郎才盡，只好拈來舊作充數，聊補有花無詩俗了人之憾。當年（1976年3月6日）乘船過沅江港寫下〈浪淘沙・洞庭湖〉時，倒也沒有什麼蓄意，而今不知讀者有何會意？

> 驟雨夾勁風，
> 煙霧濛濛。
> 湖天渾然成一統。
> 是誰挽得銀河水，
> 盡傾洞庭？
>
> 白浪卷千重，
> 百舸疾行。
> 憑欄俯仰疑雙晴。
> 洞庭銀河孰上下，
> 欲辨不能。

李 醒 民

1993年4月12日於北京中關村

作者附識

在這裏尚須說明的是，按照「世界哲學家叢書」體例，本書應編寫〈彭加勒年表〉。但是，自80年代以來，作者一直未見到有關參考資料；此次撰稿時也費了一番功夫，結果仍一無所獲。無奈，只好在 5 月向英國布賴頓的蘇塞克斯大學數學科學和物理科學學院中研究彭加勒的專家杰齊・吉戴明 (Jerzy Giedymin) 求援，吉戴明先生 5 月 18 日在赴波蘭前幾小時收到我的信。他搶時間及時給我寫了回信，說他只見到有彭加勒的著作年表而沒有生平年表。他怕自己情況掌握不全，便把我的要求同時寫信轉告法國南錫（彭加勒的故鄉）「昂利・彭加勒學習和研究檔案中心」(ACERHP)——該機構成立於 1992 年 2 月 8 日——的格哈特・海因茨曼 (Gerhard Heinzmann) 教授。不久，檔案中心的法國哲學研究生洛朗特・羅勒特 (Laurent Rollet) 在 6 月 5 日給我寄來了彭加勒的著作目錄分類一覽表，但卻沒有生平年表。他在信中說，他剛剛完成了關於彭加勒的幾何學約定論的哲學詮釋的碩士論文，並明確告訴我檔案中心迄今還沒有我索要的材料。他隨信還寄來了 1994 年 5 月 14-18 日將在法國南錫舉行的「昂利・彭加勒國際會議」的介紹和報名材料，希望我明年能赴法國參加會議。我在回信中除表示衷心感謝外，還扼要敍述了我對彭加勒的研究簡況。兩個月後，我收到海因茨曼教授 8 月 3 日寫的信件。他在信中說將有 120 多位哲學家和科學家出席明年的

會議，並詳細列舉了知名人士的名單，並希望我能提交論文並如期與會。

鑒於現實狀況，我抱著「寧缺毋濫」的原則，只好暫時把年表付諸闕如。在這裏，我眞誠地向編者和讀者致以歉意。我希望在條件成熟時，能趁本書再版的機會，彌補這一缺憾。但願這一天爲期不會太遠！

作者1993年 9 月 3 日記於北京中關村

書　　　　　名	作　　者	出版狀況
羅　　　　　蒂	范　　進	撰　稿　中
馬　克　弗　森	許　國　賢	已　出　版
希　　　　　克	劉　若　韶	撰　稿　中
尼　　布　　爾	卓　新　平	已　出　版
馬　丁・布　伯	張　賢　勇	撰　稿　中
蒂　　里　　希	何　光　瀘	撰　稿　中
德　　日　　進	陳　澤　民	撰　稿　中
朋　諤　斐　爾	卓　新　平	撰　稿　中

世界哲學家叢書 (八)

書　　　　名	作　　者	出　版　狀　況
卡　爾　巴　柏	莊　文　瑞	撰　稿　中
韓　佩　爾	冀　建　中	撰　稿　中
柯　靈　烏	陳　明　福	撰　稿　中
羅　　素	陳　奇　偉	撰　稿　中
穆　爾	楊　樹　同	撰　稿　中
弗　雷　格	趙　汀　陽	撰　稿　中
石　里　克	韓　林　合	撰　稿　中
維　根　斯　坦	范　光　棣	撰　稿　中
愛　耶　爾	張　家　龍	撰　稿　中
賴　爾	劉　建　榮	撰　稿　中
奧　斯　丁	劉　福　增	已　出　版
史　陶　生	謝　仲　明	撰　稿　中
帕　爾　費　特	戴　　華	撰　稿　中
梭　羅	張　祥　龍	撰　稿　中
魯　一　士	黃　秀　璣	已　出　版
珀　爾　斯	朱　建　民	撰　稿　中
詹　姆　斯	朱　建　民	撰　稿　中
杜　威	李　常　井	撰　稿　中
蒯　因	陳　　波	排　印　中
帕　特　南	張　尚　水	撰　稿　中
庫　恩	吳　以　義	撰　稿　中
費　耶　若　本	苑　舉　正	撰　稿　中
拉　卡　托　斯	胡　新　和	撰　稿　中
洛　爾　斯	石　元　康	已　出　版
諾　錫　克	石　元　康	撰　稿　中

世界哲學家叢書 (七)

書　　　名	作　者	出版狀況
盧　卡　契	謝勝義	撰稿中
阿　多　爾　諾	章國鋒	撰稿中
馬　爾　庫　斯	鄭　湧	撰稿中
弗　洛　姆	姚介厚	撰稿中
哈　伯　馬　斯	李英明	已出版
榮　　格	劉耀中	撰稿中
柏　格　森	尚新建	撰稿中
皮　亞　杰	杜麗燕	撰稿中
縮洛維約夫	徐鳳林	撰稿中
別爾嘉耶夫	雷永生	撰稿中
馬　利　丹	楊世雄	撰稿中
沙　　特	杜小眞	撰稿中
馬　賽　爾	陸達誠	已出版
梅露・彭迪	岑溢成	撰稿中
阿　爾　都　塞	徐崇溫	撰稿中
葛　蘭　西	李超杰	撰稿中
列　維　納	葉秀山	撰稿中
德　希　達	張正平	撰稿中
呂　格　爾	沈清松	撰稿中
富　　科	于奇智	撰稿中
克　羅　齊	劉綱紀	撰稿中
布　拉　德　雷	張家龍	撰稿中
懷　德　黑	陳奎德	撰稿中
玻　　爾	戈　革	已出版
卡　納　普	林正弘	撰稿中

世界哲學家叢書 (六)

書　　　　名	作　　者	出版狀況
達　爾　文	王　道　遠	撰　稿　中
康　　　德	關　子　尹	撰　稿　中
費　希　特	洪　漢　鼎	撰　稿　中
謝　　　林	鄧　安　慶	撰　稿　中
黑　格　爾	徐　文　瑞	撰　稿　中
祁　克　果	陳　俊　輝	已　出　版
彭　加　勒	李　醒　民	已　出　版
馬　　　赫	李　醒　民	撰　稿　中
費　爾　巴　哈	周　文　彬	撰　稿　中
恩　格　斯	金　隆　德	撰　稿　中
普　列　漢　諾　夫	武　雅　琴	撰　稿　中
馬　克　思	洪　鐮　德	撰　稿　中
約　翰　彌　爾	張　明　貴	已　出　版
狄　爾　泰	張　旺　山	已　出　版
弗　洛　依　德	陳　小　文	撰　稿　中
阿　德　勒	韓　水　法	撰　稿　中
布　倫　坦　諾	李　　　河	撰　稿　中
史　賓　格　勒	商　戈　令	已　出　版
韋　　　伯	陳　忠　信	撰　稿　中
卡　西　勒	江　日　新	撰　稿　中
雅　斯　培	黃　　　藿	已　出　版
胡　塞　爾	蔡　美　麗	已　出　版
馬克斯·謝勒	江　日　新	已　出　版
海　德　格	項　退　結	已　出　版
漢　娜　鄂　蘭	蔡　英　文	撰　稿　中

世界哲學家叢書 (五)

書　　　　　名	作　　　者	出版狀況
和　辻　哲　郎	王　中　田	撰　稿　中
三　　木　　清	卞　崇　道	撰　稿　中
柳　田　謙　十　郎	趙　乃　章	撰　稿　中
柏　　拉　　圖	傅　佩　榮	撰　稿　中
亞　里　斯　多　德	曾　仰　如	已　出　版
柏　　羅　　丁	趙　敦　華	撰　稿　中
聖　奧　古　斯　丁	黃　維　潤	撰　稿　中
安　　瑟　　倫	趙　敦　華	撰　稿　中
安　　薩　　里	華　　濤	撰　稿　中
伊　本　‧　赫　勒　敦	馬　小　鶴	已　出　版
聖　多　瑪　斯	黃　美　貞	撰　稿　中
笛　　卡　　兒	孫　振　青	已　出　版
蒙　　　　田	郭　宏　安	撰　稿　中
斯　賓　諾　莎	洪　漢　鼎	已　出　版
萊　布　尼　茲	陳　修　齋	撰　稿　中
培　　　　根	余　麗　嬋	撰　稿　中
霍　　布　　斯	余　麗　嬋	撰　稿　中
洛　　　　克	謝　啟　武	撰　稿　中
巴　　克　　萊	蔡　信　安	已　出　版
休　　　　謨	李　瑞　全	已　出　版
托　馬　斯　‧　銳　德	倪　培　林	撰　稿　中
伏　　爾　　泰	李　鳳　鳴	撰　稿　中
孟　德　斯　鳩	侯　鴻　勳	已　出　版
盧　　　　梭	江　金　太	撰　稿　中
帕　　斯　　卡	吳　國　盛	撰　稿　中

世界哲學家叢書(四)

書　　　　名	作　　者	出　版　狀　況
甘　　　　地	馬　小　鶴	已　出　版
拉達克里希南	宮　　靜	撰　稿　中
元　　　曉	李　箕　永	撰　稿　中
休　　　靜	金　煐　泰	撰　稿　中
知　　　訥	韓　基　斗	撰　稿　中
李　栗　谷	宋　錫　球	已　出　版
李　退　溪	尹　絲　淳	撰　稿　中
空　　　海	魏　常　海	撰　稿　中
道　　　元	傅　偉　勳	撰　稿　中
伊　藤　仁　齋	田　原　剛	撰　稿　中
山　鹿　素　行	劉　梅　琴	已　出　版
山　崎　闇　齋	岡田武彥	已　出　版
三　宅　尚　齋	海老田輝巳	已　出　版
中　江　藤　樹	木　村　光　德	撰　稿　中
貝　原　益　軒	岡田武彥	已　出　版
荻　生　徂　徠	劉　梅　琴	撰　稿　中
安　藤　昌　益	王　守　華	撰　稿　中
富　永　仲　基	陶　德　民	撰　稿　中
石　田　梅　岩	李　甦　平	撰　稿　中
楠　本　端　山	岡田武彥	已　出　版
吉　田　松　陰	山　口　宗　之	已　出　版
福　澤　諭　吉	卞　崇　道	撰　稿　中
岡　倉　天　心	魏　常　海	撰　稿　中
中　江　兆　民	華　小　輝	撰　稿　中
西　田　幾　多　郎	廖　仁　義	撰　稿　中

世界哲學家叢書 (三)

書　　　　　名	作　　者	出 版 狀 況
湛　　　　　然	賴　永　海	已　出　版
知　　　　　禮	釋　慧　嶽	排　印　中
大　慧　宗　杲	林　義　正	撰　稿　中
株　　　　　宏	于　君　方	撰　稿　中
憨　山　德　清	江　燦　騰	撰　稿　中
智　　　　　旭	熊　　琬	撰　稿　中
康　　有　　爲	汪　榮　祖	撰　稿　中
章　太　炎	姜　義　華	已　出　版
熊　十　力	景　海　峰	已　出　版
梁　漱　溟	王　宗　昱	已　出　版
胡　　　　　適	耿　雲　志	撰　稿　中
金　岳　霖	胡　　軍	已　出　版
張　東　蓀	胡　偉　希	撰　稿　中
馮　友　蘭	殷　　鼎	已　出　版
湯　用　彤	孫　尚　揚	撰　稿　中
宗　白　華	葉　　朗	撰　稿　中
唐　君　毅	劉　國　強	撰　稿　中
賀　　　　　麟	張　學　智	已　出　版
龍　　　　　樹	萬　金　川	撰　稿　中
無　　　　　著	林　鎮　國	撰　稿　中
世　　　　　親	釋　依　昱	撰　稿　中
商　羯　羅	黃　心　川	撰　稿　中
維　韋　卡　南　達	馬　小　鶴	撰　稿　中
泰　戈　爾	宮　　靜	已　出　版
奧羅賓多·高士	朱　明　忠	撰　稿　中

世界哲學家叢書(四)

書　名	作　者	出版狀況
甘　　　地	馬　小　鶴	已　出　版
拉達克里希南	宮　　　靜	撰　稿　中
元　　　曉	李　箕　永	撰　稿　中
休　　　靜	金　煐　泰	撰　稿　中
知　　　訥	韓　基　斗	撰　稿　中
李　　栗　谷	宋　錫　球	已　出　版
李　　退　溪	尹　絲　淳	撰　稿　中
空　　　海	魏　常　海	撰　稿　中
道　　　元	傅　偉　勳	撰　稿　中
伊　藤　仁　齋	田　原　剛	撰　稿　中
山　鹿　素　行	劉　梅　琴	已　出　版
山　崎　闇　齋	岡　田　武　彥	已　出　版
三　宅　尚　齋	海老田輝巳	已　出　版
中　江　藤　樹	木　村　光　德	撰　稿　中
貝　原　益　軒	岡　田　武　彥	已　出　版
荻　生　徂　徠	劉　梅　琴	撰　稿　中
安　藤　昌　益	王　守　華	撰　稿　中
富　永　仲　基	陶　德　民	撰　稿　中
石　田　梅　岩	李　甦　平	撰　稿　中
楠　本　端　山	岡　田　武　彥	已　出　版
吉　田　松　陰	山　口　宗　之	已　出　版
福　澤　諭　吉	卞　崇　道	撰　稿　中
岡　倉　天　心	魏　常　海	撰　稿　中
中　江　兆　民	華　小　輝	撰　稿　中
西　田　幾　多　郎	廖　仁　義	撰　稿　中

世界哲學家叢書 (三)

書　　　　　名	作　　　者	出版狀況
湛　　　　　然	賴　永　海	已　出　版
知　　　　　禮	釋　慧　嶽	排　印　中
大　慧　宗　杲	林　義　正	撰　稿　中
袾　　　　　宏	于　君　方	撰　稿　中
憨　山　德　清	江　燦　騰	撰　稿　中
智　　　　　旭	熊　　　琬	撰　稿　中
康　　有　　爲	汪　榮　祖	撰　稿　中
章　太　　炎	姜　義　華	已　出　版
熊　十　　力	景　海　峰	已　出　版
梁　漱　　溟	王　宗　昱	已　出　版
胡　　　　　適	耿　雲　志	撰　稿　中
金　岳　　霖	胡　　　軍	已　出　版
張　東　　蓀	胡　偉　希	撰　稿　中
馮　友　　蘭	殷　　　鼎	已　出　版
湯　用　　彤	孫　尚　揚	撰　稿　中
宗　白　　華	葉　　　朗	撰　稿　中
唐　君　　毅	劉　國　強	撰　稿　中
賀　　　　　麟	張　學　智	已　出　版
龍　　　　　樹	萬　金　川	撰　稿　中
無　　　　　著	林　鎮　國	撰　稿　中
世　　　　　親	釋　依　昱	撰　稿　中
商　羯　　羅	黃　心　川	撰　稿　中
維　韋　卡　南　達	馬　小　鶴	撰　稿　中
泰　戈　　爾	宮　　　靜	已　出　版
奧羅賓多・高　士	朱　明　忠	撰　稿　中

世界哲學家叢書 (二)

書　　　　　名	作　　者	出版狀況
陳　白　沙	姜　允　明	撰　稿　中
王　廷　相	葛　榮　晉	已　出　版
王　陽　明	秦　家　懿	已　出　版
李　卓　吾	劉　季　倫	撰　稿　中
方　以　智	劉　君　燦	已　出　版
朱　舜　水	李　甦　平	已　出　版
王　船　山	張　立　文	撰　稿　中
眞　德　秀	朱　榮　貴	撰　稿　中
劉　蕺　山	張　永　儁	撰　稿　中
黃　宗　羲	吳　　光	撰　稿　中
顧　炎　武	葛　榮　晉	撰　稿　中
顏　　元	楊　慧　傑	撰　稿　中
戴　　震	張　立　文	已　出　版
竺　道　生	陳　沛　然	已　出　版
眞　　諦	孫　富　支	撰　稿　中
慧　　遠	區　結　成	已　出　版
僧　　肇	李　潤　生	已　出　版
智　　顗	霍　韜　晦	撰　稿　中
吉　　藏	楊　惠　南	已　出　版
玄　　奘	馬　少　雄	撰　稿　中
法　　藏	方　立　天	已　出　版
惠　　能	楊　惠　南	已　出　版
澄　　觀	方　立　天	撰　稿　中
宗　　密	冉　雲　華	已　出　版
永　明　延　壽	冉　雲　華	撰　稿　中

世界哲學家叢書 (一)

書　　　　　　　名	作　　　者	出 版 狀 況
公　孫　龍　子	馮　耀　明	撰　　稿　　中
孟　　　　　子	黃　俊　傑	已　　出　　版
荀　　　　　子	趙　士　林	撰　　稿　　中
老　　　　　子	劉　笑　敢	撰　　稿　　中
莊　　　　　子	吳　光　明	已　　出　　版
墨　　　　　子	王　讚　源	撰　　稿　　中
韓　非　子	李　甦　平	撰　　稿　　中
淮　南　子	李　　　增	已　　出　　版
賈　　　　　誼	沈　秋　雄	撰　　稿　　中
董　仲　舒	韋　政　通	已　　出　　版
揚　　　　　雄	陳　福　濱	已　　出　　版
王　　　　　充	林　麗　雪	已　　出　　版
王　　　　　弼	林　麗　眞	已　　出　　版
阮　　　　　籍	辛　　旗	撰　　稿　　中
嵇　　　　　康	莊　萬　壽	撰　　稿　　中
劉　　　　　勰	劉　綱　紀	已　　出　　版
周　敦　頤	陳　郁　夫	已　　出　　版
邵　　　　　雍	趙　玲　玲	撰　　稿　　中
張　　　　　載	黃　秀　璣	已　　出　　版
李　　　　　覯	謝　善　元	已　　出　　版
王　安　石	王　明　蓀	撰　　稿　　中
程　顥、程　頤	李　日　章	已　　出　　版
朱　　　　　熹	陳　榮　捷	已　　出　　版
陸　象　山	曾　春　海	已　　出　　版
楊　　　　　簡	鄭　曉　江	撰　　稿　　中